noté à l'encre pp. VII, IX, — 7, 263, 273
16 mai 1911

JACQUES BAINVILLE

LOUIS II DE BAVIÈRE

Librairie Académique PERRIN et Cie.

LOUIS II DE BAVIÈRE

JACQUES BAINVILLE

LOUIS II DE BAVIÈRE

PARIS
LIBRAIRIE ACADÉMIQUE DIDIER
PERRIN ET Cⁱᵉ, LIBRAIRES-ÉDITEURS
35, QUAI DES GRANDS-AUGUSTINS, 35
1900
Tous droits réservés

A M. MAURICE BARRÈS

En souvenir de l'*Ennemi des Lois*.

AVANT-PROPOS

Il est peu de figures qui prêtent davantage à la lége... t au roman que celle du malheureux roi de Bavière. Aussi, chez nous, outre de nombreux articles de journaux, écho des bavardages recueillis dans les salons, les rédactions et les tavernes de Munich, connaît-on surtout Louis II par le roman lyrique de M. Catulle Mendès, *le Roi Vierge*, et par le roman ironique de M. Gustave Kahn, *le Roi Fou*.

En Allemagne, c'est passé à l'état de genre littéraire. Le cycle est aujourd'hui d'une incroyable richesse. Bon an mal an, il paraît deux ou trois volumes sur le *prince Lohengrin*. Le dernier est, je crois, celui de la « ci-devant comtesse Larisch », une nièce, — naturelle, — de l'empereur d'Autriche; et son *Kœnigsmærchen* (La Légende du Roi) est bien, avec ses prétentions psychologiques servies par des pro-

cédés de mélodrame, le type de cette littérature.
On avait, du reste, commencé de bonne heure :
dès 1872, un nommé Werder imprimait un
Prince de Hochland, où, sous des noms transparents, était racontée la bruyante aventure wagnérienne. Depuis, le sujet a été exploité de façon
continue, tantôt avec de hautes prétentions à
débrouiller, — à la manière de Dumas le père,
— les intrigues politiques ; tantôt avec le simple
désir de faire un magnifique conte de fée,
comme ce *Roi Phantasus* de M. Vacano-Freiberg,
paru en 1886, — où l'on nous apprend que le
Roi se nourrissait « d'yeux de paons et de
langues de rossignols ».

Il ne faudrait tenir compte de ces enfantillages si, en fait, ils n'avaient fini par déformer
complètement la vraie figure de Louis II. La
légende s'est maintenant emparée de lui, et,
comme sa vie romanesque et sa fin dramatique
parlent vivement à l'imagination, il a plu surtout aux poètes. A l'aide de quelques traits
connus, on a pu faire de lui une idéale apparition de prince artiste au milieu de ce siècle
de fer. Et Paul Verlaine, en de beaux vers, en a
fait, par surcroît, un martyr de la foi :

Roi, le seul vrai roi de ce siècle, salut, sire,
Qui voulûtes mourir vengeant votre raison
De cette Science, assassin de l'Oraison
Et du Chant et de l'Art et de toute la Lyre...

Salut à votre très unique apothéose
Et que votre âme ait son fier cortège, or et fer,
Sur un air magnifique et joyeux de Wagner.

Voici encore le grand dramaturge Björnstjerne Björnson qui, raconte-t-il, rêva longtemps d'écrire une pièce sur le roi de Bavière : « Quel magnifique sujet que ce grand esprit qui, fait pour l'idéal, ne comprenant pas le monde et incompris de lui, vécut toujours isolé sur son trône, sans que personne pût l'approcher ! Il fut si bon pour son peuple, cependant ! La première condamnation à mort qu'il eut à signer était celle d'une femme qui avait tué son enfant illégitimement né. « Qu'est-ce donc qu'un enfant naturel ? » demanda le roi à son ministre. Et sur la réponse de celui-ci, il s'écria : « Mais ce doit être, de nos jours, tout à fait rare ? » L'idéale figure de ce prince, sa mort et celle du brave docteur, que tout cela est dramatique, et que je suis tenté de présenter cette vie dans une pièce ! »

M. d'Annunzio dira encore dans ses *Vierges*

aux Rochers : « Ce Wittelsbach m'attire par l'immensité de son orgueil et de sa tristesse... Louis de Bavière est vraiment un roi, mais roi de lui-même et de son rêve. » Hélas! *roi de lui-même*, cette pauvre âme dirigée par de romanesques caprices, cette intelligence qui s'évapore en fantaisies! Comme la belle exclamation lyrique de M. d'Annunzio montre bien ce qu'est devenue, pour les imaginations des artistes contemporains, la figure du roi de Bavière!

M. Maurice Barrès, du moins, dans son *Ennemi des lois*, a vu plus juste, quand, au chapitre de *la Sensibilité des réformateurs allemands*, il parle des « fumées de l'imagination » de Louis II, de son « âme naïve et trop sensible », et nous montre le prince essayant d'accorder son rêve avec la réalité, et ne réussissant qu'à faire des châteaux dignes d'un banquier parvenu. M. Barrès fixe, avec une parfaite justesse psychologique, deux traits essentiels de son caractère : « Il ressentit, jusqu'à la démence, la difficulté d'accorder son moi avec le moi général, » et il protestait « contre les conditions de la vie réelle ». D'où ses amitiés passionnées pour certaines grandes individualités, — ou qu'il croyait telles, — et son horreur de la foule. Et voici enfin, pour ruiner la légende du prince artiste, cette proposition que démontrent les faits : « Louis II était un pur idéaliste, nullement un voluptueux d'art. »

Mais tout le monde, même parmi ceux qui contemplèrent l'apparente contradiction de ces châteaux célèbres, les uns de style romantique wagnérien, les autres de style classique Louis XIV, n'ont pas eu des vues aussi nettes et froidement perçantes. On s'est, en général, laissé prendre à de faciles, séduisants et trompeurs dehors. C'est pourquoi le romanesque a fini par s'attacher de façon difficilement dissoluble à la mémoire du roi de Bavière. Ses nombreux historiens allemands n'ont pas réussi à l'en délivrer. Pour dire vrai, ils ne s'en sont guère souciés. A ses partisans, il paraissait mille fois plus beau avec l'auréole de la légende. Quant à ses adversaires, ils en ont fait un Néron à l'aide des mêmes anecdotes.

Nous avons tâché d'éviter ces défauts extrêmes et de présenter la véritable psychologie de ce prince. Regrettons seulement que les archives de Munich soient closes pour tout ce qui touche le roi de Bavière ; elles le resteront longtemps encore. Le prince régent, Luitpold, qui prit le pouvoir dans des circonstances si extraordinaires, ne semble pas pressé de communiquer les pièces intéressantes. Il est à supposer que ses successeurs garderont la même réserve et imiteront la même prudence. Et, sans doute, lorsque, dans un siècle ou deux, on brisera certains sceaux, ne trouvera-t-on plus grand'chose. Qu'a-t-on fait des lettres nombreuses du Roi? Qu'est devenu ce *journal* qu'il avait écrit? Tout ce qui pouvait nuire à la maison royale n'a-t-il pas disparu déjà?

D'un autre côté, bien des gens vivent encore qui ont approché Louis II et se taisent sur ce qu'ils ont vu. Ah! si M. de Bürkel, rendu muet par la haute position officielle qu'il occupe aujourd'hui, consentait à parler! Ancien secrétaire particulier du Roi, qu'il accompagna dans ses voyages secrets à Paris, que de faits intéressants il pourrait raconter, s'il ne craignait de se compromettre! Espérons tout au moins qu'il laissera des Mémoires pour éclairer les historiens futurs. Puisse le comte Dürckheim-Montmartin, dernier favori du prince, fixer aussi ses souvenirs. Et, peut-être, malgré les hautes volontés qui dictent le silence ou laissent déformer bénévolement les faits, saura-t-on, un jour, sur certains points la pleine vérité.

Mais le chercheur est toujours insatiable, et, non content de ce qu'il a trouvé, voudrait savoir encore davantage. Malgré des lacunes, à jamais regrettables peut-être, nous avons eu les ~~matériaux~~ nécessaires pour écrire la vie de Louis II. Les souvenirs de Madame de Kobell, de M. de Heigel et du chevalier de Haufingen, de nombreux portraits faits par les contemporains, fournissent des détails sûrs, et auxquels il manque fort peu de chose. On pouvait, à l'aide de ces guides, tenter de raconter l'existence de Louis II, exploitée jusqu'ici par tout ce que les lettres françaises comptent de romantiques attardés.

Ce livre n'étant pas seulement un essai de biographie psychologique, le récit des événements politiques, compris entre 1864 et 1886 ne sera pas négligé. Nous n'avons cependant pas voulu écrire une histoire de la Bavière pendant le règne de Louis II. Ces faits nous ont préoccupé dans la mesure seulement où le Roi y avait pris part. Nous ne nous sommes donc pas arrêté à conter par le menu, la guerre de 1866 et celle de 1870 : ce serait d'ailleurs, comme dit un joli proverbe allemand, « porter des livres à la foire de Leipsick ». Quelques lignes pour « situer » ces grands événements dans notre récit ont été suffisantes.

Au surplus, la partie historique la plus importante que nous ayons à traiter est celle de la formation de l'Empire Allemand, et du rôle qu'y joua Louis II. Après quoi, la Bavière absorbée à demi par la Prusse n'aura plus qu'une vie politique bien terne, faite toute de luttes parlementaires sans grand intérêt. Le Roi, isolé dans sa fantaisie, ne s'en occupe que rarement et finit par s'en désintéresser d'une façon complète. Nous ne pourrons que l'imiter.

Avant de terminer cet avant-propos, je crois devoir m'excuser de parler, après tant d'autres, de Richard Wagner. Les rapports de Louis II et du musicien ont été si importants, que nous emploierons tout un chapitre à les raconter. Il ne pouvait en être autrement dans une étude biographique du roi de Bavière, qui doit à son amitié pour l'auteur de *Lohengrin* sa réputation d'artiste. La récente publication des lettres de Louis à son favori donne à ce récit du renouveau. Et d'ailleurs qu'on se rassure. Je ne veux pas apporter sur Wagner d'appréciations musicales ou littéraires, ni exposer sa philosophie, encore moins disserter sur son antisémitisme. Ce sont là choses faites, et faites copieusement, sinon définitivement. Il nous suffira de montrer quel rôle joua Louis II dans la vie de Wagner et, en revanche, quelle influence l'artiste exerça sur le Roi, sans craindre, chemin faisant, de déflorer peut-être un peu la légende, et au risque de passer pour un ~~iconoclaste~~ calomniateur.

LOUIS II DE BAVIÈRE

CHAPITRE PREMIER

LA JEUNESSE ET L'ÉDUCATION

Louis II naquit à Nymphenbourg, château des environs de Munich, le 25 août 1845, de Maximilien, prince héritier de Bavière, et de Marie, fille du prince de Prusse. On raconte, mais la chose paraît peu vraisemblable, que l'enfant vint au monde deux jours plus tôt ; on aurait annoncé sa naissance le 25 seulement, afin de la faire coïncider avec l'anniversaire de son grand-père Louis Ier, alors roi.

Le prince, dont nous racontons la vie et à qui était réservé un si étrange destin, était d'une famille où l'on ne s'étonnait plus de voir des artistes, des originaux, des maniaques et des fous. D'ailleurs, qu'on le remarque, la plupart des Maisons qui se partagent le sol allemand, semblent destinées à finir dans la démence ou l'imbécillité, sauf celle de Prusse, vivifiée par la grandeur de ses desseins continûment poursuivis. Chez Louis II, — et chez son frère Otto, — s'épanouissent dans leur plénitude tous les germes morbides qui ont, au cours de sept siècles, éclaté çà et là chez les Wittelsbach. Avant de voir comment les circonstances extérieures ont pu agir sur l'esprit de Louis II enfant, il est bon de montrer tout d'abord quelles qualités héréditaires il avait apportées en naissant.

La maison de Wittelsbach se vante d'être une des plus anciennes d'Europe, plus vieille même que les Capétiens et les Hohenzollern. Depuis longtemps déjà, les seigneurs de ce nom s'étaient rendus illustres par leur courage et leurs vertus guerrières, lorsqu'en 1180 l'empereur Frédéric, ayant réuni à Altenburg les princes d'Empire, donna au comte Palatin Otto de Wittelsbach le duché de Bavière en récompense des services rendus depuis deux siècles par sa Maison, notamment en repoussant plusieurs invasions hongroises.

Les nouveaux ducs prospérèrent, et la Maison arriva à son apogée avec Louis, élu empereur au xiv° siècle. Son petit-fils, le duc Jean, manifeste le premier des goûts artistiques, en faisant venir Van Eyck à sa cour, en 1422, à une époque où le mécénisme n'était guère pratiqué qu'en Italie. Au xvi° siècle, Albert V protège et encourage le grand mouvement de la Renaissance à Nuremberg, avec Peter Vischer et Adam Kraft, Dürer et Maître Hans Sachs. Il réunit des tableaux, des médailles, des livres, origine des riches collections de Munich. Pour la musique, il fait venir, auprès de lui, Roland de Lattre et le nomme son maître de chapelle.

Ce goût des arts n'abandonnera plus désormais les Wittelsbach. Quelques-uns même l'exagèreront. Ainsi, au xviie siècle, ce Ferdinand, dont la femme, Adélaïde de Savoie, écrivait des comédies françaises, tandis que lui se retirait, dans la plus grande solitude, en son château de Schleissheim, bâti sur le modèle de Versailles, pour y « peindre, psalter, composer et tourner l'ivoire ».

N'était-ce pas un original aussi ce Charles Albert qui, le jour où on le couronna empereur, écrivit au comte Tœrring qu'il était plus malheureux que Job? On reconnaît quelques traits du caractère de Louis II dans ce Charles Théodore de la branche palatine, qui à Mannheim, voulut égaler les rois de France par le luxe et l'éclat de sa cour. Il avait réuni autour de lui la meilleure société littéraire de l'Allemagne. Au théâtre qu'il édifia, il attira les plus célèbres artistes. C'est là qu'on jouera plus tard les premiers drames de Schiller. Mais pendant ce temps, il ne s'occupait guère de son Palatinat et le ruinait par ses prodigalités. Bientôt, Max Joseph, duc de Bavière, étant mort sans enfants, Charles

Théodore, successeur désigné, dut venir à Munich et quitter son cher Mannheim. Le gouvernement de ce dilettante fut déplorable; et bientôt ennuyé, lassé, il songea à se mettre sous la protection de l'Autriche pour être délivré du fardeau des affaires. Frédéric le Grand, prévenu à temps, put empêcher cette main-mise des Habsbourg sur l'Allemagne du Sud. Et le malheureux duc, souverain malgré lui, se consola en faisant de l'Opéra de Munich un des meilleurs de l'Europe, au dire de Stendhal lui-même.

Charles Théodore mourut en 1799, sans enfants, lui aussi, et le duché passa à la branche Zweibrücken-Birkenfeld, dont le représentant, comme tant de nobles allemands, avait été, jusqu'à la Révolution, au service de Louis XVI, en qualité de colonel du régiment d'Alsace. Ce fut Max-Joseph, ce roi habile qui se fit donner par Napoléon au traité de Presbourg le titre de roi et sut abandonner à temps son protecteur pour faire reconnaître son titre par la Sainte-Alliance.

Ce fin politique eut pour fils Louis Ier, dont la curieuse physionomie mérite bien quelques détails.

Louis Ier fut véritablement un roi artiste. Il passa sa jeunesse dans la société de peintres et de sculpteurs, avec qui il fit de longs séjours en Italie. Poète lui-même, il composait d'assez jolis vers. Dans son premier recueil, paru en 1829, il chantait

Rome et la Grèce. Ses poésies amoureuses et sentimentales ne manquent pas d'un certain charme ; on imprime encore ses distiques sur les calendriers bleus que consultent les jeunes filles d'Allemagne. Mais on retrouve aussi chez lui l'inspiration religieuse et surtout guerrière. Ce prince dilettante était un fougueux patriote. Il rougissait des faiblesses de son père pour Napoléon. Il reniait cette alliance honteuse. Il alla même jusqu'à conspirer, et un conseil de guerre français, instruit de ses desseins de trahison, le condamna à mort. L'Empereur le fit remettre en liberté et se contenta de dire : « Qui m'empêche de faire fusiller ce prince ? »

Devenu roi, Louis Ier s'adonna à ses goûts de construction. C'est lui qui a fait de Munich ce qu'il est aujourd'hui. Il avait dit : « Je veux en faire une ville qui honore tellement l'Allemagne que personne ne puisse se vanter de connaître l'Allemagne s'il n'a pas vu Munich. » Mais s'il savait comprendre les chefs-d'œuvre étrangers, il ne put rien créer d'original. L'*Athènes de l'Isar*, comme disent les Allemands, n'est qu'une suite de froides imitations. On y voit des Odéons et des Propylées près d'un jardin du Palais-Royal, avec ses arcades et ses jets d'eau. L'église de la cour est copiée sur la *Capella Palatina* de Palerme ; la Galerie des Maréchaux, sur la *Piazza dei Lanci* de Florence, etc... Du reste nous retrouvons chez Louis II cette tare : l'incapacité de rien créer de personnel.

Louis Ier fit mieux en enrichissant les galeries de tableaux de sa capitale. Mais ses sujets lui en furent peu reconnaissants. Car il se vit bientôt aux prises avec le populaire et contraint de lui céder [1].

Le bon roi aimait toutes les manifestations de l'art. Il avait surtout un goût particulier pour la danse et pour les danseuses. Une aventurière, jolie femme et femme d'esprit, Lola Montez, se fit remarquer de Louis Ier par ses talents chorégraphiques et réussit bientôt à exercer sur lui la plus décisive autorité. Très ambitieuse, elle voulut jouer les premiers rôles et se prépara à « mettre en ballet l'histoire de Bavière ». La favorite s'imposa bientôt à la haute société de Munich. Et, non contente de ce succès, elle demanda au roi de l'anoblir. Le Conseil d'état, dont l'avis était indispensable, refusa. Elle tint bon. Enfin, après de longues négociations, elle fut nommée comtesse de Landsfeld [2].

Mais les habitants de la capitale, faciles à s'émou-

---

[1] Nous avons cru utile de rappeler brièvement cette histoire de la Lola Montez. On verra, par la suite, quelle ressemblance elle offre avec celle de Richard Wagner à la cour de Louis II.

[2] Voir les *Mémoires* amusants et mouvementés qu'elle a écrits, — mais qu'on prétend apocryphes. Cf. aussi *Ludwig I* par C.-T. HEIGEL.

voir, détestaient Lola Montez, qui, d'ailleurs, ne prenait aucun soin de sa popularité. Quelques jeunes nobles, qui s'étaient constitués ses cavaliers servants, et portaient ses couleurs, molestèrent des railleurs dans la rue. Elle-même ne se fit pas faute de distribuer quelques coups de cravache. De plus, on faisait courir dans la ville, sur les dépenses de la favorite et ses projets de gouvernement, une foule de bruits qui indisposèrent davantage encore l'opinion.

L'effervescence qui courut en Europe en 1848 vint se joindre à ce mécontentement. Des troubles éclatèrent d'abord à l'Université, et bientôt on éleva des barricades dans les rues. Pour éviter un conflit, Louis Ier renvoya la comtesse de Landsfeld et Berk, le ministre qu'elle avait fait nommer. Mais, quelques jours après, la nouvelle se répand que Lola est revenu et l'émeute recommence.

Alors, lassé de la sottise et de l'ingratitude populaires, Louis Ier, dans un moment d'exaspération, abdiqua, le 19 mars 1848, en faveur de son fils aîné. Ni les prières de sa famille, ni celles de députations qui vinrent l'assurer de la fidélité de ses sujets ne purent le déterminer à reprendre sa parole. Sans doute, il s'estimait trop heureux d'avoir reconquis son indépendance et de pouvoir vivre en artiste, à sa guise, comme au temps où il n'était encore que prince héritier. De fait, il eut, de 1848 à sa mort, une existence libre pendant laquelle il ne dut pas regretter souvent les « délices du pouvoir ».

Il alla vivre à Rome, où il se sentait toujours attiré. Il y était connu et aimé : on lui avait donné le surnom de *Re amante delle belle arti*. Il vivait là au milieu d'une société d'artistes qu'il appelait ses « enfants ». Il revenait de temps en temps en *Teutschland*, comme il disait archaïquement. La bonne ville de Munich, dont il se proclamait dans une lettre « le plus heureux habitant », le recevait en triomphe comme le protecteur des arts. Il était traité en roi, sans avoir les soucis du pouvoir. Combien il devait remercier ces braves gens d'émeutiers, et Lola Montez, cause indirecte de tout ce bonheur ! Tantôt, il se rend à Cologne pour surveiller l'achèvement de la cathédrale : car c'est là une *chose allemande* et qui lui tient à cœur; tantôt, il s'occupe du Musée Germanique de Nuremberg, sa fondation, ou bien il fait élever une statue à Claude Lorrain, son peintre favori.

Telle est la vie de dilettante que mènera longtemps encore, jusque sous le règne de son petit-fils, à qui il ressemble par bien des traits, cet étrange souverain volontairement détrôné.

Son fils, Maximilien II, qui lui avait succédé après son abdication, fut aussi un prince original.

Il s'occupait moins des beaux-arts, mais beaucoup plus de philosophie et de sciences [1]. Jeune homme, il se proposait d'imiter sur le trône Marc-Aurèle. Il écrivit de petits traités moraux : *Questions à mon cœur*, le *Devoir et le Plaisir* et aussi des *Pensées*, où l'on sent l'influence de Schelling son philosophe préféré, dont il annotait les ouvrages, et avec qui il entretint une correspondance interrompue seulement par les soucis du pouvoir. Le Roi s'y montre rongé de mélancolie et de doutes métaphysiques : ce qui a pu faire dire un jour que, s'il avait vécu plus longtemps, il serait devenu fou comme ses deux fils. Il paraît néanmoins avoir été doué d'une lucide intelligence : à preuve ces causeries sur l'histoire qu'il demandait à Ranke et après lesquelles il faisait de curieuses remarques [2].

Louis Ier avait voulu faire de Munich une cité d'art. Max compléta son œuvre en le rendant centre scientifique et en attirant autour de lui des savants. Le chimiste Liebig fut son favori. Et c'était vraiment une cour originale que celle des « élus » ou *la Table Ronde du roi Max*, comme ils se nommaient eux-mêmes ; un jour ils allaient dans le laboratoire de Liebig assister à ses expé-

---

[1] Cf. dans l'*Allgemeine Zeitung*, des 6 et 7 avril 1864, les articles d'Ignace de Dœllinger sur Maximilien II.

[2] Ces sortes de cours sur la philosophie de l'histoire forment le dernier volume de l'*Histoire Universelle*, de Ranke. On y trouve le résumé du dialogue qui s'engageait, après chaque conférence, entre le royal élève, déjà grisonnant, et son professeur.

riences sur les gaz et, le lendemain, ils entendaient une conférence de Dœnniges sur les chansons populaires de l'Allemagne[1].

Ces goûts n'empêchaient pas Maximilien de fort bien gouverner son royaume. On l'a même appelé avec raison la « Conscience sur le Trône », car il apportait à ses devoirs beaucoup d'application et de sérieux : son fils ne lui ressemblera guère en cela ; et même, le caractère de Louis II contredira tellement celui de son père, qu'un historien[2], ayant publié en 1871 une étude sur Maximilien, fut accusé d'avoir voulu faire la satire du souverain régnant ! En tous cas, si la politique bavaroise n'eut pas — et bien loin de là, nous le verrons — les succès que ce roi espérait, la faute en fut moins à lui qu'aux événements, et à la fatalité qui veut que l'histoire de ce pays soit celle des *occasions manquées*.

On voit que Louis II apportait en naissant, du côté paternel, des qualités assez rares et assez singulières. Il y a en puissance, chez ses ancêtres, d'inquiétantes dispositions qui atteindront, en lui — et en son frère, — leur développement parfait.

Quant à sa mère, la princesse Marie[3], celle que,

---

[1] Cf. Louise von Kobell, *Unter den 4 ersten Kœnigen von B.* tome II.
[2] M. Riehl, *Historisches Taschenbuch*, 1871.
[3] Voir, sur la reine Marie de Bavière, le petit livre de Mme Schulze, *die Kœnigin Marie*.

dans sa jeunesse, on surnommait l'*Ange*, à cause de son éclatante beauté, elle a surtout donné à son fils ces traits fins et réguliers, cette expression idéale qui en ont fait un véritable Prince Charmant. A part cela, cette princesse prussienne, élevée dans une cour froide, sévère et bourgeoise, n'apportait que des idées prosaïques d'ordre et d'économie. Elle avait en elle, pourtant, le sang de Louise de Prusse, cette reine romanesque au point de s'imaginer que Napoléon lui rendrait Magdebourg contre une rose. Quelque chose de cet esprit a pu passer en son petit-fils. Nul facteur n'est à négliger dans les mystères de l'hérédité psychologique.

Rappelons pour mémoire les excentricités que raconte, sur les princes de la Maison de Bavière, la chronique scandaleuse. Et nous avons ainsi assez de preuves des germes malsains que le roi Max légua à ses deux fils, l'un et l'autre marqués pour la démence.

Or, l'éducation que reçut Louis II, loin de combattre cet état anormal, ne fit que l'aggraver. On ne pouvait favoriser davantage les tendances morbides qui se manifestèrent de bonne heure chez le jeune prince. On semblait prendre plaisir à développer en lui l'imagination sans règle, la mélancolie sans cause, le penchant à la rêverie, en même temps qu'un dangereux et inconscient égoïsme.

Une gouvernante française lui enseigna de très bonne heure sa langue ; et cette femme, croyant sans doute bien faire, apprenait à son royal élève des phrases de ce genre : *L'État c'est moi* et *Tel est notre bon plaisir*, dont il saura plus tard, comme nous le verrons, tirer si bon parti. Puis il eut un précepteur français qui, paraît-il, s'estimait heureux, par humilité, d'être roulé « comme un tonneau » par les pieds du *très gracieux prince royal*[1] ! Quelles leçons et quels exemples !

Il est un point capital à noter ; c'est l'extrême sévérité de cette éducation. Le jeune prince fut soumis à une réclusion presque monastique. C'est à peine s'il connut quelques compagnons de jeu : c'étaient son frère Otto, de trois ans moins âgé que lui[2], et les enfants des comtes Holnstein et Preysing, dignitaires de la cour. C'est que les médecins l'avaient cru poitrinaire, tout jeune encore[3].

---

[1] Si ridicules que semblent ces détails, je les tiens cependant pour vrais. Mme de Kobell, qui les rapporte dans son *Kœnig Ludwig II und die Kunst*, p. 2, mérite toute confiance. Appartenant à l'une des familles les plus dévouées à la dynastie bavaroise, elle a pu être témoin de bien des choses, racontées par elle avec un souci profond de vérité. Son mari, M. de Eisenhart, fut longtemps secrétaire de Louis II. On peut, je crois, considérer Mme de Kobell comme le biographe quasi officiel du Roi.

[2] Il naquit le 27 avril 1848, deux mois avant terme, par suite de la frayeur que l'émeute causa à sa mère. Ce fait n'est pas sans avoir influé sur sa santé. En effet, comme nous aurons occasion de le raconter plus loin, Otto, roi actuel de Bavière, est complètement fou.

[3] BRACHVOGEL. *Die Mænner der neuen deutschen Zeit*, 1873.

De là, un soin excessif de sa santé. Il resta presque toujours privé des plaisirs de son âge.

Dans cette demi-solitude, deux penchants se développèrent en lui. D'abord l'orgueil. La conscience que cet enfant avait de sa personnalité était étrangement forte. Pour suspectes que soient beaucoup des anecdotes qui ont cours à ce sujet, elles n'en sont pas moins significatives. Le sentiment de sa dignité royale apparaît déjà chez lui avec une inquiétante acuité, soit qu'il batte son frère comme son « Vassal », soit qu'il refuse de se laisser *toucher* par personne, le médecin même. Nous verrons quelles limites extrêmes pourra atteindre en lui ce *self-feeling* trop vigoureux.

L'autre penchant, le plus maladif, est celui de la rêverie. La solitude ne pouvait que la favoriser. Et dans quels milieux romantiques se passa cette enfance !

C'est d'abord la vieille Résidence de Munich avec ses immenses salles et ses sombres couloirs. Partout, dans les salons d'audiences, de fêtes ou de réceptions, est peinte à fresques, avec un coloris et un dessin un peu naïfs, l'histoire demi-légendaire de Charlemagne et de Barberousse. Puis voici toute l'épopée sanglante et tragique de Nibelungen, théâtrale mais si frappante ! Enfin, dans un corridor, c'est le portrait mystérieux de tous les vieux châteaux, qui se détache de son cadre pour annoncer la mort prochaine des membres de la famille à qui elle apparaît. A la Résidence ce rôle était tenu par une comtesse d'Orlamünde, celle qui tua, dit la légende, ses deux enfants, sur un mot mal compris de son amant. La reine Marie s'intéressait beaucoup, — elle d'ordinaire si prosaïque, — à cette histoire. Elle en parlait souvent et recherchait partout les origines de cette tradition.

Le château romantique d'Hohenschwangau, bâti par Maximilien, encore prince héritier, en 1836, sur l'emplacement du burg des seigneurs de Schwanstein, ancêtres des Wittelsbach, et où le Roi aimait venir passer l'été, dut faire surtout une profonde impression sur l'âme de Louis II enfant.

C'est là une terre bénie de la légende et de l'histoire bavaroises. Les peintures murales exécutées pour la plupart par Moritz von Schwind, le célèbre peintre romantique, et ses élèves, représentent les unes le chevalier-poète Hiltibold de Schwangau chantant ses *lieds* d'amour[1] à la belle Elsbeth ; plus loin, Conradin, dernier rejeton de la race puissante de Barberousse, part pour sa malheureuse expédition d'Italie ; Luther fuyant d'Augsbourg trouve au château une inviolable retraite. Puis se déroulent les hauts faits des princes les

[1] Ces poèmes, dans la manière des Minnesænger, ont été mis en langue moderne et offerts au roi, qui prenait plaisir à les lire, par le chanoine Jean Schrott, en 1871.

plus illustres de la maison de Bavière. De grandes fresques peignent plus loin la vie complète d'un chevalier au moyen âge.

Pour la légende, c'est peut-être mieux encore. On veut que Lohengrin, amené par le cygne, se soit présenté pour défendre une Elsa bavaroise, sur le voisin Alpsee et non pas sur le Rhin. De fait, le cygne (*Schwan*) figure parmi les armes des seigneurs de Hohenschwangau, qui le portaient, les ailes éployées, au casque, à la cuirasse et au bouclier. La reine Marie s'amusa à recueillir dans le château plus de mille cygnes sous toutes les formes : salières, vide-poches et porte-bouquets, et en toutes matières : cristal, faïence et porcelaine[1]. La légende du *Chevalier au Cygne* est peinte dans une salle. Dans une autre, voici celle de Berthe aux grands pieds, mère de Charlemagne. Le roi Pépin envoie un de ses maréchaux chercher la fille d'un « prince de l'Est » qu'il veut épouser. Mais le maréchal substitue à Berthe sa propre fille et charge un de ses valets de tuer la fiancée de son maître. Pris de pitié, l'homme la laisse fuir : elle

---

[1] A ce propos, un petit reproche à M. Maurice Barrès qui impute gratuitement à Louis II, dans *l'Ennemi des Lois* (Promenade idéologique aux châteaux du roi de Bavière), le mauvais goût de ces bibelots à vingt-cinq sous. S'il avait interrogé le gardien, celui-ci lui eût répondu, comme à nous, que la Reine commença cette enfantine collection et que Louis n'y ajouta guère que les quelques vases ornés de cygnes placés dans ses appartements du second étage.

court à travers la forêt et est recueillie par un meunier. L'année suivante, le roi Pépin, égaré durant la chasse, rencontre Berthe, reconnaît à son doigt l'anneau des fiançailles qu'il avait envoyé... et un an après naissait Charlemagne. Voici encore la légende de Ludmilla, fille du roi de Bohême, et veuve d'Adalbert de Bavière. Pressée par le duc Louis qui l'aimait, elle s'engagea à se rendre à ses instances, s'il lui promettait mariage par devant les trois chevaliers peints sur une tapisserie. Joyeux de s'en tirer à si bon compte, le duc jura tout ce qu'on voulut. Mais aussitôt, trois chevaliers en chair et en os, dissimulés derrière la tapisserie, se montrèrent, prêts à témoigner de son serment. Furieux d'avoir été joué, le duc Louis quitta sa dame et ne voulut la revoir d'une année. Enfin l'amour fut le plus fort, et il épousa Ludmilla comme il l'avait promis.

C'est dans ce château, parmi ces légendes et tant d'autres encore, qui conviennent si bien au paysage environnant : forêts de sombres sapins, lacs bleus, montagnes rocheuses, tout le Tyrol d'un côté, et de l'autre, l'immense plaine de Franconie, que se passa l'enfance de Louis II. Pouvait-il n'en pas garder l'impression ? Les peintures romantiques de Moritz von Schwind où les racines affectent des formes de lézards et les pierres des profils de crapauds, où dans l'ombre des rochers et, dans le feuillage des arbres, apparaissent de fantastiques figures, laisseront en lui d'ineffaçables traces.

Nous le voyons de bonne heure romanesque. Il avait à peine quatorze ans, que, se trouvant au château de Berchtesgaden, situé dans les montagnes, tout près de la frontière autrichienne, il s'avisa d'une singulière équipée. Une nuit, il s'échappa de sa chambre et s'en alla rêver au clair de lune, dans le cimetière fort pittoresque du village, parmi les tombeaux et les croix. Le gouverneur s'étant aperçu de la disparition de son élève, on se mit à sa recherche. Et le trop poétique héritier du trône reçut une punition qui lui fit désormais prendre en haine le séjour de Berchtesgaden [1].

Plus significative encore est cette anecdote : Des maux d'yeux avaient obligé Louis enfant, à porter un bandeau et à rester oisif dans l'obscurité. Ignace de Dœllinger, alors aumônier de la cour lui ayant dit : « Votre Altesse Royale doit s'ennuyer à rester ainsi seule et inoccupée. Pourquoi ne se fait-elle pas lire quelque livre ? » Louis, étendu sur un divan dans la chambre demi-obscure, répondit indolemment : « Oh ! je ne m'ennuie pas du tout ! Je pense à toutes sortes de choses, et je

---

[1] Louise von Kobell, *Kœnig Ludwig II und die Kunst*. Même source pour l'anecdote suivante (chap. I).

m'amuse beaucoup à cela ! [1] » Cet amour de la rêverie et de la solitude ne fera que se développer chez lui désormais.

La culture intellectuelle qu'on lui donna ne contraria guère ces dispositions. Ce devait être, selon le désir exprès de son père, une bonne éducation moyenne, celle que reçoivent les enfants de bourgeois dans les gymnases. En philosophe, Maximilien lui-même en avait fait le plan [2]. Les langues grecque et latine formaient le fonds de ce programme : études restées assez vaines pour Louis II, car il montra rarement du goût pour l'antiquité et semble, en tout cas, l'avoir fort mal comprise. Il dut, ainsi que son frère Otto, prendre des leçons de physique et de chimie auprès des professeurs Liebig et Jolly pour qui le Roi professait une vive admiration. Mais Louis II profita peu de cet enseignement. D'une intelligence très vive, mais très imaginatif et capricieux, les sciences exactes l'ennuyaient. Sans doute aussi Liebig ne sut-il pas l'intéresser : c'était un grossier utilitaire, pesant et solennel, qui disait : « La science n'a de prix que

[1] « *Und ich unterhalte mich sehr gut dabei.* »
[2] KARL VON HEIGEL. *Kœnig Ludwig II, ein Beitrag zu seiner Lebensgeschichte*, Stuttgart, 1893. M. de Heigel a longtemps vécu auprès du Roi pour qu'il écrivit quelques pièces de théâtre (Cf. *infra*). C'est un témoin digne de foi, bien qu'un peu trop favorable par endroits à Louis II, qui fut son bienfaiteur et l'anoblit. Il avoue d'ailleurs avoir écrit son livre poussé par la nécessité où il s'est vu de défendre la mémoire du Roi contre ses calomniateurs.

si elle est utile à la vie, et on ne doit plus se complaire à la laisser dans un monde idéal sans aucun rapport avec le réel. » Le pratique, le réel, ce n'était pas ce qui pouvait gagner Louis II à la science.

Et, d'ailleurs, voilà qu'il s'élance déjà dans le rêve et dans la fantaisie. Incapable de se livrer avec suite aux abstractions, facilement rebuté par tout ce qui ne parle pas à son imagination, la poésie et l'histoire seules peuvent lui convenir. Il déclame des tragédies de Schiller, — habitude qui lui restera chère. Enthousiasmé par les *Brigands* et *Don Carlos*, il rêve de libéralisme et d'humanité, et écrit même, dit-on, le plan d'un drame, bien singulier pour un futur roi, où l'on voit un prince héritier soulever le peuple contre la tyrannie de son père[1]. Ses idées, à ce point de vue, ne tarderont pas à changer.

L'histoire est aussi un de ses sujets d'étude préférés; il s'y adonne avec passion. Et c'est sans doute à cela qu'il doit, sans avoir vu le monde, d'avoir aussi bien pu juger les hommes. Car cette

---

[1] Dr FRANZ CARL : *Der Charakter Ludwig's von Bayern*, étude psychologique et psychiatrique (*eine psychologisch = psychiatrische Studie*) fondée sur des documents authentiques et mon observation personnelle, 1886. L'auteur, de son vrai nom Dr Gester, ancien médecin de la cour, a pu voir beaucoup de choses, qu'il raconte avec une impartialité prouvée par les attaques et les inimitiés que lui valut son livre. Nous aurons souvent recours à ses précieux renseignements.

finesse et cette pénétration, qui ne l'abandonnèrent jamais, est une des qualités que tout le monde s'accorde à lui reconnaître. En attendant, il trouvait dans les Mémoires, qui furent toujours sa lecture favorite, de quoi satisfaire son besoin de s'oublier, lui et son époque, et de se réfugier dans le passé.

Au point de vue physique, Louis II aimait assez peu les exercices du corps, sauf le cheval. Il faisait même des promenades énormes et à des vitesses excessives, parfois dangereuses. Sa croissance fut très rapide, trop peut-être, et le laissa de faible constitution. Il fut, dès l'enfance, d'une nervosité anormale, accessible à toutes les émotions, très irritable et sujet à de violentes colères, surtout aux changements d'humeur les plus soudains, sans cause apparente [1]. Un fait, entre autres, prouve cet état maladif; encore enfant, il ne pouvait supporter la vue d'une personne laide. Lorsqu'il apercevait certain domestique de la Résidence, d'une physionomie particulièrement ingrate, Louis se cachait contre le mur en criant. Cette aversion pour la laideur physique subsista d'ailleurs toujours chez lui. Il voulut plus tard, étant roi, retirer l'emploi de héraut, aux fêtes des chevaliers de Saint-Georges, à la personne qui en

[1] Dr Franz Carl Gerster, op. cit.

était titulaire, sous le prétexte que son visage lui
déplaisait. On représenta au souverain que ce
serait blesser profondément, pour peu de chose,
un fidèle serviteur de l'État. Louis consentit alors
à lui laisser cette fonction honorifique, à la condition qu'à la cérémonie prochaine, on le dissimu-
lerait à sa vue[1].

J'ai devant moi une gravure représentant Louis,
âgé d'environ dix ans, avec son frère qui en a par
conséquent sept. L'un a déjà ses yeux rêveurs,
son front large et l'ovale fin de son visage. Otto
a le regard méfiant et sombre. On peut discerner
que l'un sera un enthousiaste et un idéaliste,
l'autre un pauvre fou sans pensée. Et, à mesure
que les deux princes grandissent, cette différence
subsiste en eux. L'impression reste la même
devant un portrait exécuté cinq ou six années plus
tard.

Grand et mince, avec de longs cheveux très
bruns, des traits réguliers et délicats, mais maigre
et comme brûlé par le feu de ses larges prunelles
noires, qu'il lève d'un air inspiré, tel est Louis II à
dix-huit ans. C'est cette image du Roi-Vierge
(*der jungfraeuliche Koenig*) que la gravure a
rendue populaire. Aucune n'est plus propre à
favoriser les imaginations du public : cette roma-

---

[1] KARL VON HEIGEL, *op. cit.*, ch. I.

nesque beauté rend toutes légendes possibles et croyables.

A ce moment, Maximilien sentant peut-être approcher la mort, veut sortir son fils de la solitude et de la rêverie déprimantes où il l'a laissé jusqu'ici. Peut-être a-t-il été effrayé par le rapport que le comte Larosée[1], gouverneur du prince royal, a déposé le 25 août 1863, jour de la dix-huitième année de son élève, déclaré majeur par la loi. En effet, le comte y attirait surtout l'attention du roi sur la *Phantasie*, c'est-à-dire, l'imagination rêveuse de Louis, « poussée chez le prince, ajoute-t-il, à un point qu'on trouve rarement dans le cœur d'un jeune homme. » Et, en outre, il signale une opiniâtreté en toutes choses, « peut-être héritage de son grand-père, » qui sera difficile à vaincre. Elle aboutira plus tard, nous le verrons, à des goûts d'absolutisme.

Le roi Max se décide alors à envoyer son fils à l'Université de Gœttingen, pour étudier les sciences historiques, juridiques et économiques. Lui-même avait passé, étant jeune homme, par la vie d'étudiant et en avait reconnu les avantages. C'était là qu'il avait appris à connaître les hommes, à telles enseignes, que plus tard il s'entoura dans son

---

[1] Le comte Larosée appartenait à une famille noble d'origine française et fixée depuis longtemps à la cour de Bavière, comme l'étaient par exemple les de Vausblanc, de Montmartin, La Roche, etc.

gouvernement de ceux de ses condisciples dont il avait pu apprécier et juger de près les qualités : l'Université serait pour le jeune prince moins l'école de la science que l'école de la vie.

Car il est grand temps que le futur roi de Bavière apprenne un peu à connaître le monde. Il est, à dix-huit ans, ignorant de toutes choses pratiques à un degré incroyable. Le jour de sa majorité, il reçoit, pour la première fois, de l'argent : une pièce d'or, assez peu de chose, sans doute. Tout joyeux, il s'en va de ce pas chez un orfèvre et demande un bijou que sa mère avait fort admiré, quelques jours auparavant, en le voyant à la devanture. Le marchand reconnaît aussitôt le prince et demande s'il faut porter la note au château. Mais Louis répond fièrement qu'il veut régler lui-même, s'imaginant payer largement avec quelques florins[1].

Louis éprouve-t-il, dès cette date, cet éloignement pour la société, cette peur des hommes, cette horreur de la foule, qui le feront plus tard se retirer dans une solitude presque complète? On peut le croire.

En tout cas, soit refus de sa part, soit pour toute autre raison, il n'alla pas à l'Université à la

---

[1] L'anecdote, rapportée par les plus sérieux des biographes du Roi, a toutes les apparences de l'authenticité.

reprise des cours. Le roi Max commença seulement alors à l'initier un peu aux affaires : il le charge de recevoir à sa place quelques personnages accrédités, il le présente dans les cérémonies publiques. Mais tout cela en de si rares occasions, que, huit mois après, quand Louis II devient roi, la foule ne le connaît pas encore. La *Gazette universelle*[1] donne son portrait comme celui d'une personne complètement inconnue : témoin l'étonnement exprimé de lui voir « des traits si virils pour son âge ». Et de son caractère, on ne sait rien, absolument rien.

En effet, dès le mois de mars 1864, le roi Maximilien était tombé tout à coup malade, quelques jours après un grand bal, en costumes historiques, donné à la Résidence, et où la légende veut que la dame blanche, la terrible comtesse Orlamünde, ait apparu. Le souverain était affaibli, tourmenté par les difficultés politiques qui le rendaient inquiet, — non sans raison, — sur le sort de la Bavière. Il mourut le 7 mars 1864, après s'être longuement entretenu avec son fils.

Voici donc ce jeune homme de dix-huit ans et demi devenu roi. C'est encore presque un enfant. Il est inexpérimenté, il ne possède aucune des qualités d'un homme d'État : pas de goût pour

---

[1] *Allgemeine Zeitung*, d'Augsbourg.

l'action, mais pour la seule rêverie. Aucune connaissance pratique, mais seulement des aspirations de poète et d'artiste. Nerveux, sensible à l'excès à toutes les impressions, il n'a pas de calme, ni de sang-froid. Son ardent désir de faire de grandes choses ne suffit pas. Il a seulement conscience de la lourde et difficile charge qui lui incombe. Que deviendra la Bavière entre ces mains débiles ?

Un portrait exact et frappant de Louis II, vers ce moment, nous est donné par le prince de Bismarck dans ses *Pensées et Souvenirs*[1].

En 1863, se rendant de Gastein à Bade, le ministre de Prusse passa par Munich et s'y arrêta. Le roi Max étant alors à Francfort, au *Fürstentag*, ce fut la reine Marie qui reçut Bismarck, et il dîna avec elle, les 16 et 17 août, à la Résidence. Voisin de table de Louis, il l'observa de son regard à qui rien n'échappait. Le jeune prince lui parut absorbé dans ses pensées. Il avait l'air « de n'être pas à table et ne se souvenait que de temps à autre de son intention de s'entretenir avec lui ». Dans les quelques banales paroles que Louis lui adressa, Bismarck remarqua « du feu », et il le trouva « bien doué ». Cependant, lorsque sa mère ne le regardait pas, le jeune homme se faisait verser

---

[1] Bismarck, *Gedanken und Erinnerungen* (Stuttgart, 1898), I, ch. xviii, page 351.

de pleines coupes de champagne par le sommelier, et Bismarck comprit qu'il s'ennuyait et voulait grâce au vin, exciter sa fantaisie, pour s'isoler davantage et se délivrer de la conversation de cet homme qui ne savait parler qu'affaires.

Ce fut la seule fois que Bismarck put causer en tête à tête avec Louis II : il ne lui en fallait pas davantage pour le juger. Et il dut, à la mort du roi Max, se rappeler ce dîner, et se dire que l'avènement en Bavière d'un prince tel que Louis II allait singulièrement favoriser ses plans d'hégémonie prussienne en Allemagne.

CHAPITRE II

LES PREMIÈRES ANNÉES DU RÈGNE. — WAGNER

Devenu roi à dix-huit ans et demi, Louis II semble n'avoir d'abord d'autre souci que celui de sa lourde responsabilité. Le peuple fut ému de voir cet adolescent, si pâle et si beau, suivre le cercueil de son père, la tête baissée, comme pliant sous le poids de sa couronne.

Dans toutes les proclamations et tous les discours qu'il fit lors de son avènement, c'est ce sentiment qui domine. Il montre en même temps une grande bonne volonté. Il ne modifie en rien la politique suivie par son père et conserve les mêmes ministres qui sont venus, suivant l'usage, déposer leur démission entre ses mains. Il semble qu'il n'ait pas sur le gouvernement la moindre idée personnelle. D'ailleurs, comment serait-ce possible? à peine y a-t-il six mois qu'on a commencé de l'initier aux affaires. Il va laisser les choses suivre leur cours « comptant pour remplir sa difficile tâche, sur les lumières et les forces que lui enverra Dieu », dit-il le 30 mars, au Conseil d'État, après avoir prêté serment. Le ministère von der Pfordten continue donc à gouverner la Bavière et à méditer ces projets grandioses qui devaient être si cruellement déjoués.

Le premier acte important du jeune Roi ne fut pas politique.

Après avoir, obéissant au protocole, assisté à toutes les cérémonies nécessaires, reçu les serments de fidélité des fonctionnaires et les lettres de créance des ambassadeurs, il se retira dans son château de Berg, près du lac de Starnberg, aux environs de Munich. Il venait là rêver comme autrefois dans la solitude. Il voulait aussi penser à la situation nouvelle où l'avait mis la mort de son père. Qu'allait-il faire de son pouvoir? Voilà que maintenant il était à même de réaliser ses désirs d'adolescent. Par quelle action rare, montrant ses goûts et ses idées, allait-il débuter, étonnant d'abord ses sujets, puis fixant sur lui l'attention du monde?

Il faut reconnaître que cet acte royal ne manquait ni d'originalité ni d'audace.

Au jour anniversaire de sa seizième année, Louis II avait vu *Lohengrin* à l'opéra de Munich. L'adolescent rêveur, élevé au château d'Hohenschwangau, dans l'atmosphère de cette légende, fut profondément ému en retrouvant à la scène l'histoire familière du *Chevalier au Cygne*, avec les décors qui ajoutaient l'illusion de la réalité, et cette musique qui le prit par tous ses nerfs endoloris. Le charme avait opéré tout à coup. Louis II était conquis par le Maître. Il se livra tout entier à lui.

Peut-être Wagner exagèrera-t-il un peu en avançant plus tard, dans une de ses lettres, que Louis II à partir de ce jour l' « eut pour seul maître » et qu'il « se forma par ses œuvres ». En tout cas, si l'enthousiasme fut soudain, l'admiration ne décrut pas. Louis II voulut lire tout ce qu'avait écrit Wagner. Quant à la musique... on peut admettre qu'il tenta de la déchiffrer sur le piano ; mais c'était, — quoi qu'on en ait dit — un si piteux exécutant [1], qu'il dut sans doute y renoncer bien vite.

Néanmoins, il ne cesse de s'intéresser à Wagner ; il le suit dans ses tribulations d'exilé. Il s'indigne de son échec à Paris ; il souffre de le voir errer, sans foyer, presque misérable. Il ne souhaite le pouvoir que pour venir en aide à son héros.

---

[1] Le fait est affirmé par *↑ une autre calomniatrice* Louise de Kobell, *Kœnig Ludwig II und die Kunst*, ch. 1. Il était incapable et peu doué à tel point que son maître de musique s'écria après lui avoir donné sa dernière leçon : *Quel jour heureux pour moi!* Admettons si l'on veut que Louis « pianotait » honnêtement. Son goût pour l'opéra et l'amitié de Wagner lui auront donné sa fausse réputation d'artiste et même de compositeur : ainsi les journaux parisiens annonçaient en 1866 qu'un morceau, dont le roi de Bavière était l'auteur, avait été joué dans un concert avec le plus grand succès.

Aussi, vers la fin du mois d'avril 1864, Louis II, exécutant un projet caressé depuis longtemps, charge son secrétaire particulier, M. de Pfistermeister, de se mettre à la recherche de Wagner et de lui demander s'il consent à venir auprès de lui. Et, — trait qui dénote bien la naïveté d'enthousiasme du jeune prince, — au cas où l'homme de génie, pour quelque raison, refuserait de se rendre à l'invitation royale, l'envoyé est chargé de rapporter au moins, en souvenir, en relique presque, un objet familier du Maître : son porte-plume ou son crayon, par exemple. Délicieux enfantillage de cette âme qui restera toujours puérile ! Témoignage de profonde reconnaissance pour l'artiste qui l'a initié à tant de beauté. Les œuvres ne lui suffisent plus. C'est l'homme, le créateur qu'il veut voir !

M. de Pfistermeister se mit en route aussitôt. Il devait, à part soi, trouver cette mission bien peu digne de son rang. S'en aller, lui, Monsieur le Conseiller du Roi, chercher un misérable musicien, un dangereux révolutionnaire, banni à la suite des émeutes de Dresde, en 1848 ! Le nouveau prince avait des fantaisies bien bizarres et de bien mauvais augure. Enfin, l'ordre était donné : il fallait se soumettre.

On avait d'abord cru Wagner à Vienne. Puis, on avait appris qu'il était venu se reposer près de

Zurich, à Mariafeld, dans la maison de ses amis, M. et Mme Wille. C'est là que se rendit l'envoyé. Comme il connaissait déjà François Wille pour l'avoir vu à Munich, sa visite ne surprit pas. Mais quand il fit part à son hôte de la mission dont il était chargé, on lui apprit que deux jours auparavant, Wagner était rentré en Allemagne, décidé à violenter la fortune qui ne voulait pas s'offrir à lui.

Ici, quelques mots sur la situation où se trouvait alors le musicien sont nécessaires [1], et feront mieux apprécier l'importance de l'intervention de Louis II.

Lorsque Wagner accepta l'hospitalité de son vieil ami François Wille, pour venir se reposer aux rives du lac des Quatre-Cantons, il quitta Penzing profondément tourmenté par des soucis d'argent, son désaccord avec sa femme, et, surtout, par l'incertitude de l'avenir. Il avait alors cinquante ans passés [2], et malgré que *Rienzi, Lohengrin, Tannhæuser* eussent été joués sur la plupart des scènes d'Allemagne, il n'avait encore obtenu ni le succès ni la gloire qu'il était en

---

[1] Parmi les nombreuses vies de Wagner, citons *Wagner's Leben*, par GLASENAPP, six volumes qui épuisent la matière ; et aussi l'autobiographie de Wagner connue sous le titre de *The Work and Mission of my life*, parce qu'elle parut pour la première fois en anglais, en 1879.

[2] Il naquit en 1813.

droit d'attendre. L'année précédente, renonçant à trouver un théâtre assez riche pour monter, de façon non ridicule, l'*Anneau du Nibelung*, il avait fait imprimer son œuvre. Et, dans la préface, désespérant presque d'être jamais joué, il demande s'il se trouvera un roi pour l'aider à réaliser sa conception sublime, ce qu'il appelle la *Musique de l'Avenir*.

L'appui d'un prince : c'est ce qu'il cherche, c'est ce qu'il lui faut. Sans quoi, il entrevoit de noires années de misère, où il devra, pour vivre, — comme jadis à Paris, — se résoudre à adapter de l'Auber ou de l'Offenbach ! Ou bien, il devine, chose plus amère encore, ses œuvres piteusement représentées, alors qu'elles ont besoin, pour produire leur effet, de tous les luxes, de tous les soins et de tous les talents. Mieux vaut cent fois pour l'*Anneau* n'être jamais représenté que de voir une ridicule ferblanterie simuler l'or du Rhin, ou un mauvais jouet de carton figurer le dragon Fafner. Un prince riche et intelligent, voilà le protecteur qu'il faut à Wagner. Il le sait, et il y a longtemps déjà qu'il le demande.

Il se rend bien compte que sa renommée de démagogue, d'éleveur de barricades aux émeutes de Dresde, où il se compromit avec tant d'insouciance et de générosité, rend à cet égard sa position délicate. Il cherche néanmoins, parmi les trente-huit princes souverains d'Allemagne, lequel sera assez artiste et d'idées assez larges pour ne plus voir en lui l'exilé politique, mais le compositeur de génie.

Le roi de Prusse sera-t-il ce grand homme? Liszt promet de le « sonder ». Le fidèle ami tentera aussi quelque chose auprès du duc de Cobourg, mais « Berlin et Gotha exceptés, et peut-être aussi Weimar, il n'y a rien à espérer ». Or, le roi et les ducs, dont on avait escompté la libéralité, firent la sourde oreille. Au moment où Wagner est le plus empêché avec son *Tristan et Yseult* dont il ne sait que faire, il a encore l'idée de se tourner vers le roi de Hanovre, qu'on dit « libéral et magnifique dans sa passion d'art ». Le pauvre Georges IV, sur son trône déjà vacillant et que bientôt le Prussien allait abattre, resta indifférent à la requête du musicien. Le grand-duc de Bade fut un moment disposé à l'appeler auprès de lui, mais son entourage l'en dissuada, disant que « ce fou ruinerait le pays ».

Après ces échecs répétés, Wagner passa de sombres heures dans la villa de Mariafeld [1]. Il avait des crises de colère, suivies d'accès de désespoir et de morne abattement. Tout ressort moral

---

[1] Madame Wille a raconté ces quelques souvenirs, en publiant dans la *Deutsche Rundschau* de février et mars 1887 les lettres que lui adressa Wagner de la cour de Louis II. Ces lettres ont été traduites en français par M. Fazy, et composent le volume intitulé *Louis II et Wagner*, Perrin, éditeur 1893.

était brisé en lui. Il ne travaillait plus, persuadé de l'inutilité de ses efforts. Avec une âpre joie il s'abîmait dans le pessimisme. Plus que jamais, Schopenauher devint son livre de chevet.

La bonne et intelligente Madame Wille s'efforçait de lui faire reprendre courage. Elle avait foi dans la puissance du génie. Et pour cet homme, — ce vieillard presque, — elle trouvait de ces paroles de femmes, à demi maternelles, à demi amoureuses, dont la douceur fait céder tout orgueil et tout entêtement. Mais comment apaiser ce fier génie révolté?

« Je le vois encore, raconte-t-elle, assis dans un fauteuil, près de la fenêtre, et m'écoutant avec impatience un soir que je lui parlais du magnifique avenir sur lequel il pouvait compter avec certitude... Wagner me dit :

« — Que m'entretenez-vous d'avenir, lorsque mes manuscrits restent enfermés dans mes tiroirs! Qui donc doit représenter ces drames, composés sous l'influence de bons génies, de telle façon que tout le monde sache que c'est bien ainsi que le Maître a vu et voulu son œuvre!

« Dans son agitation, il parcourait la chambre à grands pas. Soudain, s'arrêtant devant moi, il s'écria : Sachez-le! J'ai une organisation à part! J'ai des nerfs sensibles. Il me faut de la beauté, de l'éclat et de la lumière! Le monde me doit ce dont j'ai besoin. Je ne suis pas homme à vivre d'une malheureuse place d'organiste comme votre Maître Bach ! Est-ce donc une exigence inouïe que de demander un peu de luxe, moi qui vais donner au monde, sans compter, des jouissances inconnues ! »

L'énergie lui revient avec la conscience de sa valeur. Son génie captif bouillonne alors et s'impatiente. A cinquante-cinq ans, Wagner est encore assez jeune pour courir à la conquête de la fortune et de la gloire. Il ne veut pas rester plus longtemps à gémir en vain. Ses derniers doutes, la fidèle amie, par sa conviction communicative, les lui enlève.

« Un soir, me trouvant seule, Wagner me déclara avec une gravité solennelle :

« — Mon amie, vous ne connaissez pas l'étendue de mes souffrances, la profondeur de ma détresse !

« Ses paroles m'effrayèrent. Mais pendant que je le regardais, je ne sais quelle idée m'envahit tout à coup et me fit dire avec conviction : — Non, non, il n'y a pas devant vous que de la détresse. J'en suis sûre : quelque événement va survenir qui vous sera favorable. Encore un peu de patience et vous connaîtrez le bonheur ! »

Le lendemain Wagner quittait Mariafeld se rendant à Stuttgart et à Carlsruhe pour demander encore une fois aux directeurs de théâtre de jouer ses œuvres, mais avec tout le luxe de mise en scène qu'elles exigent. Il était même décidé, dit-on, à partir pour l'Amérique si ce dernier espoir était déçu.

C'est à Stuttgart, le 2 mai, que le trouva M. de Pfistermeister. L'envoyé lui rendit compte de sa mission et l'invita à se rendre auprès du Roi, impatient de voir le grand homme.

Enfin son appel n'était pas demeuré sans effet. Un prince s'était trouvé pour le comprendre et pour le soutenir. Maintenant qu'il pourrait avoir de bons chanteurs, un orchestre choisi, un vaste théâtre et de riches décors, le succès de la *Musique de l'Avenir* était assuré ! Il s'agissait seulement de garder la faveur de ce jeune homme, dont il ignorait complètement le caractère. Et désormais tout irait bien.

Certes Wagner était heureux et il sera plus tard sincère en exprimant sa reconnaissance. Cependant ce serait mal connaître l'orgueil, légitime peut-être, et le robuste égoïsme du génie, si l'on s'imaginait que cette distinction royale l'ait ébloui ou même flatté un seul instant. Conscient de sa valeur, il sait ne recevoir là que ce qui lui est dû. N'a-t-il pas, par ses œuvres, donné à ce prince d'incomparables jouissances? Un grand artiste n'est jamais modeste. Nulle idolâtrie ne peut le confondre. Il sait que les hommes resteront toujours ses obligés. Et ne sommes-nous pas à même de mesurer la justesse de ce sentiment, lorsque, lisant quelqu'un de ces poètes ou de ces philosophes surhumains qui font, de leur riche substance, vivre notre pensée, cette réflexion nous angoisse et nous saisit : « Que serais-je devenu si cette œuvre n'avait été créée ? »

L'accueil enthousiaste que lui réservait Louis II pouvait néanmoins émouvoir une âme même aussi fière que celle du musicien.

Dès son arrivée à Munich, le Roi le fit conduire à son château de Berg. Et voici l'impression que Wagner emporta de cette première entrevue[1] :

« Mon amie, je serais le plus ingrat des hommes si je ne vous faisais pas tout de suite part de mon immense bonheur. Vous savez que le jeune roi de Bavière m'a fait rechercher. Aujourd'hui l'on m'a conduit chez lui. Il est si beau et si charmant, il est si riche de cœur et d'esprit que je crains de voir sa vie s'évanouir dans ce monde de fer comme un divin rêve inconsistant. Il m'aime avec l'ardeur et la profondeur d'un premier amour : il sait tout de moi, et me comprend aussi bien que moi-même. Il veut que je reste toujours auprès de lui pour travailler, me reposer, faire représenter mes œuvres. Il me donnera tout ce qui est nécessaire

---

[1] Lettre à Madame Wille, datée du 4 mai.

pour cela. Je dois achever *l'Anneau du Nibelung* pour ensuite faire jouer la tétralogie comme il me conviendra. Je suis mon maître. J'ai un pouvoir illimité. Je ne suis plus un petit chef d'orchestre, mais rien que Moi et l'Ami du Roi... Mon amie, tout cela n'est-il pas inouï? Tout cela n'est-il pas un rêve?... Mon bonheur est si grand que j'en suis tout abasourdi. Vous ne pouvez vous faire une idée du charme de son regard. Ah! puisse-t-il seulement demeurer en ce monde! Il y est une merveille si rare! »

Le 26 mai, autre lettre datée encore de Starnberg : « L'année où l'on représenta pour la première fois mon *Tannhæuser*, qui me fit entrer dans un chemin si rude, si bordé d'épines, — le mois[1] où je me sentis une fécondité si prodigieuse que je conçus en même temps *Lohengrin* et les *Maîtres chanteurs*, à ce moment mon ange protecteur venait au monde. »

Wagner a donc, pour son jeune admirateur, un enthousiasme durable et sincère, que nous verrons encore exprimé à différentes reprises.

Louis II était de son côté, profondément heureux d'avoir son grand homme auprès de lui. Admirons qu'il n'ait pas éprouvé de déception. Ces amitiés vagues, ces élans de sympathie qu'inspirent

---

[1] Mois d'août 1845.

les œuvres d'un artiste et ce qu'on a cru deviner à travers elles de sa personnalité, résistent mal d'ordinaire à une fréquentation suivie.

Que de disciples fervents, parvenus à approcher le Maître, s'en retournent déçus, contraints de renoncer à l'image qu'ils s'étaient pieusement faite de lui ! Ce n'est pourtant pas à Wagner que revient l'honneur d'avoir entretenu Louis II dans sa fièvre d'admiration. Mais la nature du jeune roi était telle qu'il ne voyait jamais les choses dans leur pleine réalité. Elles n'étaient, pour son imagination ardente, que prétexte à rêverie. Pour lui, tout était « fait de la même matière que ses songes ». Il enveloppait le monde du voile de sa fantaisie. Grâce à une rare faculté d'abstraction, aussi puissante que peut la posséder un poète, il savait isoler, dans l'homme ou le spectacle qui lui plaisaient, les éléments capables de troubler son rêve. Ainsi il n'était pas choqué en faisant construire un nouveau Trianon au milieu des rochers et des neiges du Tyrol. Il savait oublier assez tout le convenu des décors et de la scène pour arriver à se convaincre de la réalité des drames qu'on jouait devant lui. De même pour Richard Wagner. Il idéalisa son illustre ami. Il laissa de côté ses défauts, ne voulut pas voir ce qui aurait déformé l'image qu'il avait préconçue. Ainsi purent se continuer, inaltérés, les rapports du Roi et du musicien.

Que se passa-t-il au juste dans cette première entrevue? Wagner ne nous en a pas conservé le détail. « Vous êtes protestant? lui aurait demandé le roi. C'est très bien! toujours libéral : cela me plaît[1]! » Il l'interrogea sur ses projets, s'enquit de ses besoins. Il lui offrait son amitié, sa protection et le secours du trésor royal, ne demandant guère en échange que la docilité de Wagner à venir le trouver sur son premier appel. Il veut pouvoir le contempler à toute heure ou se faire jouer quelque morceau par le Maître. Et Dieu sait quelle âme exigeante et capricieuse a le Roi!

Il a donné à Wagner une villa sur le lac de Starnberg, près de son petit château tout blanc parmi les arbres. En dix minutes une voiture amène le favori. Et le Roi, une ou deux fois par jour, éprouve soudain le désir de le voir. « Je vole à ces rendez-vous comme à ceux d'une maîtresse, écrit Wagner à son amie. Nous restons-là des heures entières à nous contempler, ses yeux perdus dans mes yeux. »

Pourtant un mois après, il y a comme une nuance de lassitude dans ces mots : « Avec ce jeune roi, il faut toujours planer sur les cimes. »

---

[1] Dr BEYER, *Ludwig II, ein Charakterbild*, p. 110. Par sa position de conseiller, ses hautes relations et surtout son amitié avec le prince de Hohenlohe-Schillingfürst, l'auteur était à même de donner dans son livre des renseignements authentiques et nouveaux dont nous avons profité.

Le sublime prolongé ennuie. Wagner s'en aperçoit, mais Louis II demeure insatiable. Son délire pour le demi-dieu ne cesse pas. Qu'on lise cette autre lettre à Mme Wille, datée du 9 septembre de la même année : « Le jeune Roi m'aime vraiment avec un enthousiasme dont vous ne pouvez vous faire une idée. Il me dit qu'il ne peut croire que je sois véritablement auprès de lui. Personne ne peut lire les lettres qu'il m'adresse sans être étonné et ravi. Liszt disait que sa réceptivité est égale à ma productivité[1]. Oui, c'est un véritable miracle! Et il me fallait ce prince ! sans lui... c'était fini, bien fini ! »

Cette ardeur d'amitié, cet enthousiasme juvénile qui fatiguaient un peu le vieillard de sens plus rassis, nous en avons l'expression sincère dans ces lettres mêmes de Louis, auxquelles fait allusion Wagner. La récente publication de ces épîtres [2]

---

[1] « Receptivitœt... Productivitœt. »
[2] Dans *die Waye*, de Vienne, numéros du 1er janvier 1899 et suiv. La rédaction n'a pas pu nous indiquer de qui elle tient ces documents. On en pourrait donc contester l'authenticité. La parfaite exactitude de tous les détails ne prouve rien en ces sortes de choses, sinon l'habileté et la bonne documentation de l'auteur de la correspondance apocryphe. Quoique plus difficiles à atteindre, le degré de pénétration et la sûreté d'analyse nécessaires pour ne pas commettre d'erreur psychologique, l'unité du caractère et la concordance avec ce que l'on savait déjà par ailleurs sur le Roi ne seraient encore qu'un fort incertain criterium. La fraude restait donc possible. Mais on ne peut plus aujourd'hui hésiter à admettre l'authenticité de ces lettres, car elle n'a pas été niée par ceux qui étaient à même de le faire: à savoir le Gouvernement bavarois qui est en possession des originaux de cette correspondance de Louis II (un accord étant survenu en 1886, à la mort

brûlantes, passionnées, exaltées, a été une riche contribution à l'histoire de ces rapports entre le Roi et le Musicien. On verra comment peu à peu le jeune homme en arrive presque au délire, à une sorte d'hystérie passionnée qui se traduit par des cris incohérents, des exclamations involontaires, des exagérations inouïes de langage, une enflure de style du dernier goût. Le pire romantisme en un mot. Sa seule excuse, c'est la sincérité ; la seule explication, une nervosité anormale et qui confine à la démence.

« Mon seul, mon cher ami,

Comme le soleil majestueux dissipe les sombres nuées angoissantes et répand au loin, avec sa lumière, la chaleur et une douce volupté, ainsi m'est apparue aujourd'hui votre chère lettre m'apprenant, mon ami, que vos souffrances ont enfin cessé de vous torturer et que votre guérison approche. Penser à vous m'allège le faix de la royauté. Tant

---

du Roi, les héritiers de Wagner rendirent les lettres de Louis et en retour obtinrent celles du musicien). Et comme on peut bien supposer, — puisqu'on possédait déjà de la sorte une de ces lettres, cf. *infrà*, — que Wagner, montrant cette correspondance à ses amis en laissa prendre des copies, c'est sans doute de cette façon que *die Wage* en aura eu communication. Et pour la même raison, si cette publication était l'œuvre d'un faussaire, quelqu'un des détenteurs de ces copies se serait bien trouvé déjà pour le dire. Or, comme on le verra à *l'appendice*, la famille Wagner reconnaît que ces lettres sont authentiques et se défend de les avoir livrées à la publicité.

que vous vivrez, la vie sera pour moi belle et pleine de bonheur. O mon aimé ! Mon Wotan ne doit pas mourir. Il faut qu'il vive pour se réjouir encore des héros qu'il a créés !

« J'ai lu avec un vif intérêt votre introduction manuscrite au *Vaisseau Fantôme;* merci de me l'avoir envoyée. Le plaisir de la représentation sera double pour moi puisque je serai en état de compléter par la pensée ce qui peut rester inexprimé. Avez-vous écrit quelque chose de semblable pour les principaux artistes de vos autres œuvres ? Dans ce cas, puis-je vous prier de me le remettre ? Ce serait pour moi d'un grand intérêt, comme tout ce qui vous touche, vous et vos œuvres. Comme je me réjouis de voir approcher le temps où mon ami chéri m'initiera aux secrets et aux merveilles de son art, qui vont me fortifier et vraiment me béatifier ! — Ici, dans mon cher Hohenschwangau, je passe mon temps en toute tranquillité et en toute joie. Un repos bienfaisant règne en ces lieux. Je trouve plus de loisir pour la lecture. En ce moment, je relis Shakespeare et le *Faust* de Gœthe. L'air des montagnes exerce sur moi une salutaire influence. Presque chaque jour, je fais une excursion à cheval. A ce que j'apprends, la première représentation du *Vaisseau Fantôme* pourra avoir lieu le 27 courant. Je n'y assisterai pas : car c'est après plusieurs fois seulement qu'ils ont joué une pièce que les acteurs arrivent à plus de sûreté dans leur jeu et parviennent à se délivrer de certains défauts : en sorte que l'auditeur a une jouissance artistique plus relevée. — J'ai l'intention, par l'exécution des œuvres importantes et sérieuses de Shakespeare, Calderon, Mozart, Gluck, Weber, de détacher le public munichois des pièces frivoles, d'éclairer son goût, et de le préparer aux merveilles de vos œuvres, de leur en faciliter l'intelligence, en leur jouant d'abord les œuvres d'autres grands maîtres. Car tout doit être pénétré de la gravité de l'art. Je vous envoie, mon très cher ami, ma photographie peinte... parce que je crois, je suis sûr, que de tous les hommes qui me connaissent, c'est vous qui m'aimez le mieux. Puissiez-vous penser, en la regardant, que celui qui vous l'envoie vous a voué un amour qui durera éternellement, qu'il vous aime avec feu, aussi fort qu'un homme peut aimer.

Éternellement, votre

Ludwig. »

Hohenschwangau, le 8 novembre 1864.

« Ami bien-aimé,

« Quoique je songe à retourner d'ici peu à Munich et que j'espère (après m'être délivré de toutes les affaires qui m'accablent) pouvoir saluer bientôt de tout cœur — comme toujours, certes — mon cher et mon Unique, je ne puis pourtant résister à mon envie de vous adresser quelques lignes.

Comme Pfistermeister vous l'a déjà appris, cher ami, j'assisterai, et avec la plus grande joie, à la représentation du *Vaisseau fantôme*. Soyez persuadé que je comprends mon aimé ; que je sais et que je sens qu'Il ne veut plus vivre et créer que pour moi. Car ma vie, ma véritable vie, n'est que par Lui et en Lui seul. Pas de douleur, pas de nuage qui puissent troubler mon existence, tant qu'au ciel luira cette étoile. — Mon Tout dépend de Lui !

J'ai écrit au Roi de Saxe pour qu'il nous prête le chanteur Schnorr et lui donne le mois prochain un congé de dix à douze jours... Peut-être, par la suite, réussirons-nous à l'attacher définitivement à Munich. Oh ! comme j'ai hâte de voir Tannhæuser, Lohengrin et Tristan !

J'ai pris la résolution de faire élever un grand théâtre de pierre, où donner une représentation parfaite de *l'Anneau du Nibelung*. Cette œuvre impérissable doit avoir, pour être exécutée, une scène digne d'elle... Mais je causerai de tout cela avec vous. Il faut que nous mettions en pratique cette phrase de votre préface de *l'Anneau* : « Que l'action soit au commencement... »

En éternel amour et enthousiasme,
  Votre fidèle ami,

  Ludwig. »

Hohenschwangau, le 26 novembre 1864.

Quoique déjà ces deux lettres contiennent bien des bizarreries, Louis II s'y montre encore assez modéré. Il met surtout beaucoup de détails — dont nous avons passé un certain nombre, — sur les chanteurs et leurs qualités, sur la manière dont seraient jouées les œuvres du Maître, etc... Mais du jour où il sera contrarié, cet amour se fera délirant. Du jour où la curiosité du public déflorera cette intimité et où les exigences de l'opinion menaceront de la dissoudre, Louis II, en même temps qu'il poussera un cri de haine contre le vulgaire, de toutes ses forces, de toute son âme, s'attachera à son ami, son *Unique*, selon son expression même.

C'est que les commencements de cette amitié n'avaient pas excité l'attention. On n'avait pas accordé d'importance à l'arrivée de Wagner, quoiqu'il fût loin d'être alors un inconnu. Le 7 mai, le *Journal Universel* enregistre simplement cette note : « Depuis quelques jours, M. Richard Wagner est arrivé dans notre ville; au Théâtre Royal on va mettre à l'étude son opéra *le Vaisseau Fantôme*[1] ». Le lendemain on annonce que le musicien va se fixer à Munich, la « munificence » de Sa Majesté lui assurant désormais « une paisible vie d'artiste. »

---

[1] *Allgemeine Zeitung*, d'Augsbourg, le 7 mai 1864.

Il y eut d'abord, parmi la noblesse bavaroise, chez les personnes approchant plus ou moins la cour, un véritable déchaînement d'enthousiasme wagnérien. Sans doute il était peu sincère. C'était du snobisme compliqué de courtisanerie. Il en fut à la cour de Louis II comme à la cour de ce roi qui boitait : tout le monde se piqua de wagnérisme. C'était à qui afficherait la plus vive admiration ; et souvent on l'exprimait sous les formes les plus ridicules. On baptisait les enfants des noms d'Elsa, d'Yseult et de Siegfried. Sur les consoles et les cheminées voguaient des cygnes de toutes grandeurs. Dans les concerts comme aux revues militaires, dans les salons comme dans les *Bierkeller*, on n'entendait que des motifs wagnériens. Sans voir tout ce que cette admiration avait de factice et de superficiel, Louis était heureux : il vivait dans une atmosphère de poésie, d'art et de rêve [1].

Un de ses amis, le jeune prince de Tour et Taxis, du même âge et du même caractère que le Roi, partageait ses goûts romanesques. Comme lui, il était wagnériste outré [2]. Possédant une assez jolie

---

[1] Louise von Kobell, *Unter den vier ersten Kœnigen Bayerns*, II, p. 79.
[2] Cf. Crœmer, *Kœnigshistorien*, II (Munich, 1895). Il convient d'accueillir avec réserve les anecdotes de cet auteur. J'estime cependant qu'elles ont reçu une consécration quasi officielle par ce fait que les livres de M. Crœmer se vendent chez les gardiens des châteaux royaux. D'ailleurs, et je me hâte de l'ajouter, je ne reconnais à ce criterium que la valeur qu'il mérite. Aussi ai-je usé de ces recueils avec la plus grande discrétion.

voix, il chantait les œuvres du Maître. Et comme de plus il était d'une belle prestance, il aimait à revêtir les costumes de ses héros. Louis II s'était pris d'une très vive affection pour le jeune prince, et l'avait attaché à sa cour en le nommant son aide de camp.

Quelque temps après l'arrivée de Wagner, les deux enthousiastes organisèrent une fête originale en l'honneur du Maître. On l'invita à venir retrouver le Roi au château de Hohenschwangau. Et le soir, revêtu du costume de Lohengrin, debout dans une barque traînée par un cygne mécanique, — et qu'amenaient doucement au rivage des domestiques tirant sur un long fil de fer, — le prince de Tour et Taxis chanta le rôle du Chevalier venant défendre Elsa, accompagné par un orchestre dissimulé parmi les arbres [1].

Louis II prenait un plaisir intense à ces spectacles qui lui procuraient l'illusion presque complète de la réalité. Plus d'une fois encore, par la suite, il fera chanter ainsi *Lohengrin* par des ac-

---

[1] Le prince de Tour et Taxis ne se contenta pas de cet essai d'amateur. Les planches l'attiraient invinciblement. Malgré les injonctions de son père, qui le rappelait depuis longtemps, l'aide de camp de Louis II, renonçant à sa principauté, épousa une chanteuse, Mlle Kreuzer, et se fit lui-même chanteur sous le nom de Fels. Il n'eut d'ailleurs aucun succès au théâtre. Louis II l'admit de nouveau à sa cour, où on l'appelait von Fels (*du Rocher*). Bientôt le romanesque jeune homme alla mourir phtisique à Cannes, laissant sa femme et deux enfants dans la misère; le prince de Tour et Taxis dut se charger de leur entretien.

teurs de l'Opéra, la nuit, sur le lac de Starnberg.

Le récit de choses aussi surprenantes ne tarda pas à se répandre dans le public. On ne se fit pas faute non plus d'exagérer[1]. Mais déjà circulaient sur le Roi des bruits inquiétants. Par exemple, le 29 juillet, le *Journal Universel* dément une nouvelle annoncée dans la presse étrangère et d'après laquelle le Roi, dégoûté du pouvoir, aurait l'intention de voyager en Europe, pendant plusieurs années et, ce temps durant, remettrait la régence à quelque prince de sa famille. Le lendemain la *Gazette de Bavière*, organe quasi officiel, donne à son tour un formel démenti. Mais l'opinion n'en reste pas moins troublée et ces pensées s'imposent à elle : quelle source peuvent bien avoir des bruits de cette nature? On ne peut les inventer sans motif. C'est donc que dans le caractère du Roi quelque chose d'anormal les rend vraisemblables?...

Pourtant sa conduite extérieure ne peut guère donner prise à ces nouvelles. Il n'est pas encore le misanthrope, l'ennemi de la foule, le farouche solitaire qu'il deviendra plus tard. Au contraire, il reçoit beaucoup. Il figure à toutes les cérémo-

---

[1] Ce que Tissot raconte sur le Roi dans ses *Curiosités de l'Allemagne du Sud*, par exemple, pourra en donner une idée. Ce sont là bavardages courants à Munich et qui deviennent peu à peu légende. On affirme ainsi que Louis II voulant se donner le spectacle du Vésuve en Bavière se fit construire scientifiquement un volcan vomissant pierres, flammes et laves!...

nies : par exemple, suivant la coutume, à la procession de la Fête-Dieu, où « la bonne mine de Sa Majesté réjouit ses fidèles sujets », comme dirent les gazettes le jour suivant. En juin, il se rend aux eaux de Kissingen où se rencontrèrent plusieurs souverains allemands. Et, — grâce peut-être à l'Impératrice Élisabeth d'Autriche pour qui il garda toujours la plus vive sympathie, — il se plut dans cette société qu'il évitera par la suite avec tant de soin. Car étant allé le 30 juin à Aschaffenbourg avec son grand-père Louis Ier pour fêter l'anniversaire de la réunion de cette ville à la Bavière, il retourna de là à Kissingen et n'en revint que le 15 juillet.

Il met le plus grand zèle à remplir tous ses devoirs de chef d'État. Chaque ministre a, dans la semaine, un jour marqué pour lui faire son rapport. Et voici, d'après les journaux[1] l'emploi du temps de Louis II : le matin, il expédie les affaires courantes. L'après-midi, il donne audience. Ensuite un ministre ou quelque conseiller d'État vient l'instruire dans les sciences que doit connaître un souverain : droit administratif, économie politique, etc... Si bien qu'il ne trouve plus qu'à peine le temps d'aller au théâtre. On ne voit le Roi que deux fois par semaine dans sa loge. Il

---

[1] *Allgemeine Zeitung* du 9 décembre 1864.

se plaint dans ses lettres à Wagner d'être débordé par ses occupations et de ne pouvoir se trouver assez souvent avec son ami. Il travaille donc, en somme, beaucoup. Et les choses ne vont pas plus mal dans le royaume que sous le règne de Maximilien.

Néanmoins les inquiétudes de l'opinion persistent. Un voyage, que Louis II fit *incognito*, au mois d'août, sur les bords du Rhin, n'était pas pour les dissiper. Le Roi fut reconnu, en effet, dans la cathédrale de Cologne. C'était une justification trop naturelle des bruits relatés plus haut, pour que le public n'en fût pas troublé.

En même temps, on commence à s'occuper beaucoup de Wagner. A l'indifférence du début, succèdent, à l'égard du favori, toutes sortes de soupçons. C'est à lui, à sa pernicieuse influence que l'on attribue les bizarreries qui commencent à se révéler dans le caractère de Louis II. Dès ce moment, on le regarde comme « le mauvais génie du Roi ». On parle de débauches où le musicien dépravé entraîne le jeune prince innocent[1]. D'ailleurs, les gens rangés voient avec peine cette intimité de leur monarque et d'un *artiste*, — c'est-

---

[1] Je ne veux pas parler ici des bruits répandus dès l'origine sur la nature scandaleuse des rapports de Louis et de Wagner. J'aurai lieu de revenir plus loin sur des faits du même genre. Pour Wagner, l'accusation est odieuse et invraisemblable. Inutile de s'y arrêter.

à-dire d'un homme hors la société et de mœurs à coup sûr équivoques.

Les partis politiques exploitèrent ces dispositions du public. D'une part, les « libéraux » soutinrent que Wagner était un ultramontain qui voulait mettre le Roi sous la domination de Rome. Son amitié avec Liszt, le musicien-prêtre, qui hantait toujours le Vatican, le prouvait avec surabondance. Wagner était certainement une des incarnations du spectre clérical. D'autre part les catholiques affirmèrent que l'inventeur de la *Musique de l'Avenir* était un envoyé des loges maçonniques[1], mieux que cela : un Prussien qui voulait livrer la Bavière aux Protestants et à Bismarck !

Certes, la presse en 1864 ne s'est pas encore emparée de ces bruits. Mais le mécontentement augmente de jour en jour. Wagner en est averti. Il commence à sentir le sol peu sûr sous ses pieds, bien qu'il possède encore la pleine faveur du Roi. Le 4 décembre, le vif succès du *Vaisseau Fantôme* à l'Opéra le rassure un peu. Néanmoins ses inquiétudes ne cessent pas, et il les exprime dans ses lettres à Mme Wille.

Il a cependant conscience de ne pas avoir mé-

---

[1] Remarquons, dès maintenant, la très grande analogie de l'histoire de Louis II et Wagner avec celle de Louis I et Lola Montez. La danseuse aussi fut accusée en 1848 d'être l'agent des francs-maçons.

susé de son influence sur le Roi : c'est à l'art uniquement qu'il l'a fait servir. D'abord pour sa musique, en faisant jouer ses opéras et en organisant un Conservatoire, d'après ses idées personnelles ; puis en appelant à Munich les amis dont il avait éprouvé la fidélité aux jours d'épreuve : ainsi Hans de Bülow[1] et Peter Cornelius à qui il fit attribuer une pension de 1.000 florins.

Quant à son influence politique, elle est nulle. Wagner lui-même raconte plaisamment que s'étant une ou deux fois hasardé à causer des affaires du jour avec le Roi, celui-ci, sans lui répondre, se mit à siffloter d'un air distrait. Notons tout de suite, d'ailleurs, que Louis II très renfermé et très méfiant ne laissa jamais personne prendre d'empire sur lui.

Wagner comprit la situation et ne voulut pas compromettre son amitié avec le prince pour la sotte vanité de jouer un rôle dans l'État. On le regardait pourtant comme bien puissant, puisque, raconte-t-il, la famille d'une empoisonneuse s'adressa à lui pour obtenir la grâce de la condamnée ! De même, nous voyons Lassalle, dans l'été de 1864, venir lui demander un grand ser-

---

[1] Il le fit nommer directeur du Conservatoire, inauguré en 1867. Hans de Bülow fut le fidèle ami de Wagner et le plus intelligent des chefs-d'orchestre qui aient fait jouer sa musique. Bülow appartenait à la grande famille de ce nom et descendait du vainqueur de Grossbeeren et de Dennewitz.

vice. Le romanesque agitateur socialiste s'était, comme on sait, épris de Mlle Hélène de Doellinges. Et il venait prier Wagner de lui faire accorder, par la haute entremise de Louis II, entrée dans la maison de M. Doellinges le père. Wagner refusa tout net en déclarant « s'être posé comme un principe de ne jamais intervenir auprès de Sa Majesté que pour les choses artistiques[1] ».

Il faut considérer d'ailleurs que Louis II, les premières ardeurs de l'enthousiasme calmées, vécut beaucoup moins avec Wagner. Ses occupations, telles que nous les avons décrites plus haut, ses voyages ne lui laissaient plus le temps de faire venir le grand homme deux fois par jour pour l'admirer. Comme le montrent les lettres de Louis II, c'est tout au plus s'ils se rencontrent un jour par semaine. Néanmoins, les griefs de l'opinion contre Wagner se précisent. Quelques incidents malheureux augmentent son impopularité. Ainsi, à la suite d'une discussion où il injuria le chef de gare de Munich, il fut condamné à 25 florins d'amende, ce qui produisit un effet détestable.

Ces bruits, jusque-là restés sourds, n'éclatèrent

[1] Lassalle se tourna alors vers le ministre Schenk. Celui-ci ne sut résister à l'éloquence passionnée du jeune homme, et, plus tard, s'étonna « d'avoir été si loin ». Mais Lassale dégageait une irrésistible sympathie. Il fut donc introduit chez M. de Doellinges. Et l'on sait comment, le 28 août, il mourait tué en duel par le fiancé d'Hélène, le baron Janko de Racowitza.

avec force que lorsque les Munichois apprirent que leur bourse était en danger. Non seulement l'étranger, le bohème, le révolutionnaire de Dresde vivait aux frais de la nation; mais voici qu'il allait entraîner le Roi dans de bien autres dépenses. En effet, après avoir décidé la création d'un nouveau Conservatoire, Louis II, sur le désir de Wagner, projetait de construire un théâtre spécial[1] pour y jouer les œuvres du Maître. Le monument, dont l'architecte Semper fut chargé de dresser les plans, devait s'élever sur la rive droite de l'Isar. On construirait un pont monumental; et une large voie, semblable et perpendiculaire à la Ludwigstrasse, serait percée à travers les faubourgs populeux de cette partie de la ville. C'eût été une superbe route triomphale vers la maison sacrée de l'Art wagnérien.

Le projet avait enchanté Louis II. Ce monument, dans son idée, devait rester comme le symbole de son règne. Son grand-père avait construit des musées. Lui, il dresserait un temple à la musique. Ce serait de plus le sceau de son amitié pour Wagner : par là leurs deux noms resteraient indissolublement liés. Le Roi et le musicien passeraient de compagnie à l'immortalité.

Aussi, quelle ardeur, quel enthousiasme il met

---

[1] *Bühnenfestspielhaus*, mot que je ne me hasarde pas à traduire.

à cette idée. Déjà, avec son ordinaire impatience, un peu enfantine, il voudrait voir s'élever le théâtre wagnérien. Il en parle dans chacune de ses lettres à son ami. Il en fait sa chose personnelle, la grande pensée du règne :

« Très cher ami,

Enfin je trouve un moment de loisir pour m'entretenir avec vous. Que mes petits cadeaux vous aient fait plaisir me réjouit bien profondément.

Je reviens à l'instant du concert où Bülow a magistralement joué. Maintenant Semper ne tardera pas à venir. Comme je me réjouis de voir les plans du théâtre où les divines œuvres de mon Cher et de mon Unique seront exécutées !

Dieu fasse réussir l'entreprise ! Je suis tout à la joie de revoir mon ami.

En éternel amour,
Votre fidèle Ludwig. »

Le 23 décembre 1864.

« Mon profondément aimé !

Pfistermeister vient de m'apprendre que vous êtes complètement rétabli. Oh ! avec quels transports de joie j'ai appris cette nouvelle ! Comme je brûle du désir de voir le retour de ces heures tranquilles et bénies où il me sera donné de contempler, après une si longue séparation, le visage de l'être le plus cher au monde. Donc Semper trace les plans de notre sanctuaire ; on forme les acteurs du drame[1] : Brünhilde bientôt sera sauvée par le héros sans crainte. Oh ! tout, tout est en mouvement ! Ce que j'avais rêvé, espéré, désiré, se réalisera bientôt. Le ciel descend pour nous sur la terre. — O saint ! je t'invoque. — Ainsi, sans doute, *Tristan* pour le mois de mai ?

O jour où se dressera devant nous le théâtre rêvé ; heures de joie où vos œuvres y seront jouées en perfection ! *Nous vaincrons*, disiez-vous dans votre dernière chère lettre. Et je le crie à mon tour, avec bonheur : *Nous vaincrons !* Nous n'aurons pas inutilement vécu. Merci et salut !

Votre dévoué jusqu'à la mort,

L. »

5 janvier 1865.

Mais, pauvre prince idéaliste ! il avait compté sans l'inintelligence de ses sujets. On ne peut imaginer bourgeoisie plus sotte et plus épaisse que celle de Munich : la nôtre elle-même gagne à la comparaison ! Jamais peuple ne fut plus indigne de ses rois que le peuple bavarois. On ne peut pas être moins artiste que ces lourds buveurs de bière.

[1] Sous la direction de Wagner et de Bülow.

La réputation « athénienne » de Munich est fausse : deux ou trois milliers d'artistes et de gens de goût, sans aucun lien avec les autres habitants, ont suffi pour la lui donner. Louis Ier, Maximilien et Louis II[1] semblent dépaysés dans leur royaume.

De même qu'autrefois les Munichois appelaient la Glyptothèque « la folle Maison du Prince héritier », sous Louis II le projet de théâtre déchaîna l'indignation générale. Et les journaux, qui avaient longtemps hésité avant d'intervenir, en devinrent les interprètes. Au mois de février 1865, toutes sortes de bruits commencent à courir dans la presse sur Wagner. Même un jour, on annonce sa disgrâce et le Roi s'empresse d'écrire au favori :

« O Tristan ! — O Siegfried ! Misérables et aveugles gens qui osent parler de *disgrâce*, qui n'ont pas d'idée de notre amour et ne peuvent en avoir ! — Pardonnez-leur, car ils ne savent ce qu'ils font ! — Ils ne savent pas que vous êtes tout pour moi, que vous l'avez toujours été et que vous le serez jusqu'à la mort ; que je vous ai aimé

---

[1] Et, d'ailleurs, qu'on le remarque, ces trois princes ne sont pas *bavarois*, ils descendent d'une branche *Palatine*. Au reste, à quelques exceptions près, il serait absurde de prétendre qu'un prince représente le caractère de son peuple. Ces alliances entre les diverses maisons d'Europe font que les souverains perdent toute nationalité. Il ne leur reste, en propre, que certains traits de famille ; par exemple, le nez et le gros appétit des Bourbons, et, chez les Wittelsbach, comme nous l'avons dit plus haut, un certain goût pour les choses d'art.

avant de vous voir ; mais je sais que mon ami me connaît et que sa foi en moi ne se laissera jamais ébranler ! Oh ! écrivez-moi encore !

J'espère vous voir bientôt. En amour sincère, ardent et éternel,

L. v. B. »

14 février 1865.

De plus, on joua peu après *Tannhæuser :*

« Ami chéri !

Donc dimanche prochain, *Tannhæuser!* — Avec quelle force je désire voir arriver ce jour ! Le ravissement me saisit à l'idée de voir représentée enfin dignement cette œuvre merveilleuse. Aujourd'hui, j'entendais sous mes fenêtres la musique militaire jouer la *Marche* de l'entrée dans la Wartburg : je ne puis dire tout ce que je ressens à entendre ces sons sublimes.

Inexprimable volupté !

Votre ami,
Ludwig. »

1er mars 1865.

Fort de l'appui du prince, le musicien crut devoir démentir, par des lettres aux directeurs, toutes les nouvelles de disgrâce rapportées par la presse. Cela ne lui servit de rien.

En effet, après ces tâtonnements, un coup décisif fut frappé contre lui. Le 19 février, le *Journal Universel* publiait un article anonyme intitulé : *Richard Wagner et l'opinion publique*. La rédaction, dans une note, assurait que cette lettre était écrite par un « homme impartial [1] ».

C'était un petit pamphlet assez bien tourné et résumant les rancunes de la bourgeoisie contre Wagner. Certes on lui reconnaît tout le talent du monde : ce n'est pas là ce qui est en cause. Mais on l'accuse de mener aux frais du Roi, — c'est-à-dire aux frais de la nation, — « une vie de sybarite telle qu'un pacha oriental ne refuserait pas d'habiter la maison de la rue de Brienne [2] et de s'asseoir à la table du compositeur ». Que le Roi, qui agit par excès de bonté, prenne garde : Wagner est un ingrat. Le roi de Saxe a pu s'en apercevoir à Dresde, en 1848. Louis II pourrait bien se repentir un jour de ses bienfaits. En attendant, Wagner regarde les Munichois du haut de sa grandeur et, pour peu qu'ils applaudissent la musique d'Auber, les traite de barbares, de philistins et d'imbéciles. L'auteur termine en adjurant le Roi, non de renoncer à son amitié pour le favori, mais de mettre un terme à ses exigences financières.

---

[1] *Richard Wagner und die œffentliche Meinung*, Allgemeine Zeitung, 19 février 1865.
[2] Maison donnée par Louis II à Wagner.

Wagner répondit le lendemain par une lettre d'un ton à la fois aigre et impertinent qui demeura sans effet. Car bien des passages de l'article, malgré leur évidente exagération portaient juste. Satisfaisant son goût pour le luxe, le musicien, le bohême vivait largement aux frais de l'État[1]. On sait, en effet, qu'il aimait, par exemple, à s'habiller de riches costumes. Que de fois ses ennemis se sont égayés de sa correspondance avec sa couturière ! Quant à de l'orgueil, ce n'est hélas ! que trop vrai. Et nous en avons un curieux témoignage. M. John Grand-Carteret, qui a examiné tous les portraits de Wagner, note qu'à Munich sa physionomie était simplement insupportable ; il « s'est fait une tête, un composé de poète et de cabotin ; il a pris je ne sais quoi de hautain et de sarcastique à la fois »[2].

L'effet de cet article du *Journal Universel* avait été si grand que l'officieuse *Gazette de Bavière* intervint, le 25 février, et voulut remettre les choses au point. Elle insistait sur le caractère purement « idéal » et artistique des relations du Roi et de Wagner : « A ce que nous savons, et

---

[1] L'opinion donnait des chiffres fantastiques (1.900.000 florins). En réalité, les biographes de Wagner s'accordent sur une pension fixe de 25.000 francs, — ce qui est peu, — sans compter les droits d'auteur au théâtre de la cour, ni surtout les nombreux cadeaux du Roi.
[2] John GRAND-CARTERET, *Richard Wagner en caricatures*, p. 54.

nous croyons être bien informés, l'influence si haute que l'on a attribuée au célèbre compositeur est, en fait, très limitée. Elle consiste simplement dans l'effet que les œuvres de Wagner, par leur charme poétique, ont pu exercer sur une nature artiste, sans dépasser cet étroit domaine. D'autre part, cependant, ce succès paraît avoir conduit M. Wagner à en méconnaître la cause et avoir excité en lui des espérances et des imaginations qui sont, avec la vérité, en contradiction pleine et entière. »

Là-dessus, certains établirent que la disgrâce de Wagner était évidente et certaine; qu'on cherchait seulement à le ménager. Il n'en était rien. Qu'on en juge par cette lettre de Louis II, qui, bien que non datée, est certainement contemporaine de ces faits :

« ... O mon ami, si terrible et si difficile qu'on nous fasse la position, je ne veux pourtant pas me plaindre. Car je L'ai, l'Ami, l'Unique. Ne nous plaignons pas; bravons les caprices et les perfidies du jour, et pour ne laisser personne influer sur nous, retirons-nous du monde extérieur : il ne nous comprend pas...

Je vous en prie, je vous en conjure, mon bien cher, dites-moi quelle calomnie on trame contre moi. Oh ! sombre monde chargé de vices! Rien ne lui est donc sacré! Mais penser à vous me réconforte toujours. Jamais je n'abandonnerai l'Unique. On peut se déchaîner tant qu'on voudra contre nous : nous demeurerons fidèles l'un à l'autre. Le ciel est dans cette pensée.

Maintenant je veux être avec vous dans la forêt de Siegfried, et me rafraîchir l'âme au chant de l'oiseau. Oubliez notre grossier entourage frappé d'aveuglement, rampant dans l'obscurité. Que notre amour brille, éclatant...

Fidèle jusque dans la mort,

L. »

Il est permis d'attribuer au mécontentement du Roi contre l'opinion publique les longues retraites dans la solitude qu'il fit alors. Sous prétexte de fréquents malaises, il refusait de recevoir personne. Il ne se montrait plus dans les rues de Munich. Il ne voulut pas assister aux fêtes des chevaliers de Saint-Georges, ordre dont le Roi est grand-maître. Rompant une tradition déjà ancienne, le *Georgiritterfest* n'eut pas lieu cette année-là.

On eut bientôt la preuve que Wagner était plus que jamais en faveur auprès de Louis II : *Tristan et Yseult*, regardé jusque-là comme injouable, fut mis à l'étude. Le 11 mai, une première répétition fut donnée. Wagner y invita ses amis. Il prononça quelques mots de remerciements pour son royal protecteur et parla des haines soulevées contre lui. Mais, maintenant que son vœu est exaucé, sa pièce jouée, il va se retirer de Munich et espère que l'on oubliera l'homme pour ne se souvenir que de l'œuvre. S'il a vraiment prononcé ces paroles[1] pleines de sagesse, du moins ne les suivit-il pas.

Peut-être, au fait, Louis II lui-même l'empêcha-t-il de partir. Son enthousiasme pour Wagner semble à ce moment être plus ardent que jamais. Ce n'est plus de l'exaltation, c'est du délire. Ce n'est plus le roi qui protège l'artiste : c'est l'humble admirateur heureux d'obtenir parfois quelques faveurs du Maître à qui il s'est donné corps et âme. Voici ce qu'il écrivait à ce moment, dans ce style extraordinairement romantique qui lui est familier :

« Ami profondément aimé,

J'éprouve le besoin impérieux de vous écrire et de vous dire quelle joie infinie j'ai ressentie en apprenant que vous êtes gai et satisfait et que les répétitions de *Tristan* marchent, en tout point, comme vous le désirez.

Qui aurait pu rêver une réussite aussi magni-

---

[1] Je les répète d'après les journaux du lendemain.

fique, il y a un an ? — A cette époque, j'envoyais Pfistermeister vers le soleil de ma vie, la source de mon salut ! — En vain vous chercha-t-il à Vienne et à Zurich. Et les frissons des plus grandes délices me secouèrent quand Pfistermeister me dit : « Le tant désiré est ici, et veut désormais rester ici. »

O soir de bonheur où j'appris cette nouvelle ! « En te voyant ainsi vraiment devant moi, — j'ai reconnu que tu venais sur l'ordre de Dieu. »

... J'ai chargé Semper, par l'entremise de Pfistermeister de dessiner, en partie, les plans du monumental théâtre de l'Avenir et de me les envoyer. Je vous prie, ami chéri, de me désigner l'emplacement de cette construction. Il me semble déjà y entendre résonner les premières harmonies de *l'Or du Rhin*. Mais il faut clore cette lettre. Adieu, cher ami, étoile de mon existence !

Comme toujours, votre éternellement dévoué,
L. »

Le 20 avril 1865.

« Un et Tout !
Synthèse de ma félicité !
Journée pleine de délices ! — *Tristan !* — Oh ! comme je me réjouis à l'idée de cette soirée ! Puisse-t-elle ne pas tarder à venir ! Quand le jour fera-t-il place à la nuit ? Quand le flambeau céleste

s'éteindra-til? Quand la demeure sera-t-elle plongée dans la nuit? — Aujourd'hui! Aujourd'hui! Est-ce croyable? Pourquoi me louer et me célébrer? C'est *lui* qui a accompli l'Acte. C'est LUI qui est la merveille du monde. Et que suis-je sans Lui? — Pourquoi, je vous en conjure, pourquoi ne trouvez-vous pas de repos? Pourquoi toujours torturé de souffrances? — Pas de volupté sans douleur. Oh! comment faire fleurir pour lui, sur la terre, le repos, une paix éternelle, et une immarcessible joie? Pourquoi toujours tant de tristesse à côté de tant de bonheur? Cause profondément mystérieuse : qui viendra l'expliquer au monde?

Mon amour, ai-je besoin de le redire? vous restera toujours : *Fidèle jusqu'à la mort.* — Voici que je commence à mieux aller. *Tristan* me rétablira malgré ma fatigue. L'air printanier de Berg, où je vais me rendre, fera le reste. J'espère revoir bientôt mon Unique. Quelle joie me causent les plans de Semper : espérons qu'on ne nous fera pas trop attendre. Il faut que tout s'accomplisse. Je n'abandonnerai pas la partie. Il faut que le plus audacieux des rêves se réalise.

Né pour toi! Élu pour toi! Telle est ma mission. Je salue vos amis : ce sont les miens.

Pourquoi êtes-vous triste? Écrivez-moi, je vous en conjure.

Votre fidèle L. »

Jour de *Tristan*.

Il est prêt à subir l'emprise de cette musique, long cri exaspéré d'amour et de désir. Et voici ce qu'il écrit[1] le soir même, après avoir entendu *Tristan et Yseult :*

« Au compositeur Richard Wagner, Munich.

Sublime et divin ami, je puis à peine attendre demain, tant j'ai le désir d'assister à une deuxième représentation.

Vous avez écrit à Pfistermeister que vous espériez que mon amour pour votre œuvre ne diminuerait pas malgré la façon imparfaite dont est rempli le rôle de Kurwenal.

Cher ! Comment a pu éclore en vous une pareille pensée ? Je suis conquis, enthousiasmé ! Je brûle du désir de voir une fois encore

> Cette œuvre merveilleuse
> Que ton esprit a créée.

Qui donc pourrait la voir et la connaître sans s'estimer heureux ? Elle devait me rafraîchir l'âme, comme un baume si délicieux et si doux, et, en même temps, m'inspirer une exaltation si sublime !

> Gloire et vénération à son créateur !

Mon ami, voulez-vous être assez bon pour dire

---

[1] Cette lettre, connue depuis longtemps, a été communiquée par M. Marcel Herwegh.

à nos deux excellents artistes[1] combien ils m'ont ravi et enthousiasmé. Faites-leur bien, à tous deux, mes cordiaux remerciements.

Écrivez-moi bientôt : vos lettres me feront toujours plaisir !

Et, n'est-ce pas, mon cher ami, vous n'allez pas perdre courage pour de nouvelles créations ? Ne renoncez pas à votre art, je vous en prie, au nom de ceux à qui vous donnez des jouissances que Dieu seul pourrait dispenser.

Vous et Dieu.

Jusque dans la Mort, jusque dans le Royaume des Ténèbres, je reste

Votre cher
Louis. »

Berg, le 12 juin 1865.

Après cette lecture peut-on garder encore des doutes sur l'état mental de Louis II ? C'est évidemment un névrosé, un déséquilibré. Cette lettre, écrite après qu'il a entendu le *Tristan*, lorsqu'il est encore rempli de cette musique qui verse, dans le corps, un fluide de volupté, prouve le Roi incapable de se dominer, sensible à l'excès à toutes les influences extérieures. Sans prendre le temps d'analyser ses impressions, de mettre en ordre ses idées, il envoie à Wagner le cri de son admi-

---

[1] Schnorr von Carosfeld, mari et femme.

ration et de sa reconnaissance. Ne dirait-on pas d'une lettre d'amant après une nuit de plaisir ?

Pour l'ordinaire assez indifférent, à tout ce qui touche son ami il apporte cette fougue et cette passion. M. de Wesendouck, qui avait soutenu et protégé le musicien dans ses années de malheur, se défait, un jour, en faveur de Louis II, d'une partition autographe de *l'Or du Rhin* que l'auteur lui avait donnée par reconnaissance. Le Roi répond aussitôt :

« ... Je sais que vous avez procuré un asile à l'artiste luttant contre la misère et d'indicibles douleurs ; permettez-moi donc, honoré Monsieur, de vous en faire mes remerciements les plus sincères : car c'est à votre vive sympathie pour Wagner que nous devons les œuvres immortelles qu'il a composées en Suisse. C'était pour moi un véritable besoin de vous exprimer ma reconnaissance.

Avec mes remerciements renouvelés, recevez, Monsieur, etc...

LUDWIG. »

Hohenschwangau, 28 août 1865.

Et la correspondance entre Louis II et son favori continue toujours plus active et plus affectueuse. En voici trois spécimens écrits à quelques jours de distance et où nous surprenons le Roi dans une véritable crise d'exaltation.

« Unique et bien cher ami,

... Vous m'exprimez votre chagrin de ce que chacune de nos dernières rencontres ne m'a causé, à ce que vous croyez, que douleur et souci. Dois-je rappeler à mon ami les paroles de Brünhilde : « Ce n'est pas seulement dans la joie et le plaisir, mais aussi dans la souffrance que l'amour rend heureux? » Le Seigneur vous donnera force et courage pour supporter cette rude épreuve. Il couronnera le martyr.

Mon ami je vous prie instamment de vouloir bien signer la feuille que vous savez; je suis convaincu que posséder un équipage ne peut que vous être utile et bienfaisant.

Je dois m'apercevoir de plus en plus que nos intentions, nos efforts ne sont compris que d'un petit monde d'élus. Les nouveaux projets du ministre des Cultes me le prouvent de nouveau. C'est la plus monstrueuse sottise qu'ait jamais élaborée un cerveau humain. Non, cela ne peut aller de la sorte, il faut prendre une autre route, si nous voulons arriver au salut. Il faut séparer complètement le Conservatoire du Ministère et mettre les frais à la charge de la liste civile. C'est une œuvre qui doit réussir, entrer en pratique. Cher! tout sera accompli. Chacun de nos désirs sera exaucé. Le feu de l'enthousiasme, qui brûle en mon cœur, plus violent de jour en jour, ne se sera pas vainement enflammé. — Le fruit doit mûrir et venir à point. — Salut à toi ! Salut à l'Art ! Dieu fasse que le séjour dans les montagnes, la vie dans la libre nature, parmi nos antiques forêts allemandes apportent la santé à l'Unique ! Qu'il le tienne joyeux et serein, le rende ardent à *créer*. Et quand nous aurons disparu tous deux, depuis longtemps déjà, notre œuvre encore sera là pour servir de brillant modèle à la postérité et pour exalter les siècles ; et les cœurs brûleront d'enthousiasme pour l'Art, l'Art enfant de Dieu, éternellement vivant !

Quand mon ami songera-t-il à partir pour l'air vivifiant de la forêt ? Si cet endroit ne lui convenait pas, je prie le bien cher de se choisir un autre de mes pavillons dans la montagne. Ce qui est à moi est à lui.

... L'impatience, le désir ne me laissent pas de repos : quand je songe à *Lohengrin*, à mon *Tristan*, quand je pense que l'esprit qui a rendu possibles ces délices ne peut être dépassé que par lui-même ; que dans des milliers d'années, après d'innombrables générations, il ne se trouvera personne encore pour ravir le monde à son égal, quand je pense à ce miracle, alors je ne puis me taire, alors je ne puis retenir l'impulsion de mon cœur ! Il faut que je pleure, que je t'adjure ! Ne te laisse pas décourager ! Ta force créatrice, ne la perds jamais. Songe à la postérité. Pour ce qui dépend de moi, je ferai tout loyalement.

... En ce moment, me voici derechef dans la solitude des montagnes, baigné dans l'air frais des Alpes, joyeux d'être dans la libre nature, et de penser à l'étoile qui brille dans ma vie, de penser à l'Unique. Oh! si je pouvais le savoir heureux, l'âme en joie, si je pouvais contribuer à son repos, à sa félicité! Salut à Lui! Bénis-le, Seigneur Dieu, donne lui la paix dont il a besoin, arrache-le aux yeux profanes du monde vide et vain, et par Lui guéris les hommes de l'aveuglement où ils sont tombés!

A toi je suis tout dévoué! Vivre pour Toi, pour Toi seul!

Jusque dans la mort, tout à vous.

Votre fidèle

LUDWIG. »

Purschling, 3 août 1865.

« Un et tout!

Ami chéri plus que tous!

Je brûle de vous exprimer de toute mon âme mes remerciements les plus vifs pour votre chère lettre et votre magnifique présent. *Or du Rhin! Or du Rhin!* O bonheur! ô ravissement de mon cœur! Je ne puis vous décrire la joie délirante dont votre don me remplit! Écrit par la propre main du Héros ! Combien je sais apprécier la valeur de ce présent céleste !

... Tous vos amis vont se mettre vigoureusement à l'œuvre et marcher en avant, pendant que le chéri, l'ami divin complètement enlevé au monde terrestre pourra rêver et créer dans la solitude de ses royaumes de délices !

... Je dois agir avec prudence, mais croyez-moi : Nous vaincrons !... Rêvez heureux dans vos mondes sublimes, grand ami ; moi et vos fidèles nous vous abriterons de l'éclat insolent du grand jour.

Ne craignez rien, nous veillons !

Sommeille doucement dans le monde de Siegfried !

Conduisez-le vers les hautes roches flamboyantes, conduisez-le vers sa sainte fiancée !

Salut à toi, Soleil ! Salut à toi, Lumière !

Il faut finir. Adieu, source des clartés de vie. Nous agissons, abandonnez-vous à nous !

LUDWIG. »

Hohenschwangau, le 27 août 1865.

« Profondément chéri ! Mon Tout !

Le ravissement de mon âme ne me laisse pas de repos ! Aujourd'hui encore, il faut que j'adresse quelques lignes au très cher, en ce jour que votre divine lettre me rendra inoubliable. Oui, je veux vous rester fidèle jusqu'au dernier soupir, je veux vous abriter sous l'égide la plus puissante ! Encore une fois, je vous le promets solennellement, je vis avec vous seul, avec vous je veux mourir ! Entendez ce serment, Mânes de Tristan. Et toi, bénis-le, Dieu Saint !

Vous m'écrivez : voici le temps où seront créées les œuvres les plus grandes et les plus parfaites ! Quoi ! j'entendrais parler de ces infinies délices et je ne mourrais pas de joie ? Il faut que vous soyez soustrait aux horreurs de ce monde terrestre, et que vous restiez toujours parmi nous ! Je veux agir ! Je veux tout faire pour vous maintenir dans l'état où vous êtes, dans cette vie qui vous est indispensable, dans la contemplation des profondeurs de votre sublime esprit ! Et je réussirai, je veux réussir ; je veux braver la stupide humanité !

Éternellement fidèle à l'Unique.

L. »

Hohenschwangau, le 30 août 1865.

Cette amitié du Roi pour le musicien était, on le voit, bien puissante. On comprend que Wagner puisse écrire encore le 26 septembre 1865 : « Le sentiment du rêve ne m'abandonne pas. Je m'étonne toujours davantage qu'il soit possible de vivre des choses pareilles. »

Mais comment le fier jeune homme en fut-il

réduit à se soumettre au jugement du rude populaire ? Et comment, après tant de marques et de promesses d'inaltérable fidélité, en vint-il à abandonner son favori ? Après les lettres qu'on a lues, il semble qu'il y ait là quelque lâcheté de la part du Roi.

Or il ne fallut rien moins, pour l'amener à cette douloureuse séparation, que l'émeute dans la rue et la menace d'une révolution.

Au mois d'octobre, chaque année, il y a une fête à Munich [1], pour marquer la fin des travaux de la moisson. Aussi tous les paysans des environs y accourent-ils. On vient en bande danser et boire d'immenses cruches de bière. Chacun des trois dimanches que dure cette foire, un bœuf entier est rôti sur la prairie. Et il est de tradition que le Roi avec toute la cour vienne inaugurer les divertissements.

Comme on pense bien, la foule qu'attirent ces réjouissances n'est pas composée seulement de paysans bavarois, hommes calmes et si graves dans leurs vieux costumes nationaux et qui, en se respectant eux-mêmes, semblent vouloir respecter la tradition de leurs aïeux. Toute la populace de la ville est réunie devant la statue de la Bavaria. Autour des grands pots de bière, on parle, on dis-

---

[1] *Oktoberfest.*

cute, et les têtes s'échauffent. Cette année-là, tout le monde s'entretenait de Wagner. On se répétait les calomnies de toutes sortes qui circulaient sur lui : car, de la classe bourgeoise, le mécontentement s'était étendu au peuple. Dans la ville, régnait une agitation anormale où certains ont voulu voir une manœuvre de l'étranger. Le tumulte éclata sur un prétexte futile : un voleur fut arrêté au milieu de la foire. Le public prit parti pour lui contre la police qui dut céder, débordée par la foule. Il fallut faire sortir les troupes des casernes. Quelques détachements de cavalerie se heurtèrent à des bandes de tapageurs et durent dégainer. Il y eut plusieurs blessés, ce qui indisposa davantage encore l'opinion publique.

Les troubles de la rue étaient à peine apaisés, quand un journal libéral [1] entama une campagne violente contre Wagner et aussi contre le Roi. Non contentes du départ de M. de Neumayer, ministre de l'Intérieur, sur qui on avait fait tomber la responsabilité des désordres d'octobre, et qui fut remplacé [2] par M. de Koch, les *Dernières nouvelles de Munich* se plaignent, le 16 novembre, du mode de gouvernement du Roi. Toujours à Berg ou à Hohenschwangau, il ne reçoit plus « que peu ou

---

[1] *Münchner neueste Nachrichten*, et aussi plus tard le *Volksbote*.
[2] Le 10 novembre. D'ailleurs, M. de Neumayer avait cessé de plaire à Louis II, qui fut ravi de s'en délivrer.

pas du tout ses ministres ». Il n'a confiance qu'en ses *secrétaires de cabinet*[1], Lutz, Pfistermeister et Leinfelder, qui seuls l'entourent et le conseillent, le gouvernent en réalité. Or ces secrétaires, à la différence des ministres, sont irresponsables : il est donc dangereux de leur laisser le pouvoir. Et, si respectueuse que soit la Bavière de la volonté royale, elle ne peut s'y abandonner sans contrôle, étant donné surtout « *ce que le pays a appris sur le caractère de Sa Majesté* ».

Dix jours après, le 29 novembre, le même journal reprit ses arguments en les précisant. Il n'insistait plus seulement sur le rôle illégal des secrétaires de cabinet, mais sur l'influence toujours grandissante de Wagner. On sait, aujourd'hui, dit-il, que cette amitié n'est plus une simple « fantaisie de jeune homme ». Le musicien tient assez le Roi pour obtenir de lui tout ce qu'il souhaite : l'argent ou le pouvoir. La population s'inquiète de toutes ces irrégularités. Pour la rassurer, il suffira d'éloigner deux ou trois personnes qui tiennent le Roi sous leur funeste influence.

Louis II avait été effrayé par les désordres de la rue. Il connaissait la turbulence et l'entêtement[2]

---

[1] Emploi privé, institué par Maximilien II.
[2] Sous Maximilien, le directeur des théâtres royaux, M. Dingelstedt, était, on ne sait pourquoi, devenu impopulaire. Il y eut contre lui de telles scènes tumultueuses, au théâtre et dans la rue que cet homme de goût et délicat écrivain, malgré la faveur du

du peuple de Munich. L'exemple de son grand-père avec Lola Montez était salutaire. Il céda, craignant peut-être une révolution.

Se séparer de Wagner était cruel : la sottise de la foule avait encore augmenté l'amour de Louis pour son grand homme. Il eut de longues hésitations. Enfin la prudence l'emporta. « La décision m'est pénible, dit-il au baron Schrenk, un de ses ministres. Mais au-dessus de tout, je mets la confiance de mon pays. Je veux vivre en paix avec mon peuple. » En même temps, il écrivait au musicien :

« Mon cher ami,

Si douloureux que ce coup soit pour moi, je dois vous demander de vous rendre au désir que je vous ai fait exprimer hier par mon secrétaire. Croyez-moi : j'ai été obligé d'agir comme j'ai fait. Mon amour pour vous durera éternellement : aussi, je vous en prie, donnez-moi une preuve de votre amitié. Je puis vous dire, en pleine conscience, que je suis digne de vous. — Et qui donc serait capable de nous séparer ?

Je le sais : vous sympathisez pleinement avec moi. Vous pouvez mesurer la profondeur de ma

---

Roi, finit par se démettre. Il a raconté sa mésaventure avec bonne humeur, dans ses *Münchner Bilderbogen.*

souffrance. Soyez en convaincu : je ne pouvais agir autrement : ne doutez pas de la fidélité de votre meilleur ami.

Mais cela n'est pas pour toujours !

Jusqu'à la mort, votre fidèle

LUDWIG. »

6 décembre 1865.

(La chose doit rester aussi secrète que possible, comme vous le désirez). »

Le lendemain, le *Journal Universel* annonce « l'exil de Richard Wagner ». La *Gazette de Bavière* insère, le même jour, une note, d'après laquelle Sa Majesté, après avoir consulté des personnes impartiales et fidèlement attachées à la couronne, « a décidé d'exprimer à M. Wagner son désir de le voir quitter le royaume pendant quelques mois ».

L'opinion était satisfaite. Elle eut, dans son triomphe, bien peu de générosité pour le vaincu. On prétendit que l'ingratitude du favori avait à la fin révolté le prince et que celui-ci l'avait chassé de sa cour. Ces calomnies indignèrent Louis II, au point qu'il fit insérer, le 10 décembre, dans la *Gazette de Bavière*, une note rectifiant un mot de la presse au sujet de Wagner : le musicien n'a pas été « congédié », comme on l'a dit. Le Roi lui a simplement demandé « de vouloir bien voyager pendant quelques mois ». Bizarre exil, en effet, que celui où l'exilé est reconduit par le souverain en train spécial jusqu'à la frontière[1] !

On compte bien que ces quelques mois déguisent un bannissement définitif[2]. Le « mauvais génie du Roi » ne reviendra plus. Et dans leur joie, les Munichois envoient à Louis II une adresse de remerciements. On devine de quelle humeur il la reçut ! Il n'était pas homme à se soumettre au populaire. Son amitié contrariée s'exalta. Et, par tous les moyens, il va chercher à revoir le grand homme, retiré à Triebschen, près de Lucerne, et à lui montrer qu'il ne l'oublie pas. Il continua de lui envoyer des cadeaux ; et, à plusieurs reprises, il vint le visiter dans son ermitage.

Une première fois, le 22 mai 1866[3], donc peu de temps après le départ de Wagner, il aurait organisé cette secrète équipée en compagnie du prince Paul de Tour et Taxis. Tous deux allèrent

---

[1] Le 10 décembre, d'après Beyer, *Ludwig II*, p. 124.
[2] En mars 1866, le bruit du retour de Wagner s'étant répandu, l'émotion fut considérable dans la villle.
[3] Cf. Beyer *ibid.* Mais, d'après lui, c'est l'écuyer Velk, qui aurait servi de compagnon à Louis II. Crœmer soutient que ce fut le prince de Tour et Taxis. Au retour, le Roi, dit Beyer, fut reconnu sur le bateau à sa démarche imposante. D'ailleurs son costume original, vaste manteau, chapeau « extraordinaire », suffisaient à attirer l'attention. La preuve que le bruit de ce voyage se répandit, c'est que Georges Herwegh en fit le sujet d'une poésie satirique.

en chaise jusqu'à Lucerne, et de là, à cheval jusqu'à la retraite du musicien. Au domestique qui vint à leur rencontre, le Roi dit : « Annoncez le chevalier Walther Stolzing et son écuyer ! » Ils revinrent à Hohenschwangau sans que rien eût transpiré de l'aventure. A un second voyage, quelques mois après, l'écuyer n'était plus de la partie : il courait sous un faux nom les théâtres d'Allemagne.

Tout s'oublie. Munich, sur qui bien d'autres événements allaient passer, ne songea bientôt plus à Wagner. Et, lorsqu'on s'occupa de monter à l'Opéra de la cour les *Maîtres Chanteurs*, en juin 1868, le musicien put revenir dans la ville surveiller les répétitions. Le 12 juin, eut lieu la première. Ce fut une des plus belles soirées de la vie de Louis II. Il était dans sa loge, à côté du musicien, « l'enthousiasme peint sur ses traits, la bouche entr'ouverte d'admiration, ses grands yeux perdus dans l'extase », dit une spectatrice[1]. On apercevait le profil aigu de Wagner « les lèvres serrées, fixant sur la scène son regard critique ». Bülow dirigeait l'orchestre. Sa baguette semblait électrisée : de tout son corps, de toute son âme, il se donnait à l'œuvre de son ami. Le rideau tombé, des applaudissements unanimes éclatèrent dans la salle. On réclama l'auteur; le

---

[1] Mme DE KOBELL, *Deustsche Revue*, 1897.

Roi poussa Wagner sur le devant de sa loge. C'est de là, qu'affirmant hautement la faveur royale, il salua le public. A ce triomphe, en effet, n'était-il pas juste que Louis II prît sa part? N'était-ce pas sa protection, son zèle toujours ardent, son intelligente amitié qui avaient permis à Wagner d'être enfin joué dignement et comme il le fallait pour qu'il fût compris? Et dans cette représentation des *Maîtres-Chanteurs* n'y avait-il pas quelque sens secret caché? N'était-ce pas l'affirmation d'un art nouveau, libre, affranchi des règles étroites?

> Verliess er uns're Gleise
> Schritt er doch fest und unbeirrt[1],

comme dit Hans Sachs après la chanson du chevalier Walther. Et certes il fallut toute la constance de Louis II pour faire accepter au public cet art si étrange, contraire à toutes les traditions.

L'on ne peut s'empêcher d'admirer cette affection qui dure malgré tous les obstacles. Séparé de « l'Unique », le Roi ne l'abandonne pas. Outre ses visites secrètes, que nous avons racontées plus haut, il lui fait parvenir, de temps à autre, un souvenir d'amitié. Et n'est-ce pas aussi touchant que ridicule cette anecdote d'après laquelle,

---

[1] S'il n'a pas suivi notre voie, du moins a-t-il marché droit et d'un pas ferme.

renouvelant un vieil usage allemand, il aurait envoyé à Triebschen, le 22 mai 1869, pour fêter l'anniversaire de son favori, quatre instrumentistes français, chargés de lui jouer des quatuors de Beethoven[1]?

Malgré toutes les résistances qui s'étaient manifestées dès le début, Louis II n'avait pas renoncé à son projet de théâtre wagnérien. Les plans de Semper le séduisaient toujours. Il les reprit en 1868 : mais, la banque Rothschild, à qui il fit demander des fonds par son secrétaire, M. Düflip, refusa, en alléguant que le crédit du roi de Bavière était bien ébranlé par les récentes défaites de 1866. Il demanda alors au Parlement la somme nécessaire pour la construction rêvée. Mais la population entière protesta avec une violence telle, que l'on dut renoncer à tout projet de cette nature. Wagner se tourna d'un autre côté. Les habitants de Bayreuth, mieux avisés que les Munichois, offrirent au musicien le terrain nécessaire à sa scène grandiose. Ils n'eurent pas à s'en repentir : on sait quelle gloire et quelle prospérité ont rapportées à la petite ville les représentations wagnériennes. Il est consolant de voir parfois en ce monde l'esprit utilitaire puni par là même où il a péché, et les idéalistes remporter des avantages

---

[1] Ad. Jullien, *Richard Wagner*, p. 201.

sur lesquels, pour agir, ils n'avaient pas compté.

Louis II donna 300.000 marcs pour aider à construire « le Temple du Saint-Graal » comme on disait alors. Le 22 mai 1872, la première pierre fut posée. Le Roi envoya à Wagner le télégramme suivant : « C'est du plus profond de mon cœur, mon bien cher ami, que je vous exprime en ce jour, auquel est intéressée l'Allemagne entière, mes souhaits de bonheur les plus ardents et les plus sincères. Gloire et prospérité à votre grande entreprise ! Aujourd'hui, plus que jamais, je suis en esprit avec vous ! »

Le 6 août 1876, le Roi vint à Bayreuth pour la représentation de l'*Or du Rhin*. On lui fit un accueil enthousiaste. Mais deux jours après, il regagna Munich, ne voulant sans doute pas, dans sa misanthropie croissante, se rencontrer avec les empereurs d'Allemagne et du Brésil, le prince Constantin de Russie, non plus qu'avec la foule cosmopolite, qui allaient arriver bientôt. Quand ils furent repartis, le 28 août, il se rendit de nouveau à Bayreuth. Et là, le public instruit de la part qu'il avait prise au succès définitif de Wagner, fit au Roi une ovation splendide. Louis en avait, dit-on, les larmes aux yeux[1].

Par la suite, les relations du Roi et de Wagner

---

[1] BEYER, *Ludwig II*, p. 121.

furent constamment amicales, mais sans intimité. Chaque fois que le musicien passait à Munich, il était reçu par le Roi. Le 21 avril 1882[1], il fut invité ainsi que sa femme à assister à une représentation particulière de *Lohengrin*. Au dernier passage de Wagner à Munich, à la fin de cette même année, le Roi, plus sombre et plus solitaire que jamais, ne reçut pas son grand ami. Enfin, lorsque Wagner mourut à Venise, dans le palais Vendramin, le 13 février 1883, on ignore quelles furent les pensées intimes de Louis II : il se fit simplement représenter aux obsèques par un de ses officiers.

L'histoire de ses relations avec le grand musicien est le plus grand événement artistique dans la vie du roi de Bavière. Il fut riche en conséquences et pour le favori et pour le protecteur.

Pour Wagner, il nous suffira d'apprécier en quelques mots le rôle joué dans son existence par l'intervention de Louis II[2].

Wagner l'estimait à son prix lorsqu'il appelait Louis II son *co-créateur*[3].

---

[1] D'après les journaux de cette date.
[2] Les biographes ordinaires de Wagner l'ont fait assez amplement pour nous en dispenser. En français, — outre le livre, déjà signalé, de M. Fazy, — l'histoire du Roi et du musicien a été contée souvent. Dès 1869 M. Ed. Drumont l'esquissait dans une brochure sur Wagner. Voir encore les ouvrages biographiques sur Wagner, et le beau livre de M. Lichtenberger, *Richard Wagner poète et penseur*.
[3] *Mitschœpfer*, mot cité dans un article de Henri Porges, con-

Le génie ne peut rester éternellement méconnu, cela est vrai. Le jeune Roi n'en a pas moins contribué à faire rendre plutôt justice à cet art incomparable et nouveau. Si Wagner était mort avant d'avoir pu fonder un Conservatoire comme celui de Munich, un théâtre comme celui de Bayreuth, n'aurait-on pas, à l'avenir, joué ses œuvres à contre sens ? Et qui sait si, lassé de végéter, Wagner n'aurait pas renoncé à finir l'*Anneau du Nibelung* et à écrire *Parsifal* ? Qui sait même, si le compositeur ne serait pas mort bientôt de misère et de désespoir, sans cette royale amitié qui le soutint et le réconforta ? Certes le nom de Louis, pour tous ceux qu'enchante cette musique, doit rester attaché au nom de Richard Wagner. La reconnaissance des wagnéristes, qu'il espérait, lui est due à bon droit. Aimer Wagner, applaudir ses œuvres, c'est contracter une dette de reconnaissance envers Louis II, — dette que l'on acquitte par cet amour et ces applaudissements mêmes ; car ce que voulait cet idéaliste, c'était la gloire de son ami, — en souhaitant parfois d'y avoir associé son souvenir.

Oui, Louis II a sauvé le musicien-poète, et il faut redire avec lui les vers de la dédicace si connue de *la Valkyrie* à *l'Ami Royal*, composée dans l'été de 1864 :

sacré au roi de Bavière dans le *Bayreuther Taschenkalender* pour 1887.

« Tu es le gracieux printemps qui m'a revêtu d'une parure nouvelle, — et qui a rajeuni la sève de mes frondaisons. — Ton appel m'a arraché à la nuit glacée qui tenait mes forces engourdies... »

Et plus loin, ce remerciement qui n'a rien d'exagéré :

« Par mes paroles, par mes poèmes, je cherche en vain, — et cependant je continue toujours à m'efforcer — de trouver le mot qui t'exprime — la reconnaissance que je porte pour toi dans mon cœur. »

On aime à voir surtout, dans cette amitié du souverain et de l'artiste, la parfaite et intime égalité non dépourvue du respect nécessaire qui régna sans cesse entre eux. Comme nous sommes loin de la bassesse de Voltaire auprès de Frédéric ! Et comme le roi de Prusse traitait autrement son favori[1] ! « Je reste ce que j'étais, » put écrire Wagner à Madame Wille, au moment de son départ de Munich. Et rien ne fait plus honneur aux deux amis.

Ce serait donc pure calomnie que de prétendre que la manne royale, en s'épandant sur l'ancien émeutier de Dresde, modifia ses idées politiques. Il est très vrai qu'*un jeune ami bien-aimé* lui ayant

---

[1] A ce propos, cet autre mot de Wagner sur Louis II dans une lettre du 31 avril 1865 : « La nation allemande est enfin représentée comme elle avait besoin de l'être, par un autre que Frédéric II. »

demandé de vouloir bien résumer ses idées *sur l'État et la Religion*, Wagner, dans cet essai se montre nettement monarchiste. Mais c'est un point sur lequel il n'avait jamais varié, même en 1848, comme l'a démontré M. Chamberlain dans son beau livre[1]. Sa formule était alors : *un roi absolu, un peuple libre* ; il raillait déjà le libéralisme, « ce jeu d'esprit peu clair » et proclamait que l'Allemagne répugne et doit répugner à la démocratie. Mais il était et reste encore, en 1864, révolutionnaire en ceci qu'il repousse toute domination d'une noblesse héréditaire. On comprend donc que, sans renier un seul instant ses principes, il ait pu qualifier de « sottise » l'équipée, où il se fourvoya en 1848 « engagé dans l'erreur et entraîné par la passion » et la force de son tempérament révolutionnaire, puisque alors même, alors surtout, il était monarchiste convaincu.

Voyons maintenant ce que Wagner a été pour Louis II.

Ce qui avait attiré le jeune prince vers le compositeur, c'était d'abord, sans doute, l'impression physique que ressent toute nature accessible aux émotions quand, pour la première fois, on entend ces harmonies inconnues. Ensuite et surtout, c'est que Louis II, élevé dans ces légendes, aima les retrou-

---

[1] *Richard Wagner*, p. 129 et ss. de la trad. française (chez Perrin 1899).

ver à la scène, magnifiées par un art incomparable. Jamais il ne se lassa de la musique wagnérienne. Il se la fera jouer jusque dans les dernières années de sa vie.

Il fut le disciple fidèle. Fut-il toujours l'amateur intelligent? Nous même avons mis en doute les connaissances musicales de Louis II. D'autre part, certains ont fait la remarque que le Roi préférait de beaucoup l'opéra au concert : d'où l'on déduit qu'il n'était sensible qu'aux décors et à l'action, et pas à la musique même. Peut-on cependant se montrer si sévère alors que, dans l'esprit de Wagner, musique, poème, décoration forment un tout bien complet? Une anecdote, d'ailleurs, est là pour prouver que Louis II ne tenait pas outre mesure à la mise en scène. Elle a été contée, — avec quelque exagération de poète, — par M. Catulle Mendès[1]. Le 1ᵉʳ septembre 1868, on devait jouer à Munich l'*Or du Rhin*. Mais les décors étaient si piteux, si ridicules et risquaient de jeter un tel discrédit sur l'œuvre que les amis de Wagner indignés lui envoyèrent un télégramme, pour le prévenir du danger qui menaçait sa pièce. Le musicien accourut à Munich. Il supplia le Roi de différer de quelques jours la représentation afin d'avoir le temps d'améliorer la mise en scène.

[1] *Épître au Roi de Thuringe*, dans son *R. Wagner*. M. JULLIEN la confirme à quelques détails près (pages 191 et suiv. de *R. Wagner*)

Louis II, impatient de jouir du spectacle qu'il s'était promis, refusa. Alors, au nom des droits sacrés de l'Art, la lutte fut entamée contre le caprice du souverain. On convainquit l'excellent chef d'orchestre Hans Richter qu'il ne pouvait aider à ce crime de lèse-Wagner : il quitta son poste. Mais on trouva aussitôt quelque musicastre famélique pour le remplacer. Alors on s'adressa au chanteur Betz, le meilleur de la troupe, et on lui fit honte d'être complice dans l'assassinat d'une si grande œuvre. Il se laissa persuader ; et M. Mendès raconte que le jour même où devait être donné le spectacle, il conduisit Betz à la gare et l'embarqua sous ses yeux pour Berlin. Le soir, l'*Or du Rhin*, à la grande fureur du Roi, ne put être joué. Le 22 seulement, le temps de peindre des décors honnêtes et de faire venir des machinistes adroits, eut lieu la première représentation [1].

Quoi qu'il en soit, et qu'il l'ait ou non comprise, l'œuvre de Wagner a été pour Louis II une féconde source d'émotions. Si bien qu'on s'est demandé, avec juste raison, si l'on ne devait pas chercher dans cette influence une des causes déterminantes de la folie du Roi.

[1] M. Catulle Mendès ajoute que Louis II ayant appris son intervention dans cette affaire, lui en garda toujours rancune et se vengea plus tard, en faisant saisir la traduction allemande du *Roi Vierge*.

Lorsque après sa mort, en juin 1886, le Conseil de régence interrogea les médecins experts[1], sur le point de savoir si l'on pouvait attribuer à Wagner et à l'amour exagéré de ses œuvres la démence du Roi, les « psychiâtres » se tirèrent comme ils purent de l'embarrassante question : « Sur un tempérament aussi accessible à toutes les extravagances dans le domaine intellectuel que celui de Sa Majesté, répondirent-ils, toute personnalité marquante pouvait exercer une influence non seulement sympathique, mais même aussi dominante. Si, au moment où Richard Wagner était auprès du Roi, il y avait eu à sa place un esprit tourné vers les choses religieuses, par exemple, et si, avec ses convictions exagérées, il était entré dans le cercle des idées du prince, il est très vraisemblable qu'une dégénérescence maladive et de l'exaltation se fussent produites dans ce sens[2]. »

Cela est parfaitement juste, avec les réserves, toutefois, que nous avons déjà signalées. Wagner ne domina jamais Louis II et jamais personne ne put réussir non plus à prendre une décisive autorité sur cet esprit ombrageux. Les médecins n'indiquent pourtant pas dans quelle mesure l'œuvre wagnérienne a contribué à la démence du Roi, si, du moins, ils ont raison de dire que l'esprit

---

[1] Les docteurs Grashey, Hagen et Hubrich.
[2] K. Von Heigel, *Ludwig II*, p. 103-104.

de Louis II eût pu aussi bien se laisser gagner par telle autre manie[1]. Seulement ces opéras lui firent, dès sa jeunesse, une impression profonde sous laquelle il resta toute sa vie. Comme nous avons essayé de le montrer, l'atavisme, l'éducation, les penchants naturels favorisaient quelque aventure de ce genre. Car, Dieu merci, pour puissante que soit l'emprise de la musique wagnérienne, tous ceux qui l'ont comprise, aimée, exécutée, n'ont pas fini dans la démence !

On raconte, il est vrai, que, la veille de la représentation du *Parsifal*, à Bayreuth, le vieux Maître dit aux fidèles de la villa Wahnfried : « Si demain vous n'avez pas tous perdu la raison, mon ouvrage a manqué son but. » On peut dire aussi que *le pur dément* (*der reine Thor*), qui, dans l'opéra mystique, sauve l'honneur des chevaliers du Graal, ressemble bien à Louis II, sauvant par son intervention généreuse la *Musique de l'Avenir* en danger de n'être pas jouée. Tout cela, nous le savons, et aussi comme le crie M. Max Nordau que le wagnérisme est le plus beau produit d'un siècle névrosé et dégénéré. Mais de sévères docteurs n'ont-ils pas soutenu qu'il y a, dans toute œuvre d'art, un principe de folie et d'immoralité ?

---

[1] En fait, il n'eut pas le culte seulement des héros de Wagner, mais aussi des rois de France, comme on verra par la suite.

On pourra tirer encore telle conséquence que l'on voudra de ce fait, qu'après avoir vu jouer *Parsifal*, Louis II se faisait dire une messe par son chapelain. Il est bien certain que l'œuvre wagnérienne a exercé une profonde influence sur lui : la décoration de ses châteaux le prouve amplement, comme aussi ces fantaisies étranges qui lui faisaient revêtir l'armure du chevalier au cygne, et monter dans une barque dorée, tirée par un oiseau mécanique : d'où le nom qui lui est resté de *Roi Lohengrin*. L'imagerie populaire, en Allemagne, le représente sous ce déguisement. Peut-être l'histoire ratifiera-t-elle ce surnom, qui vaudrait mieux certes, que celui de *Louis le Fou*.

Non, ce n'est pas au wagnérisme qu'est due la démence du pauvre Roi. Plût à Dieu même qu'il n'eût jamais cherché d'autres motifs d'exaltation et de rêverie que ceux-là, qui, du moins, sont artistiques. Le peuple avait surnommé Wagner « le mauvais génie du prince ». Mais ne lui fallait-il pas quelqu'un sur qui rejeter ses déceptions et ses colères ? Wagner est cause que Louis II aima à l'excès toutes les antiques légendes, c'est possible. Le Roi, pour y rêver plus à l'aise, se retirait dans ses châteaux, cela est certain. Mais comme nous le verrons plus loin, le *Guillaume Tell* de Schiller, — et quelle pièce est plus grave, plus compassée ! — lui suggérait le désir de faire un pèlerinage au

Rütli ; et un poème de Grillparzer l'attirait vers l'Inde !

C'est donc dans les dispositions romanesques et maladives du Roi que réside tout le mal. Wagner fut seulement l'occasion et le prétexte. Sans *Lohengrin* et sans *l'Anneau*, Louis II fût devenu tout aussi bien fou : car on ne peut prétendre que le roi de Bavière se laissa prendre au pessimisme, qui est toute la philosophie du Maître de Bayreuth[1]. Il y eut seulement, entre l'œuvre wagnérienne et l'esprit de Louis II, un parfait accord : l'un était fait exactement pour l'autre, parfaitement préparé à l'aimer et à le comprendre. D'où soudaine attraction des deux hommes et la profonde influence intellectuelle de Wagner sur Louis II.

Il y avait, dans cette amitié, un autre élément encore, et de capitale importance. Le jeune prince, si tôt venu au trône, désirant toutes les gloires,

---

[1] Les romanciers dont nous avons déjà touché un mot, ont fait de Louis II, dans leur naïf romantisme, un nouveau Manfred, lui appliquant surtout ces vers du drame de Byron : « Dès ma jeunesse, mon esprit ne sympathisa jamais avec les âmes des autres hommes ; je ne voyais pas le monde avec des yeux humains. » (Acte II. scène II.) M. de Heigel réfute spirituellement la comparaison à l'aide des vers qui suivent exactement les précédents : « ce que vous désirez ne me faisait pas envie, le but de votre vie n'était pas le mien, » dit Manfred. Or, Louis II, sauf la femme, aimait tout ce qu'aiment les autres hommes : art, musique, poésie, comme aussi le luxe, l'or et le pouvoir. Si, dans le soi-disant suicide du Roi on croyait voir un effet du « schopenhauerisme » de Wagner, ce serait une erreur facile à réfuter : puisque, comme nous le montrerons, il est infiniment probable que Louis II n'eut pas dessein de se tuer.

ayant devant lui des espérances illimitées, avait été séduit par l'étiquette sous laquelle Wagner, — assez bizarrement, — présentait son art : *La Musique de l'Avenir*. Louis II rêva de s'associer à la fortune — qu'il sentait devoir être grande, — de l'œuvre wagnérienne. Mieux que les douteux triomphes politiques du règne, la protection du musicien lui assurerait l'immortalité. Avoir Wagner auprès de lui, le soutenir, l'encourager à produire, faire jouer dignement ses opéras, lui vaudrait pensait-il, la reconnaissance et l'amour des admirateurs du Maître. Et de là l'enthousiasme et la persévérance que met Louis II à l'exécution de ses projets : le wagnérisme c'est sa chose propre, la tâche de son règne, le monument auquel il veut attacher son souvenir. C'est comme protecteur du grand musicien et de son art qu'il veut paraître devant la postérité.

Ce sentiment, légitime sans doute, encore qu'un peu naïf, — mais il se mêle tant de puérilité à tous les actes et à toutes les pensées de Louis II, — ce sentiment perce, en maint passage, les lettres que l'on a lues plus haut. « Quand *nous* aurons disparu *tous deux*, depuis longtemps déjà, écrit-il le 4 août 1865, *notre œuvre* encore sera là... pour ravir les siècles ! » Certes le Roi avait bien le droit de parler ainsi ; nous l'avons dit : *l'Anneau du Nibelung* et *Parsifal* sont bien un peu son œuvre. La reconnaissance qu'il réclamait était juste : l'obtiendra-t-il aussi grande qu'il l'espérait ? Qui songe aujourd'hui déjà, à mettre au même rang le musicien et son protecteur ? Si, pour quelques fervents du Maître, ces deux noms sont encore indissolublement liés, sans doute le souvenir du prince ira toujours pâlissant davantage. De Louis II, ne restera plus que le héros de ces légendes populaires qui commencent à se former. Pour l'historien, le jeune prince représentera l'esprit romantique régnant jusqu'en 1870 dans cette Allemagne qui, avant de s'enivrer de ses victoires, s'exaltait à ces vieilles légendes germaniques qui ont trouvé chez Wagner leur forme artistique et définitive. Et plus que son dévouement douteux à l'unité et à l'Empire, avoir aimé et secouru le grand musicien sera, un jour, le meilleur titre du roi de Bavière au nom de *Louis l'Allemand.* Qu'importe s'il l'a payé par une démence plus rapide ou plus complète ! Il était voué à la folie : le wagnérisme en fut du moins la forme la plus relevée. Grâce à lui seul, on ne le considère pas comme un malheureux maniaque. Grâce à lui, les poètes chantent et célèbrent, en le roi de Bavière, le Prince du Rêve et de la Beauté.

CHAPITRE III

LES GUERRES DE 1866 ET DE 1870
LA BAVIÈRE ABSORBÉE

On veut que la mort du roi Maximilien ait été hâtée par les inquiétudes que lui causait le sort de la Bavière. Il est vrai que la situation était bien trouble et peu rassurante. Et quelles jeunes épaules que celles de Louis II pour supporter le faix des événements si graves qui se préparent ! Quelle débilité et quelle inexpérience ! Oui certes, le roi Maximilien pouvait être inquiet. Avant de mourir, il put donner à son fils de sérieux conseils et lui montrer le danger : l'aigle de Prusse projetant déjà son ombre sur l'Allemagne entière. Hélas ! Louis II, avec ses maladroits conseillers et ses généraux ignorants, sera impuissant à sauvegarder l'indépendance bavaroise.

Et pourtant, en 1864, il semblait que ce pays, dont l'histoire avait été jusque-là si peu brillante, fût sur le point de jouer un grand rôle dans l'Allemagne du Sud. Créer au-dessous du Mein une hégémonie au profit de la Bavière, analogue à celle organisée par la Prusse au Nord, avait été la tendance de tous les cabinets de Munich. Maximilien s'imagina qu'il la réaliserait. Son ministre M. von der Pfordten l'entretenait dans ces idées, féru ainsi que Beust, le ministre de Saxe, de cette fameuse alliance, la *Triade*, où chacun espérait bien duper ses partenaires. La domination bavaroise ! Le bon roi Max prenait bien son temps, alors que déjà les plans de Bismarck étaient faits ! Par bonheur, il lui fut épargné la douleur de voir son rêve détruit par la plus cruelle et la plus imprévue des réalités.

Lorsque Louis II succède à son père, ces ambitions n'ont encore subi aucune atteinte et donnent au ministère de M. von der Pfordten un magnifique prestige. Ces idées, le public les fait siennes à son tour, et jamais, en Bavière, on ne fut plus particulariste. Le moment serait-il arrivé ? « L'histoire des occasions manquées » devra-t-elle enregistrer enfin un glorieux succès ?

On l'espère, et l'avènement de Louis II ne paraît contrarier en rien ces espérances. On a confiance qu'il continuera la politique de Maximilien.

« Lève haut, dit le poète Gardthausen, dans une ode au jeune roi, lève haut la bannière de ton père, et haut aussi le droit allemand ! » Ce bon droit, qui passionne alors toute l'Allemagne, c'est celui des duchés de l'Elbe : la question redoutable et compliquée du Schleswig-Holstein, est la première qui s'est présentée à Louis II. Or toute l'Allemagne du Sud, — et la Bavière surtout, — a pris parti pour l'indépendance des duchés. Elle a applaudi aux premières défaites du Danemark. Mais, si elle veut libres ses « frères du Nord », ce n'est certes pas pour les voir incorporés à la Prusse. Pourquoi les enlever aux Danois, si c'est pour les donner à M. de Bismark? On soutient à Munich les droits du duc d'Augustenbourg, légitime héritier de Christian de Glücksbourg. Une société[1] se forme pour les défendre : toutes les classes y participent : professeurs, médecins, avocats, journalistes, industriels. C'est une ligue d' « intellectuels » surtout, pour employer un mot dont on a beaucoup usé chez nous ces temps-ci. Les hommes politiques s'y mêlent, affirmant la volonté de la nation : ainsi Schlœr, le vice-président de la Chambre des députés.

A une réunion de ce comité, M. le professeur Ranke prononça ces belles paroles, — trop oubliées, hélas! depuis, — et qui expriment parfaitement l'opinion du public à cette date : « Avant tout, nous tenons à proclamer le droit qu'ont les duchés à disposer d'eux-mêmes et à établir, de façon générale, que c'est là un droit imprescriptible appar-

---

[1] *Hilfsverein gegen die Vergewaltigung der Herzogthümer.*

tenant à tous les peuples. Le traité de Gastein, qui foule aux pieds toute justice et qui, par sa cynique violation de droit, menace dans sa sécurité l'Allemagne entière, sera, pour cela même, rejeté de toute la nation... Nous ne voulons pas croire que la Chambre prussienne, qui, jusqu'ici, avait lutté si noblement pour sa Constitution, puisse sacrifier à l'idole de la Force sa Liberté et celle de ses frères allemands ! » Belles paroles, et qu'il est bon de remettre sous les yeux des Allemands d'aujourd'hui. C'est bien ainsi que devaient parler, quand ils n'étaient pas encore aveuglés par la victoire, que leur vue n'était pas troublée par l'or et le sang de leurs voisins, ces honnêtes « fils de la Germanie » qu'aimaient et croyaient connaître nos pères !

Se trouvant d'accord avec l'opinion publique, Louis II chargea son représentant au *Bundestag* de soutenir les justes prétentions du duc d'Augustenbourg. Intervention bien risquée, et qui ne rapporta à la Bavière ni gloire ni profit. D'abord Frédéric n'avait-il pas, au mois de février, repoussé les conditions de Bismarck ? Et puis, après « les raisons frappantes » données par la Prusse devant les retranchements de Düppel, il n'y avait plus qu'à s'incliner. Lorsqu'on n'avait rien fait par les armes, il était trop tard pour agir par la diplomatie. Début malheureux du jeune Roi dans la politique ! Il ne pourra empêcher la marche fatale des événements.

A l'intérieur, un acte de Louis II eut une grave importance, en ce qu'il montra quelle position il choisissait entre les deux partis en présence à la Chambre : les catholiques [1] et les libéraux. Or, jusque-là, droite et gauche escomptaient à leur profit l'idéalisme du prince, sans qu'il eût encore témoigné de préférence pour l'une ni pour l'autre. — Le Roi est un rêveur, un mystique, il soutiendra la religion, affirmait-on d'une part. — C'est un large esprit, enthousiaste et audacieux, qui favorisera la liberté, ripostaient les adversaires. Encore que Louis II n'ait jamais été l'esclave d'aucun parti, et qu'il ait su déjouer tous les calculs, c'est aux libéraux qu'il donna les premiers gages. Et, désormais, il ne les abandonnera plus, insoucieux des majorités.

Cet acte important fut la reconnaissance officielle, en décembre 1865, du royaume d'Italie.

---

[1] Les catholiques sont généralement, en Allemagne, appelés *ultramontains*, nom dont veulent sans doute les « flétrir » les libéraux. Mieux vaut les appeler simplement *catholiques*, ou, si l'on veut, *patriotes*, comme le fait remarquer M. Cherbuliez, dans une page de son beau livre : *l'Allemagne politique après la paix de Prague*, 1866-1870. Il y cite cette parole de M. de Hafenbraedl, député de la droite : « Dites aux paysans que la Bavière doit devenir une province romaine, et vous verrez comme ils feront volte-face ! » Il faudrait, d'ailleurs, dans le chapitre intitulé : *le Sud ; les Partis et les Gouvernements*, citer toute la partie consacrée à la Bavière, et qui est un morceau magnifique de pénétration historique et de psychologie sociale.

Catholique intransigeant, Maximilien s'était toujours refusé à admettre cette monarchie révolutionnaire, ennemie de la papauté. Et même, la jeune Italie lui faisait tellement horreur, que devant aller à Rome, plutôt que de fouler ce sol impie, il s'embarqua à Marseille et ne prit terre qu'à Ostie. L'entêtement du vieux Roi pouvait s'expliquer ; il était impossible qu'il durât chez son successeur. Néanmoins les catholiques prirent cet acte pour une provocation.

Ces questions intérieures furent bientôt rejetées au second plan par la gravité des événements qui se passaient en Allemagne. On sentait que la guerre avec la Prusse devenait inévitable. Les ambitions et les exigences de Bismarck irritaient les peuples et effrayaient les souverains. Jamais le particularisme n'avait été aussi violent. L'idée de patrie commune, qui jusque-là avait hanté les esprits avec tant de force, semblait reculer devant l'amour plus étroit de la petite patrie. La *prussification* était crainte comme un esclavage et une déchéance. Lorsque Guillaume Ier parlait de « faire des conquêtes morales en Allemagne », loin d'exciter l'enthousiasme de 1813, ces mots ne représentaient, pour les habitants des petits États, que la schlague infamante et l'impôt écrasant, en d'autres termes, ce qui répugne le plus à l'Allemagne idéaliste : le militarisme et la bureaucratie.

La Prusse, d'autre part, avait besoin de la guerre avec l'Autriche pour assurer sa propre hégémonie dans le Sud et en repousser définitivement les Habsbourg. Bismarck se promit d'être assez adroit avec les États confédérés pour ne pas se les aliéner irrévocablement. Il réussit à merveille.

On sait comment, après avoir failli être écartée par l'intervention de l'Europe, la lutte finit par s'engager : la Prusse et l'Autriche, avec une égale mauvaise foi, s'accusant l'une l'autre d'avoir violé la convention de Gastein ; le différend porté devant la diète de Francfort ; puis « l'exécution fédérale » contre la Prusse proposée par l'Autriche et acceptée, le 14 juin 1866, par neuf voix contre cinq : le pacte fédéral était rompu : il fallait se préparer au combat.

Le ministre de la Guerre bavarois venait d'être tout récemment nommé : c'était le baron de Pranckh qui fit des prodiges pour réussir à former une armée bien médiocre, avec le néant qu'il trouva en arrivant aux affaires. C'est que jamais les Bavarois n'ont été un peuple de soldats. Tilly est le seul grand capitaine qui soit né parmi eux. Ils n'ont jamais formé que des troupes sans discipline et sans élan qui se laissent culbuter comme à Hanau, et n'excellent qu'à pointer leurs canons sur leurs alliés au beau milieu de la bataille, comme à Leipzig. Qu'à ce vice fondamental, on ajoute un armement détestable, — les déplorables finances de l'État ne pouvaient mieux, — et de ridicules généraux de cour: voilà avec quels éléments M. von der Pfordten voulait établir l'hégémonie bavaroise dans l'Allemagne du Sud !

Car tel était bien évidemment le plan du ministre: c'était celui qu'il avait combiné déjà sous Maximilien. Louis II s'y était associé en conservant auprès de lui M. von der Pfordten. Ces projets expliquent bien des hésitations du Roi, qui paraissent des fautes, bien des actes qu'on a qualifiés de lâchetés.

En effet, dans cette campagne, pour assurer leur domination au-dessous du Mein, les Wittelsbach ont besoin d'être délivrés non seulement de la concurrence que leur font les Hohenzollern, mais encore de celle des Habsbourg. Il importe aussi que les autres États confédérés soient assez affaiblis pour qu'on puisse s'emparer d'eux sans péril après la guerre. Mais en même temps, il faut ne pas faire trop de mal à la Prusse, afin que, par reconnaissance, elle permette ensuite au Gouvernement bavarois de jouer, au Sud, le rôle qu'elle joue elle-même dans la Confédération du Nord.

Ce n'était pas mal combiné, comme on voit.

Les diplomates de la vieille école excellaient à pratiquer l'art des ménagements. Par malheur, ces plans à la Pichrocole, qui faisaient si bien sur le papier, élaborés dans le calme propice du cabinet par des hommes à l'imagination trop vive, allaient subir le plus cruel des démentis. Le fusil à aiguille, la discipline prussienne et le vieux Moltke mettraient bien vite tous ces rêveurs à la raison. Petites ruses à la Metternich, ménagements, feintes, louvoiements allaient être balayés et rejetés, avec les fusils à pierre, au rebut des choses usées, par la politique grandiose et brutale de M. de Bismarck.

Louis II n'était pas un soldat. Son tempérament nerveux, excitable, n'était fait ni pour l'horreur des champs de bataille, ni pour les inquiétudes que causent les vicissitudes de la guerre. Aussi, malgré la magnificence des desseins de son ministre, ne désire-t-il pas la lutte. Le 27 mai, alors que les armements commencent de toutes parts, il dit au *Landtag*, dans son discours du trône: « Je ne veux pas encore renoncer à l'espoir qu'une guerre civile sera évitée à l'Allemagne, et qu'on donnera à la question du Schleswig-Holstein une solution conforme à la justice, en même temps qu'une réforme du *Bund* allemand[1], avec le concours de la représentation nationale, assurera

[1] La Confédération.

une paix durable à notre grande patrie. » Et c'est dans ce même mois de mai que Louis II a trouvé le moyen d'échapper à ses ministres pour se rendre auprès de Wagner et lui soumettre les nouveaux projets de Semper pour le théâtre. *La grande pensée du règne*, pour lui, ce n'était pas la domination bavaroise dans l'Allemagne du Sud, mais le succès du *Drame Musical*.

Cependant il fallait en finir. A force d'obliquer et de temporiser, on en vint tout de même aux mains. D'ailleurs ce ne fut pas bien long : l'affaire de quelques semaines.

Le 14 juin, la guerre est décidée ; le 22 les troupes bavaroises entrent en campagne. Le 25 le Roi se rend à Bamberg pour inspecter ses troupes : le prince Charles en a pris le commandement, en y joignant celui des armées alliées, les troupes de Saxe et du Hanovre exceptées.

Louis II ne pouvait que gêner aux camps. Il se hâta de retourner à Munich. C'est de là qu'il écrit le 30 une sorte d'ordre du jour à ses soldats où il dit : « Je ne me sépare pas de vous : je reste en esprit au milieu de l'armée. » Désormais et jusqu'à la fin de la campagne, il demeurera à la Résidence et dans ses châteaux, sans intervenir en rien : c'était le mieux qu'il eût à faire.

La campagne fut rapidement menée. Fidèle à son plan, M. von der Pfordten, n'envoyant aucun secours en Bohême, laissa les Prussiens écraser à Sadowa ce fanfaron de Benedeck. Il se garda bien de secourir les autres États « alliés ». Il assista avec bienveillance, le 29 juin, à la capitulation des Hanovriens à Langelsalza. A ce moment, le prince Charles était à seize heures de marche du champ de bataille. Son intervention assurait la défaite des Prussiens qui avaient d'abord eu le dessous. Il ne bougea pas de Schweinfurt. Or, a-t-on remarqué, « le 27, le roi Louis était au quartier général, l'envoyé du roi Georges (de Hanovre) y était aussi ; c'est donc jusqu'au souverain bavarois qu'il faut, pour être impartial, faire remonter l'abandon des alliés [1] ».

Mais s'il entrait dans les plans du Gouvernement bavarois de laisser affaiblir d'une part l'Autriche, de l'autre la Saxe, le Wurtemberg et tous les États alliés, du moins ne voulait-il pas que ses propres troupes fussent battues à plates coutures. On n'avait pas même songé à cette éventualité. Elle était cependant inévitable. D'abord, par l'égoïsme des Bavarois, les alliés avaient été écrasés les uns après les autres, sans causer de grandes pertes aux

---

[1] F. SALLES, *La Bavière depuis 1866 et la Question allemande* (Bruxelles, Leipzig et Livournes, 1866) p. 13. Ce livre, écrit au lendemain de la guerre, et où l'auteur jetait un cri d'alarme et avertissait la France du danger prussien, montrait qu'il ne fallait pas compter sur l'alliance ni même sur la neutralité du sud en cas de conflit. On ne voulut pas plus écouter cette voix prophétique que les autres.

Prussiens, à qui le plus grand péril : être débordés par le nombre des confédérés, fut ainsi évité. Et puis l'impéritie des généraux de Louis II n'avait d'égale que la pusillanime maladresse du « comité de la guerre » de Francfort qui, tremblant à l'approche de Manteuffel, immobilisait la moitié des troupes pour défendre la ligne du Mein. Un effroyable gâchis, le manque d'ordres, l'ignorance presque criminelle des chefs, qui semblaient prêter le flanc de bonne grâce à l'ennemi, amenèrent les victoires successives des Prussiens à Hammelburg, Kissingen, Rossdorf, etc.

Ce ne fut pas seulement pour la Bavière une défaite matérielle, mais un désastre moral : à peine si les soldats s'étaient battus ! Seuls les officiers firent leur devoir : 47 périrent et 111 furent blessés, tandis que l'on compta seulement 282 sous-officiers et soldats tués, avec 600 déserteurs !

L'opinion, au contraire de ce qu'on eût pu croire, ne s'émut guère : à peine si quelques journaux, comme la *Gazette d'Augsbourg*, indignés par tant de honte et de ridicule, protestèrent contre l'inaction du Roi et l'abandon des alliés ! Ce n'était plus une guerre, mais une *neutralité armée* ! La Bavière ne savait donc qu'une chose : abandonner ses amis et manquer à sa parole ? Mais la population restait bien indifférente. Certes on détestait le Prussien. Mais tout de même, comme dit un contemporain, « on était fier du mauvais frère ». Alphonse Daudet a laissé, dans ses *Contes du Lundi*, des notes d'une fine ironie, et exactement observées, sur Munich en 1866, où il montre bien ce sentiment du peuple. C'est que malgré les tendances particularistes qui règnent partout alors en Allemagne, cette guerre presque civile, — le *Brüderkrieg*, comme on l'appellera assez hypocritement plus tard, — n'est nullement populaire. Ce sont les gouvernements et les cabinets, les diplomates et les ministres qui s'arrangent : le public ne comprend pas grand'chose à ces disputes. D'ailleurs, ce sont là des débats surannés. Querelles gothiques. Les Habsbourg essayant de reconquérir leur influence en Allemagne ! Quel anachronisme ! Les princes résistant au profond mouvement national qui porte leurs peuples vers l'unité. Quel contresens au XIX° siècle !

La défaite laissa la Bavière assez indifférente. Les beaux projets de M. von der Pfordten ayant ainsi échoué, Louis II n'eut plus qu'une hâte : faire la paix. D'autant que ses alliés, — avec qui, nous l'avons vu, il ne s'était guère gêné, — lui rendaient toute liberté : l'Autriche en effet, au mépris de son entente avec la Bavière, venait d'entamer séparément et sans prendre son avis les négociations de paix. Le 22 août, sans attendre de plus amples défaites, Louis II, de son côté, conclut la paix avec son oncle le roi Guillaume de Prusse. Habile et prudent, M. de Bismarck n'abusait pas de sa victoire. Il se contentait de montrer en exemple, aux souverains disposés à lui résister, le roi de Hanovre, le prince de Hesse et le duc de Nassau qu'il dépouillait de leurs états. Mais pour ne pas exaspérer le particularisme des peuples toujours hostiles à la *prussification*, — qui signifiait, comme nous l'avons dit, perte des libertés religieuses et civiles, militarisme, bureaucratie, etc... — il eut soin d'être très modéré dans ses exigences, afin de ne pas rendre une réconciliation impossible ou difficile. Ainsi il ne demanda à la Bavière qu'une insignifiante contribution de guerre : 30 millions de florins. Comme cession territoriale, la Prusse n'exigea que de petites enclaves de territoires (Orb, Gersfeld, Kausdorf), avec environ 34.000 habitants.

Après avoir été si doucement traité, le roi Louis pouvait sans honte se rapprocher de la Prusse. Il jugea la situation de ce coup d'œil sûr que chacun s'accorde à lui reconnaître[1]. Les projets de

---

[1] Le sévère Sybel lui-même a dit : « Louis II possédait, à côté de maintes étrangetés dans sa vie privée, une intelligence très nette, la vigueur et la vivacité dans ses décisions ; et avec cela, une volonté complètement indépendante. » (H. VON SYBEL, *die Begründung des deutschen Reiches*, III, p. 281). Mais Sybel ajoute qu'il était un peu trop jeune et qu'on l'avait initié trop tard aux affaires.

von der Pfordten ayant échoué, il ne restait
qu'une chose à faire : maintenir autant que possible l'indépendance du royaume. Et pour cela, il
ne s'agissait pas de résister à Bismarck, — résistance d'ailleurs vaine, — mais de s'entendre avec
lui. Ce n'était certes pas bénévolement, mais forcé
par les circonstances, que le fier Wittelsbach
allait abdiquer une partie de son pouvoir et
toutes les espérances de sa race entre les mains
d'un Hohenzollern. Mais il est des cas où mieux
vaut se donner qu'être pris : l'exemple du roi de
Hanovre, du duc de Nassau, et du prince électoral
de Hesse était assez significatif. Louis eut le bon
sens de le comprendre. Il sut adroitement agir,
prouvant de quelles qualités il était doué. N'en
doutons pas : s'il n'eût pas été un malade, il eût
fait certainement un grand roi.

Tout fut d'ailleurs bientôt fini. Bismarck avait
effrayé Louis en lui apprenant que Napoléon III
convoitait le Palatinat bavarois. Une alliance
secrète fut signée contre l'ennemi extérieur. La
réconciliation entre le Sud et le Nord était complète. Le reste ne serait plus que l'affaire du temps
et des circonstances.

Louis II, avec cette imagination romanesque
qui ne l'abandonnait jamais, voulut sceller sa
toute nouvelle amitié avec son oncle de Prusse
par un acte expressif. Il lui écrivit le 29 août :

« Maintenant que la paix est conclue entre nous et qu'une ferme et durable amitié s'est établie entre nos Maisons et nos États, je désire lui donner une expression extérieure et symbolique, en offrant à Votre Majesté Royale la possession commune du burg de ses aïeux à Nuremberg. Lorsqu'au faîte de ce château, le pavillon des Hohenzollern et celui des Wittelsbach flotteront au vent, en mêlant leurs plis, puisse-t-on voir là le symbole de la bonne garde que font la Prusse et la Bavière unies sur l'avenir de l'Allemagne, avenir que la Providence a mené dans des voies nouvelles par l'entremise de Votre Majesté. » Le roi Guillaume accepta : et désormais les couleurs blanche et bleue, rouge et or s'unirent sur le burg de Nuremberg.

L'année suivante, M. von der Pfordten quittait le ministère : il était remplacé par le prince de Hohenlohe-Schillingfürst qui allait ardemment travailler à l'unité allemande[1]. La reconstitution d'une union douanière, *Zollverein*, avec la Prusse et la confédération du Nord, fut l'œuvre significative à laquelle il s'employa d'abord : ce rapprochement économique préparait une fusion plus

---

[1] On a dit que le nom de Hohenlohe était « l'écho du nom de Bismarck ». Ce qui n'empêche pas le prince d'être fervent catholique, appartenant à une famille très attachée à l'Église et qui compte plusieurs prêtres et un cardinal.

intime. On ne s'y méprit pas en Bavière, aussi s'opposa-t-on vivement à ce projet. Les soucis commerciaux finirent par vaincre ces répugnances. Mais M. de Hohenlohe paya cher sa victoire : en 1870, la majorité de la Chambre, très ardemment particulariste, vota un ordre du jour de défiance contre le ministère. Le cabinet offrit sa démission à Louis II qui la refusa, disant que le ministère lui agréait parfaitement. Le *Reichsrat*, sorte de Chambre des pairs, présenta lui aussi au Roi un blâme voté par 32 voix contre 12. Parmi ces trente-deux membres, se trouvaient six princes de la maison royale, oncles et cousins de Louis II et son propre frère le prince Otto. Sachant leur opinion, il leur avait défendu de voter : vainement.

Le roi refusa néanmoins de recevoir cette adresse et même invita les douze opposants à un banquet pour affirmer son attachement à M. de Hohenlohe. La majorité, devant ce qu'elle appelait un coup de force, fit une obstruction telle, qu'on dut dissoudre la Chambre : le parti catholique revint plus fort de quatre voix ! Quoi qu'il en eût, Louis II dut céder. Hohenlohe fut remplacé par le comte Bray, de la droite. Mais la volonté du Roi était expresse : il dut continuer la politique de son prédécesseur. En somme, le vrai chef du cabinet fut Lütz, un ancien secrétaire particulier de Louis II, devenu ministre de la Justice. D'humble naissance[1], il s'était distingué dans la magistrature, et le roi Maximilien l'avait appelé auprès de lui. C'était un vrai libéral, ennemi de tous les excès, et qui, pour cela même, combattit les passades d'ultra-cléricalisme que traversait alors la Bavière, et dont la violence menaçait la monarchie elle-même[2].

Voilà donc quels étaient les hommes et les opinions que Louis II défendait envers et contre tous. L'opinion, fanatisée par les journaux et par les orateurs de la Chambre, n'admettait pas que le Roi fût avec ceux qui, en prêchant l'unité allemande, risquaient d'amoindrir la Bavière. Comment, disait-on, le Roi soutient le prince de Hohenlohe qui réclame l'appui de la Prusse[3] ; le Roi a pu signer le traité d'alliance qui le met dans la main de son ennemi? On ne comprenait pas, on s'indignait. Louis II avait été jusque-là accueilli par la foule avec la plus grande sympathie. Après la guerre de 1866, ayant voulu visiter les champs de bataille, les régions dévastées par la lutte, et porter des secours et des consolations, il fut reçu

---

[1] Il était fils d'un maître d'école de village.
[2] Qu'on en juge par ces lignes de l'*Unita cattolica* : « Le roi Louis, par sa conduite, a causé une immense émotion dans son royaume, et, s'il ne revient pas à des décisions plus prudentes, il mettra sa couronne en péril... » Nous parlerons plus tard de l'attitude de Louis II à la proclamation du dogme de l'Infaillibilité.
[3] Il l'avait dit à la Chambre des Députés, en soulevant les protestations de la droite, le 19 janvier 1870.

partout avec enthousiasme, dans le Palatinat comme dans la Bavière même. Vraiment, à voir les triomphes qu'on lui réservait, on eût dit que c'était lui le vainqueur et non le roi Guillaume. Mais dès que l'alliance avec la Prusse fut connue, la foule n'accueillit plus le souverain qu'avec une morne indifférence. Plus un salut, plus un vivat[1]. La presse particulariste — et notamment la feuille du fameux Dr Sigl, *la Patrie bavaroise* — faisait rage. C'est tout au plus si l'on n'accusait pas le Roi de trahir son royaume.

Louis II en était profondément peiné. Rien de plus affligeant pour un homme de cœur, que de se heurter à l'ingratitude et aussi à l'incompréhension voulue. Que faire entrer dans ces têtes de fanatiques ? Ne voulaient-ils donc pas saisir que ce rapprochement vers la Prusse était cas de force majeure ; que c'était un « mariage de raison » et non d'amour qu'il avait conclu avec elle ? qu'il fallait donner un peu pour ne pas perdre tout ? Ah ! croyait-elle donc cette foule stupide, croyaient-ils ces patriotes intransigeants que le Wittelsbach allait de bon cœur se mettre aux pieds du Hohenzollern ? Croyaient-ils qu'il ne répugnait pas au roi de Bavière de devenir vassal du roi de Prusse ? A l'idée de cet abaissement, Louis II parfois pleure

---

[1] Beyer, *Ludwig II*, p. 131.

d'indignation et de colère. Il détourne les yeux quand sa tante Amalie, l'ancienne reine de Grèce, lui demande s'il consentira à reconnaître Guillaume de Prusse pour son suzerain. Il désapprouve ces tendances particularistes de sa famille, il soutient Hohenlohe, il blâme les manifestations de la majorité catholique, et tout bas, il maudit M. de Bismarck. Mais une vue nette des événements, une profonde sagesse politique le font malgré tout demeurer dans la voie qu'il a choisie avec une merveilleuse intelligence.

Il est trop jeune cependant pour que ses sentiments véritables ne percent pas par instants. Ainsi il supprime, en 1868, la pension que le Gouvernement bavarois payait, depuis le précédent règne, au poète Geibel, et donne pour motif « les tendances nouvelles qui se sont récemment manifestées dans ses œuvres ». Geibel, en effet, a chanté l'« ère nouvelle », la fusion des peuples allemands, l'hégémonie prussienne en Allemagne[1]. Une autre fois, Louis s'oublie à dire devant M. de Cadore, l'ambassadeur de Napoléon III à Munich : « M. de Bismarck veut faire de mon royaume une province prussienne. Il y arrivera hélas! petit à petit, sans que je puisse l'en empêcher[2]! »

---

[1] Geibel n'y perdit rien, d'ailleurs, car le roi de Prusse lui donna aussitôt une pension triple de l'ancienne.
[2] ROTHAN: *La France et la Prusse de 1867 à 1870* p. 296. M. de

Les défaillances et les répugnances du Roi se marqueront de plus en plus. Pendant et après la crise décisive de 1870, il n'y aura plus de doutes : ce n'est pas de son plein gré que Louis II se remet entre les mains du futur empereur d'Allemagne.

Quand il devint évident que Bismarck et Napoléon III voulaient la guerre, — tous deux pour des raisons différentes, — l'attention se porta aussitôt sur les États du Sud. Qu'allaient-ils faire? Marcher à côté de leur ennemi, à côté de la Prusse qui, quatre ans auparavant, leur infligeait de honteuses défaites? Cela paraissait impossible; un pareil revirement semblait absurde. C'était certain, le Sud resterait neutre ou même, bien plus, désireux de prendre sa revanche de 1866, il tomberait avec l'Autriche sur les derrières de la Prusse.

Malgré les sages avertissements de M. de Cadore, malgré les cris d'alarme isolés de quelques publicistes, personne en France ne voulait voir clair. L'assurance de la neutralité de la Bavière que M. Rouher donnait à la Chambre avec désin-

---

Cadore savait que la Bavière marcherait avec la Prusse. Il en avertit son Gouvernement, mais on ne l'écouta pas. Ce portrait qu'il fit de Louis montre qu'il était, au moins en partie, au courant : « Le découragement du Roi provient de son caractère. Il comprend et apprécie, aussi bien que qui que ce soit, l'état des choses. Mais il sent qu'il lui faudrait, pour défendre sa couronne, une énergie et une activité qui ne sont ni dans ses goûts ni dans ses habitudes. » (*Id. ibidem.*)

voiture ; les paroles si nettes de M. de Gramont :
« Quant aux États du Sud de l'Allemagne, ils ne
bougeront pas. Je suis renseigné par mon ami et
élève M. de B... » avaient complété l'aveuglement
général.

Aussi bien, l'illusion de nos ministres était fort
naturelle. La majorité libérale de Saxe, comme la
majorité catholique de Bavière, repoussaient éga-
lement toute idée d'union avec la Prusse ; l'une,
parce que la monarchie des Hohenzollern était la
plus absolue et la plus conservatrice de l'Allemagne entière, l'autre, parce qu'elle craignait, avec
juste raison, une lutte acharnée de la Prusse pro-
testante contre l'Église, et aussi, parce que la
patrie bavaroise lui paraissait se suffire à elle-
même ; ses destinées étaient assez grandes, ses
traditions assez antiques pour qu'elle n'eût pas
besoin d'en aller emprunter d'étrangères. On
savait parfaitement, en France, que la Chambre de
Munich, où la droite, après la dissolution était
revenue plus forte qu'avant[1], était animée des
plus purs sentiments particularistes. On savait que
les tendances prussophiles du prince Hohenlohe
avaient été blâmées par 78 voix contre 52. Dans les
salons politiques, la même haine contre Bismarck

[1] 80 patriotes et quelques « démocrates particularistes » contre
71 « libéraux ». La dissolution et un savant remaniement des circonscriptions électorales, — maquillage trop fréquent du suffrage
universel ou restreint, — n'avaient donc servi de rien.

dominait. Chez M. Pfeffel, par exemple, où se réunissait toute l'aristocratie bavaroise et où étaient reçus tous les Français de marque, de passage à Munich, on parlait ouvertement d'une alliance contre la Prusse avec Napoléon III[1]. Celui-ci du reste, faisait tout pour gagner les esprits en Bavière et, par exemple, il assurait le comte Quadt, l'envoyé de Louis II en France, que jamais il n'avait voulu prendre un pouce du sol allemand, démentant ainsi les projets qu'on lui avait attribués sur les provinces bavaroises des bords du Rhin. D'ailleurs, le 30 janvier 1870, *la Patrie* du Dr Sigl disait : « Sitôt qu'un Prussien franchira notre frontière, 600.000 Français et 400.000 Autrichiens se lèveront pour chasser l'envahisseur. La Bavière aux Bavarois! »

Telle était la situation dans le royaume, quand survinrent la dépêche d'Ems et la déclaration de guerre de la France à la Prusse.

Le 8 juillet, comme il ne s'attendait en aucune façon à des événements aussi graves, — puisque toute difficulté paraissait aplanie par la renonciation du prince Léopold de Hohenzollern au trône d'Espagne, — Louis II était parti pour plusieurs jours, selon son habitude, pour ses pavillons de

---

[1] LOUISE DE KOBELL, *die Bayrische Mobiliesirung und die Anerbietung der Kaiserkrone*, Deutsche Revue, janvier 1899.

chasse des bords de l'Isar. Depuis quelque temps, son goût pour la solitude s'était singulièrement développé, et il s'en allait ainsi, sans plus vouloir entendre parler des affaires, loin de toute préoccupation, parfois une semaine durant. Pendant ces sortes de « retraites », il ne faisait que lire et rêver, accomplir d'immenses promenades à cheval, sans doute cherchant par la fatigue du corps à gagner le repos de l'esprit. Ou bien, il dissimulait, sous ce prétexte, les visites qu'il allait rendre en Suisse à Wagner.

Il était donc parti en donnant l'ordre qu'on ne vînt le chercher que dans des circonstances d'une gravité extraordinaire. Malgré tous les faits qui s'étaient succédés depuis le 12, personne n'avait osé prendre sur soi d'aller troubler le Roi, car rien n'était encore définitif. Mais, le 15 juillet, la Chambre française, croyant, sur la dépêche mensongère arrangée par Bismark, que notre ambassadeur, le comte Benedetti, avait été insulté par le roi Guillaume, votait la guerre à une forte majorité. Dès que la nouvelle parvint à Munich, on décida d'aller au plus vite avertir le Roi. Ce fut inutile. Justement, le soir même à 8 heures, Louis II revenait dans son château de Berg ; et il avait envoyé, quelques heures avant, un de ses attachés, M. Düfflipp, annoncer son prochain retour.

A 11 heures, Louis II appela son chef de cabinet, M. de Eisenhart [1] et le pria de lui résumer la marche des événements depuis le 8 juillet, et de lui exposer, en même temps, ce que le comte Bray, président du conseil des ministres, pensait de l'intervention éventuelle de la Bavière. Ici, nous laissons la parole au témoin même de la scène.

« Le Roi me reçut dans la Chambre du balcon. Selon son habitude, il marchait de long en large et s'asseyait de temps à autre, tandis que je lui faisais mon rapport. Les heures s'écoulaient cependant que j'analysais la situation et examinais les événements probables, en ce qui touchait notamment l'attitude de la Chambre. Parfois le Roi faisait une observation qui révélait son intelligence vive et lumineuse. Il désirait de toutes ses forces une solution pacifique. Et cette phrase revenait toujours sur ses lèvres : — « N'y a-t-il donc vraiment pas moyen d'éviter cette guerre ? »

« Lorsqu'il fut convaincu que la lutte était inévitable, une autre question se posa. La Bavière resterait-elle neutre, ou d'après le traité d'alliance

---

[1] Le mari de Mme de Kobell qui nous a transmis (*Unter den vier ersten Kœnigen v. B*) ce précieux récit que nous traduisons. M. de Eisenhart avait été nommé à ce poste de confiance le 31 décembre 1869. Le Roi ne se doutait guère qu'en choisissant ce secrétaire particulier il acquérait, en même temps, en la personne de sa femme, le plus intelligent et le plus dévoué des biographes.

de 1866, devrait-elle combattre aux côtés de la Prusse?

« Je sentais qu'à ce moment le salut de la Bavière, le salut de toute l'Allemagne peut-être allait se décider, et, avec la plus énergique conviction, je démontrai que la neutralité menaçait l'existence de la Bavière indépendante et que combattre contre la Prusse à côté de la France serait une ineffaçable honte. Pour connaître notre droit et notre devoir, il n'y avait, selon moi, qu'à s'en rapporter au traité d'alliance, qui formait le fond de toute la discussion.

— Oui, dit le Roi, il y a *casus fœderis*. Et alors se montrèrent au plein jour chez lui ses sentiments allemands (*deutsche Gesinnung*). Rien de ses sympathies françaises ne vint les troubler : car ces sympathies allaient seulement à la monarchie absolue de Louis XIV et à l'art français. — Cependant, ajouta le monarque, avant de prendre une décision, je veux attendre l'arrivée de Berchem [1]. Que l'on me réveille dès qu'il sera revenu. Vous lirez la note de Bray et me ferez connaître son contenu. Je n'ai pas d'autre ordre à vous donner pour le moment. Bonne nuit.

« Je sentais que la réponse de Sa Majesté serait favorable à la chose allemande.

[1] Le comte Berchem occupait des fonctions placées entre celles de sous-secrétaire d'État et de chef de cabinet particulier du ministre.

« Quand je rentrai chez moi, l'aurore commençait à poindre... A 6 heures du matin, (le 16 juillet 1870), on vint m'annoncer l'arrivée du comte Berchem, que j'allai saluer aussitôt dans mon cabinet de travail. Contre mon attente, Berchem n'avait pas reçu d'instructions, et me remit, en fait de papiers, simplement la décision prise, la veille, par le Conseil d'État, avec une lettre du comte Bray, le priant d'aller, dans l'après-midi, demander au Roi en personne ses ordres relativement à l'affaire pendante.

« Plein de feu, et porté par un enthousiasme juvénile, le comte Berchem demanda que l'on prît sans tarder des résolutions définitives. Il décrivit l'excitation des esprits à Munich, et montra le danger qu'il y avait à hésiter. Il cita aussi un mot que le baron de Pranckh avait dit la veille en sa présence : — Si je n'ai pas reçu demain l'ordre de mobilisation, je décline toute responsabilité. — S'autorisant des paroles de son ami le comte de Hegnenberg-Dux, cet homme d'État doué de si hautes qualités, et qui, autrefois, avait exercé tant d'influence, Berchem fit valoir « combien il était inutile de poser des conditions à la Prusse, comme on en parlait à Munich. Car, au cas d'une victoire, elles seraient superflues, et sans valeur, au cas d'une défaite, mais, dans les deux conjectures, jetteraient une ombre sur la sincérité de l'alliance bavaroise.

« Ces déclarations pénétrées de patriotisme, la nouvelle que le ministre de la Guerre faisait des préparatifs dans l'attente d'une réponse affirmative du Roi m'excitèrent encore plus à tâcher de contribuer de toutes mes forces à un prompt dénouement. Je pris congé de Berchem, me rendis au château et fis réveiller Sa Majesté, comme elle m'en avait donné l'ordre.

« Le Roi me reçut dans sa chambre. Il était couché dans son grand lit bleu et me salua avec une affabilité qui ennoblissait encore l'idéale expression de son visage.

— Eh bien ! que m'apportez-vous, me demanda-t-il.

« Le Roi, assis parmi les oreillers, se fit lire alors le rapport de Bray et demanda quelles communications Berchem avait faites.

« Je racontai ce que j'avais entendu. Nous pesâmes encore les points principaux de la grande question.

— Sire, aider vite, c'est aider doublement, dis-je.

« Il y eut un silence. Puis le Roi répondit :

— *Bis dat qui cito dat*. Rédigez tout de suite l'ordre de mobilisation ; dites à Bray et à Pranckh de venir à quatre heures et communiquez ces nouvelles à la presse.

« Je rédigeai séance tenante devant le Roi l'ordre de mobilisation et la convocation de Bray et de Pranckh ; puis je présentai la plume à Sa Majesté qui signa sur le champ les deux pièces.

« Profondément ému par l'importance de ces actes, le cœur léger cependant, j'allai trouver, muni de ces documents, le comte Berchem, qui attendait dans l'angoisse, et qui partagea toute ma joie. Puis je me rendis, après avoir chiffré ma dépêche, au bureau du télégraphe. Quelques heures après, grâce à l'activité du ministre de la Guerre, les ordres de mobilisation étaient entre les mains des commandants de corps[1]. »

C'en était donc fait : Louis II avait franchi « le Rubicon du particularisme ». Ce récit fidèle, encore qu'un peu avantagé, nous le montre bien hésitant, désireux de la paix. Il demande une nuit de répit avant de se décider. Et, s'il cède enfin, c'est moins par ses « sentiments allemands » que par l'obligation où le met son traité d'alliance avec la Prusse. « Il y a *casus fœderis,* » c'est le seul motif qui le détermine. Quant à un véritable enthousiasme, il n'en montre pas. Il était d'ailleurs impossible qu'il le ressentît. Peut-être seulement

---

[1] Louise de Kobell. *Unter den 4 erten K. von B.* tome II, p. 130-133.

— car c'était un noble cœur et une âme romanesque, — a-t-il éprouvé le bonheur suprême du sacrifice, bonheur qu'un poète a placé au-dessus de tous les autres. Aussi, que Louis II ait dit à M. von Sauer, l'aide de camp de service auprès de lui ce jour-là : « J'ai le sentiment d'avoir commis une bonne action[1] », nous le croyons. Mais il ne devait pas tarder, on le verra, à démentir la noblesse de ses paroles et de son attitude par de basses rancunes et d'indignes jalousies.

La décision du Roi fit sur Munich une impression profonde. On l'avait attendue, avec un peu d'inquiétude et de curiosité. La nouvelle que l'ordre de mobilisation était donné déchaîna un enthousiasme universel. La foule, qui s'agitait déjà sourdement depuis quelques jours, se décida tout à coup. Après avoir hué Hohenlohe le Prussien, elle acclama Louis II, donnant une sanction effective à l'alliance conclue avec la Prusse. Après avoir vu, dans ce même traité, une abdication, une lâcheté, une honte, elle se réjouit hautement que la Bavière lui restât fidèle. La foule, d'un élan unanime, se porta vers la Résidence, mêlant à ses hymnes propres les chants héroïques de 1813 : sous le balcon de Louis, la *Wacht am Rhein* et la *Patrie alle-*

---

[1] LOUISE DE KOBELL, *Die Bayrische Mobilisirung... Deutsche Revue*, janvier 1899.

mande succédaient à *Gloire à notre souverain*. Admirable réveil de la conscience nationale qui semblait endormie ! Grand jour où, devant l'idée de patrie commune, s'effacèrent les querelles mesquines et les malentendus passagers. Sublime mouvement de fraternité chez des peuples que séparaient des frontières non pas nationales, mais provinciales. Ce que n'ont pu faire la tyrannie commune, sous Napoléon, ni la glorieuse délivrance, un demi-siècle plus tôt, là où ont échoué les ministres et les diplomates, les princes et les assemblées, il suffit, pour réussir enfin, d'un instant d'émotion populaire. Cette naissance de l'unité allemande est une des grandes choses de ce siècle. En même temps que nous devons l'admirer, nous pouvons y voir un enseignement et une espérance : même après les plus grandes fautes, même parmi les pires erreurs, un peuple finit toujours par se ressaisir. Pour perdue que semble une juste cause, on peut toujours compter sur un réveil de la conscience publique, sur un retour à la raison.

... Le Roi et son peuple pouvaient bien être d'accord pour faire campagne aux côtés de la Prusse. Restait à savoir si le Parlement voterait les fonds nécessaires. Singulière rançon du suffrage universel : les électeurs se trouvaient esclaves des élus ! Car il était clair que la majorité catholique qui avait renversé, six mois avant, le prince de

Hohenlohe, obéissant à ses principes et non pas, comme la foule, à ses émotions, refuserait de voter les crédits. Or le temps de dissoudre la Chambre et d'en élire une nouvelle, peut-être l'occasion d'intervenir serait-elle déjà passée [1].

Le Gouvernement ne laissait donc pas que d'être fort embarrassé. Quand à Louis II, peut-être le refus probable de la Chambre était-il son dernier espoir, et comptait-il se retrancher derrière ce vote, pour éviter de s'engager dans une guerre dont il ne prévoyait que trop le résultat fatal.

Il était bien certain que les catholiques, entrant en séance, étaient résolus à repousser la demande de crédit. En effet lorsque M. de Pranckh, le ministre de la Guerre, avait demandé 26.700.000 florins pour faire campagne à côté de la Prusse, la commission nommée par la Chambre avait, par 6 voix contre 3, repoussé le projet, n'offrant que 5.600.000 florins pour garder « une neutralité armée ». Pranckh redoutant l'effet de cette décision préalable monta à la tribune et prononça quelques mots fort adroits : « Oui, je suis un vieux Bavarois, un pur, mais je me sens aussi Allemand. Et je vous le dis, l'indépendance de la Bavière ne sera assurée que si elle remplit tous ses devoirs envers

---

[1] Sans compter que peut-être n'avait-on pas le droit de dissoudre une deuxième fois cette Chambre d'après l'adage : « Dissolution sur dissolution ne vaut. »

l'Allemagne. Si la Bavière reste neutre, elle sera l'objet contre lequel les deux puissances aujourd'hui en lutte s'uniront. Mais si après une victoire, notre indépendance était attaquée, soyez en sûrs, je serais là pour la défendre, et je ferais face au danger. » C'était faire sentir combien était périlleuse la neutralité : de la victoire — quasi certaine — de la Prusse, sortirait évidemment l'unité allemande. Mieux vaudrait alors se trouver devant M. de Bismarck comme alliés que comme ennemis. Il ne pourrait pousser l'immoralité jusqu'à s'emparer d'un peuple qui l'aurait aidé dans son triomphe.

Dès lors la partie était gagnée. Les plus intransigeants patriotes avaient enfin compris, par ces paroles si nettes, le bon sens et la prudence de la politique de résignation suivie avec fermeté par le Roi. Quelques protestations s'élevèrent cependant. Un député s'écria pour soutenir la neutralité : « Que m'importe que des voleurs entrent dans la maison de mon voisin, si je suis tranquille chez moi ! » Tant d'égoïsme déchaîna l'indignation de tous. Le baron de Stauffenberg se leva et jeta un cri d'indignation : *Pfui !* que répétèrent presque toute la salle et tous les assistants des tribunes... Quelques instants après, le Gouvernement déclarait se rallier à l'amendement Schleich ; un crédit de 18.200.000 florins, pour faire campagne *en cas de*

nécessité (réserve faite simplement pour la forme)
fut voté par 101 voix contre 47.

La foule, au dehors, accueillit cette nouvelle par
des cris de joie. Le dernier obstacle était surmonté.
L'unité allemande était décidément faite.

Car cette intervention bavaroise dans le conflit
franco-prussien eut une importance plus morale
que matérielle. Elle décida de l'attitude de toute
l'Allemagne du Sud. Mais si nous nous plaçons au
point de vue français, il faut bien le dire, l'armée
bavaroise joua un assez piètre rôle dans la guerre
de 1870-71. Même si le Sud fût resté neutre, notre
défaite était quasi certaine, pour les raisons que
chacun sait.

Les troupes du roi Louis II, si piteusement
battues en 1866, ne pouvaient, en effet, être bien
aguerries en 1870. Les Prussiens le savaient et ne se
faisaient guère d'illusions sur le secours que leur
apporteraient, dans une campagne, leurs alliés :
en 1869, un anonyme dénonça, dans une brochure
parue à Berlin, la mauvaise organisation de l'armée
bavaroise, son peu de discipline, l'infériorité de
son armement : il la mettait même, au point de
vue matériel, au-dessous des troupes de Napoléon III. En quoi il ne s'abusait guère. Récemment[1]

---

[1] *Les Bavarois dans la grande guerre*, par M. J. VON PFLUGK
HARTTUNG, dans la *Zukunft* du 11 septembre 1897. Cette intéressante étude montre aussi que toute animosité entre Prussiens et

un historien prussien établissait sur un ton assez rogue que partout où les Français eurent l'avantage dans la *grande guerre*, à Coulmiers, Gien, Villepion, etc., il y avait des Bavarois en ligne. Ces lourds paysans et ces rudes montagnards ne sont guère bons qu'à brûler des Bazeilles. Leurs chefs, les petits princes, — que les Prussiens surnommaient les *flâneurs de batailles*, — étaient d'une incapacité tellement notoire, qu'on ne leur avait laissé qu'un commandement fictif. Par les traités de 1866, la haute direction des troupes du Sud devait, en cas de guerre, passer au Roi de Prusse : en 1870, ce fut le prince héritier Frédéric, *notre Fritz*, comme on l'appelait[1], qui devint leur généralissime.

En joignant ses troupes à celles de la Prusse, Louis II fit moins un acte militaire qu'un acte

---

Bavarois avait disparu. Ces hommes, naguère encore ennemis, n'entrèrent en conflit, et encore de façon bien anodine, qu'une seule fois. Dans un combat devant Paris, des Bavarois et des Prussiens avaient conquis ensemble un canon français ; se disputant le mérite de ce fait d'armes, les soldats de chaque nation voulurent y planter leur drapeau, sans admettre les autres à y joindre leurs couleurs. La querelle tourna mal, et l'on faillit en venir aux mains. Enfin, les officiers intervinrent on défendit toute espèce de drapeau, et l'affaire se termina par un « vigoureux coup de vin ».

[1] Le prince héritier s'était fait adorer de ses soldats, comme il se fera adorer du peuple allemand tout entier, durant son règne malheureusement si court. Abeken, le confident de Bismarck, cite à ce propos un mot bien drôle dit en 1870 par un soldat bavarois : « Ah ! si le prince Frédéric nous avait commandés en 1866, quelle rossée nous aurions administrée aux Prussiens ! » (*Heinrich Abeken, ein Schlichtes Leben*, p. 447.)

politique. Le sort des batailles en fut peu changé. Mais l'avenir de l'Allemagne était décidé par cette alliance. De cette union dans la lutte, devait sortir l'unité, — c'est-à-dire la perte de l'indépendance bavaroise.

On pouvait facilement prévoir, qu'une fois vaincues les deux puissances qui avaient le plus grand intérêt au morcellement de l'Allemagne, à savoir l'Autriche et la France, rien ne ferait plus obstacle aux projets d'hégémonie prussienne. Louis II ne le savait que trop. Et comme il accepta sa déchéance avec le peu de bonne grâce que l'on verra, on ne peut dire qu'un mouvement d'enthousiasme l'ait porté vers ses « frères du Nord ». Cette phrase que rapporte M. de Eisenhart : « N'y a-t-il donc pas moyen d'éviter cette guerre? » témoigne bien de son véritable état d'esprit. Voyons maintenant comment Louis II en vint à sanctionner sa déchéance. Et l'on dira alors s'il mérite que l'histoire le nomme *Louis l'Allemand* comme certains s'obstinent à l'appeler avec une insistance de si mauvais goût.

Dès que le Roi Guillaume de Prusse apprit que son neveu Louis avait donné l'ordre de mobiliser ses troupes, il lui envoya un télégramme de félicitations et de remerciements contenant ces mots : « Votre attitude si purement allemande a électrisé votre peuple. » Louis II répondit : « Nos soldats lutteront côte à côte pour le droit et l'honneur de l'Allemagne. Puissent les événements être favorables à l'Allemagne et à la Bavière ! » Puis le 27 juillet, le prince de Prusse, Frédéric, arrivait à Munich pour prendre, suivant les conditions du traité de 1866, le commandement des troupes du Sud.

Pour indispensable que la rendît l'incapacité des chefs bavarois, cette mesure n'en était pas moins cruelle et blessante. Louis II se connaissait bien incapable de diriger le moindre régiment. Pourtant son amour-propre souffrit singulièrement et de cette prise de possession et de cette légère avanie. Les acclamations du peuple, qui toutes allaient déjà à « notre Fritz » l'affligèrent aussi et le rendirent quelque peu jaloux. Vraiment on oubliait et Bavière et Wittelsbach : « C'était, raconte un Munichois, comme si un nouveau Barberousse fût venu parmi nous pour conduire aux combats tout le peuple en armes sous la bannière impériale ! »

Avec sa nervosité extrême Louis ne fut pas maître de soi-même, et son mécontentement se refléta sur son visage et dans tout son être. Témoin les quelques lignes que Frédéric écrivit le soir sur son carnet, après avoir passé la journée avec le roi de Bavière, et assisté avec lui au théâtre à la représentation de *Wallenstein :* « 27 juillet 1870. Arrivée à Munich. Le roi Louis a changé de façon surprenante. Il a beaucoup perdu de sa beauté ; des dents lui manquent par devant. Pâle, nerveux il a la parole inquiète (*Unruhig im Sprechen*). Jamais il n'attend qu'on réponde à ses questions, mais le voilà déjà qui continue et en pose d'autres. »

Quelle preuve de confiance encore donne Louis II, lorsque, deux jours après le départ de Frédéric, il lui envoie une lettre où il lui demande « que l'indépendance de la Bavière soit garantie à la paix ». Et quel sens faut-il donner encore à l'ordre par lequel le Roi rappela auprès de lui son frère Otto qui était parti en France avec l'armée? Le jeune prince, qui aimait beaucoup son métier de soldat, se plaignit maintes fois, raconte Madame de Kobell, que son aîné lui eût fait défense de continuer la campagne. Et que pense-t-on de ceci encore ? Dès que fut arrivée à Munich la nouvelle du triomphe de Sedan, la municipalité résolut d'organiser une grande fête pour le 3 septembre. Le Roi qui y était naturellement invité, refusa et se hâta de partir pour son château de Berg, sans daigner « prendre part à la joie de son peuple ». Patriotes et libéraux interprétèrent fort mal cette absence et la presse exprima les mécontentements de l'opinion, froissée de ce qu'elle prenait pour du dédain [1].

Les véritables sentiments de Louis II à l'endroit

---

[1] Cf. Louise von Kobell, *Unter den vier ersten Kyon B.*, t. II, p. 127-145.

de la Prusse éclatèrent avec bien plus de force et d'évidence lorsqu'il fut question de constituer, au profit des Hohenzollern, un nouvel empire d'Allemagne. La tradition aujourd'hui, chez les historiens d'Outre-Rhin, veut que le roi de Bavière ait accepté sa déchéance, fait le sacrifice des intérêts de sa Maison et des libertés de son peuple, de plein gré, de son propre mouvement, presque avec une sorte de joie héroïque dans son amour pour la patrie commune. Au lieu des surnoms *Louis l'Artiste* ou de *Louis le Fou* que la postérité lui donnera peut-être, certains proposent de l'appeler *Louis l'Allemand*. Examinons donc le rôle et l'attitude du roi de Bavière, lorsque les princes confédérés offrirent la couronne impériale à Guillaume.

D'après les apparences extérieures, il semble bien que Louis II était un partisan enthousiaste du régime nouveau. Il est courant, dans les manuels scolaires, d'écrire que le souverain bavarois donna l'exemple à tous les autres princes du Sud, en remettant le premier l'hégémonie à la Prusse. Or, voyons d'un peu près comment se sont passées les choses; dans quel esprit cet « acte immortel », ce sublime sacrifice, furent faits « sur l'autel de la patrie allemande », selon les paroles emphatiques de Brachvogel.

Dès le mois de septembre, des négociations avaient été entamées entre le roi de Prusse et le roi de Bavière. Guillaume eût bien désiré se rencontrer avec son neveu et discuter avec lui sans intermédiaire. On envoya donc à Munich le prince Lynar pour inviter Louis II à venir en France. Le Roi, prétextant un malaise, — des maux de dents, — refusa une première fois de lui donner audience. Puis, n'ayant pu faire autrement que de le recevoir le jour suivant, il répondit que l'état de sa santé ne lui permettait pas de voyager en ce moment.

A Ferrières, où étaient Bismarck et son maître, on fut sinon surpris, du moins un peu tourmenté de ce refus. L'instant était venu de constituer l'unité allemande. Or il tombait sous le sens que l'on ne pouvait s'emparer par force de la Bavière. D'autre part, si le plus grand état du Sud ne voulait pas entrer dans la Confération, il était bien évident que ses voisins : Saxe, Wurtemberg... feraient comme lui. Il fallait donc décider Louis II, non seulement à accepter la suzeraineté du roi de Prusse, mais bien plus il fallait, le faisant passer par-dessus ses répugnances, le convaincre que lui, et lui le premier, devait offrir à Guillaume la couronne impériale.

Bismarck envoya alors le 22 septembre auprès du souverain bavarois le ministre Delbrück chargé de lui exposer la situation. Sans doute, il dut expliquer à Louis II que l'Allemagne entière aspirait à l'unité et que son royaume, isolé, deviendrait fatalement la proie de quelqu'une des puissances voisines. En tout cas, le Palatinat bavarois serait presque certainement absorbé par le nouvel empire. Mieux valait donc se résigner. Et, plutôt que de le faire trop tard, de mauvaise grâce, le couteau sur la gorge, n'était-il pas de la dignité, — et qui sait, de l'avantage, peut-être, — du plus puissant prince après le roi de Prusse, de lui proposer le premier le titre d'Empereur?

Il paraît que Louis II reçut assez mal l'ambassadeur et écouta impatiemment ses conseils. Il eut même le sentiment d'avoir été un peu trop dur et trop brusque, car, le lendemain, il chargea M. de Eisenhart, son secrétaire, de savoir si l'envoyé Prussien n'avait pas été trop froissé[1]. Néanmoins l'idée que les Wittelsbach n'auraient plus un droit de souveraineté absolu sur la Bavière irritait profondément son orgueil. « Encore une guerre, et c'en est fait de mon royaume », déclara-t-il à ses familiers. Subir cet abaissement lui était tellement insupportable qu'il parlait d'abdiquer. Il disait en termes assez énigmatiques : « Je veux me retirer dans l'île du bonheur. » Et une autre fois : « Je regarde déjà mon frère comme roi. Il ne tient plus qu'à un fil qu'on ne crie : *Le Roi Louis II est mort, vive le Roi Othon Ier* », ajouta-t-il en français.

---

[1] Louise von Kobell, *Deutsche Revue*, janvier 1899.

C'est à ce moment qu'il fit revenir son frère en France : et il paraît qu'il s'entretint longuement avec lui de son projet d'abdication — sans y donner suite, du reste [1].

Cet accès d'humeur passé, le Roi trouva sans doute justes les raisons de M. de Delbrück. N'ayant pu se résoudre à se démettre, il fallait bien se soumettre. Louis II prit d'abord l'avis de ses agnats, comme le veut la constitution pour tout ce qui touche aux droits du trône. Les princes étaient plus particularistes et plus royalistes que le Roi lui-même. Ils acceptèrent cependant l'union avec la Confédération du Nord sous la présidence du roi de Prusse, — on n'en savait pas davantage à ce moment. Le prince Luitpold, — aujourd'hui régent — oncle de Louis et de qui le fils avait été grièvement blessé en 1866, exprima ainsi cette sage résolution des « ralliés » au régime unitaire : « Les traditions que l'on m'a inculquées répugnent au nouvel état de choses que l'on veut établir en Allemagne, mais à examiner de sang-froid la situation, j'en vois la nécessité et les avantages. »

Louis II, sur cela, décida d'envoyer à Versailles trois de ses ministres : Bray, Pranckh et Lütz et, avec eux, le comte Holstein pour porter les lettres que se communiqueraient les deux souverains. Les

---

[1] L. von KOBELL, *ibidem*.

envoyés bavarois devaient, dans les négociations
soutenir, au nom de leur Roi, les trois chefs suivants : 1° Le principe fédératif serait maintenu intégralement en Allemagne ; 2° La Bavière recevrait
à la fin de la guerre une compensation territoriale : le cabinet de Munich avait jeté les yeux sur
la Lorraine qui arrondirait joliment le Palatinat
bavarois [1] ; 3° La présidence de la Confédération
allemande passerait à tour de rôle aux maisons de
Wittelsbach et de Hohenzollern.

Arrivés le 20 octobre à Versailles, les ministres
rendirent compte de leur mandat au prince de
Bismarck. Celui-ci leur donna toute assurance sur
le premier point : le principe fédératif serait maintenu en Allemagne, autant que le permettraient les
besoins de l'unité. Quant à accroître la Bavière
rhénane d'une portion de territoire français, il n'y
fallait pas songer : l'Alsace et la Lorraine, que dès
le commencement de la guerre [2] on avait décidé de
prendre comme bénéfice de la victoire, serviraient
de gage à l'Allemagne unifiée : possession commune, terre d'empire (*Reichsland*) aucun état ne

---

[1] Bismarck ne parle pas de cette prétention de Louis II. Seule Madame de Kobell (*ibidem*) l'affirme.

[2] Les lettres d'Abeken (*H. Abeken, ein schlichtes Leben in bewegter Zeit*, 1898) ne laissent aucun doute sur ce point. Quoi qu'on ait pu dire, la Prusse convoitait Metz aussi bien que Strasbourg, dès le mois d'août 1870, et elle était décidée à combattre jusqu'au bout la France, quelque gouvernement qui survint et non pas l'Empire seul.

devait y prétendre à plus de droits que les autres.
Enfin, à la demande de Louis II, sur la transmission de la présidence de la Confédération à la Maison de Wittelsbach, Bismarck répondit par une fin de non-recevoir. Non pas absolue, certes : il fit entendre à Louis II que la Prusse n'avait pas évidemment travaillé pour lui; en ajoutant, — par une de ces cyniques plaisanteries à froid qu'il se permettait avec certains, — que si jamais la race des Hohenzollern venait à s'éteindre, les Wittelsbach hériteraient à coup sûr du bénéfice de l'Unité.

Ainsi, deux des conditions que Louis avait mises à la reconnaissance de l'hégémonie prussienne étaient écartées. Allait-il résister, se retirer des négociations? Or, si Louis était romanesque dans sa vie privée, il était en politique un esprit raisonnable et réfléchi. Il ne se laissa pas guider par les suggestions de son amour-propre : il se soumit.

Une difficulté nouvelle se présenta bientôt : quel titre prendrait le roi de Prusse? Président de la Confédération germanique? Cela sentait bien un peu le républicanisme. Et Bismarck, s'il aimait la République pour les autres, personnellement l'exécrait. On s'arrêta au nom d'Empereur, malgré les répugnances de certains, notamment de Guillaume et de son fils, qui voyaient dans ce mot une désagréable réminiscence du *Saint-Empire romain*. Ils voulaient qu'on choisît le titre de *roi des Allemands*. Enfin le ministre parvint à leur faire accepter *Empereur*. Mais là, nouvel obstacle : sottement, par une de ces poussées de mesquin orgueil qui lui montaient parfois au cerveau, Guillaume voulait être appelé *Empereur d'Allemagne*. Dans des conjonctures aussi délicates que celles où l'on se trouvait alors, les moindres détails ont leur prix : un semblable mot pouvait froisser la juste susceptibilité des petits souverains, et rendre impossible l'unité. Bismark, au prix d'une courte disgrâce, parvint à faire entendre à son maître que *Empereur Allemand* valait mieux sous tous les rapports. Aussitôt, il chargea le comte Holstein d'aller à Munich porter au Roi une lettre, écrite, raconte-t-il, à la hâte, sur un coin de table, à dîner. Il y disait en substance à Louis II : que Bray, Lütz et Pranckh auraient bientôt terminé leurs négociations au nom de la Bavière et que l'unité était chose faite ; que le roi de Prusse, placé à la tête de la Confédération, devait recevoir le titre d'*Empereur*, le seul qui fût de mise : car des rois ne pouvaient, en raison, reconnaître un autre roi ; d'ailleurs, cela même était une garantie pour le principe fédératif, en prouvant qu'on ne voulait pas assimiler l'Allemagne entière à la Prusse. Bismarck terminait en priant Louis II, comme étant le plus puissant des souverains alliés, de vouloir bien offrir lui-même la couronne impériale à Guillaume. Il lui esquissa même cette lettre, ainsi qu'une circulaire que le cabinet de Munich devait lancer aux princes allemands. Quelques flatteries heureuses terminaient le tout [1].

Habilement, Bismark avait pris Louis par la vanité. Plus que cette juste argumentation, l'idée que le grand duc de Bade pourrait offrir la couronne à Guillaume, et que lui, Wittelsbach, n'aurait qu'à s'incliner devant le fait accompli, le décida à suivre les avis du ministre prussien. Si profondes, néanmoins, étaient ses répugnances, que longtemps il hésita à prendre cette résolution suprême. Bray, de Versailles, le conjura de se hâter, au nom de sa dignité : sans quoi quelque principicule allait le devancer. Un jour, Louis II prit enfin la plume, mais ne put que recopier — textuellement presque — le canevas que lui avait soumis Bismarck.

Arrivé à ce point, Louis II par un manque de volonté, une crainte de l'irréparable, un effroi des responsabilités, qui vraiment affligent chez un prince et un chef d'État, au lieu d'envoyer directement sa missive à Versailles, la fit remettre à M. de Eisenhart, son secrétaire, en lui demandant s'il la trouvait bien rédigée ainsi, et ajoutant que,

---

[1] Cf. BISMARCK, *Gedanken*, tome II p. 115 à 122; et tome I, p. 353; le texte de cette lettre que Madame de Kobell donne aussi (*loc. cit.*) avec quelques différences. Elle tenait cette lettre de son mari à qui Louis II l'avait donnée un jour en disant: « Faites en ce que vous voudrez : *je ne veux plus en entendre parler.* »

s'il le jugeait à propos, il l'envoyât au ministre de Prusse! Assez embarrassé de cette marque de confiance, M. de Eisenhart prit conseil de Lütz qui, naturellement, dépêcha aussitôt le comte Holnstein à Versailles[1]. Louis II, avisé de ce départ, put enfin respirer : il s'était épargné l'angoisse d'une irrévocable décision !

Sur-le-champ, il écrivit à Bismarck pour lui annoncer l'envoi de la circulaire. Et vraiment, dans cette lettre, il montrait de la dignité, tout en réservant une fois encore expressément ses droits. Les louanges qu'il fait à Bismarck ne laissent pas que de paraître sincères, tout relevées qu'elles sont par la note hyperbolique familière à Louis II.

« Mon cher comte,

Ma lettre à votre Roi, mon oncle vénéré et bienaimé, lui parviendra demain. Je souhaite de tout cœur que ma proposition rencontre aussi bien chez le Roi que chez les autres princes, à qui j'ai écrit, et dans toute la nation, une approbation unanime. Et il m'est bien doux d'avoir conscience que, grâce à l'attitude que j'ai prise dès le commencement de cette glorieuse campagne, j'ai été à même de faire un pas décisif en faveur de la chose nationale. Mais j'espère aussi avec conviction que la Bavière conser-

---

[1] L. de KOBELL (*loc. cit.*)

vera la place qu'elle occupe, et qui est parfaitement conciliable avec une sincère politique fédérale, en même temps qu'elle offre la plus sûre garantie contre les dangers de la centralisation.

Grand, immortel, est ce que vous avez fait pour la nation allemande, et sans flatterie, je puis dire que parmi les grands hommes de notre siècle, vous tenez le premier rang. Dieu veuille vous accorder de nombreuses années pour que vous puissiez encore agir pour le bien et la prospérité de notre commune patrie. Je vous envoie mes meilleurs saluts, et reste, mon cher comte, votre sincère ami.

Ludwig. »

Hohenschwangau, le 2 décembre 1870[1].

Ce n'est pas ici le lieu de nous espacer sur la fondation de l'Empire allemand. Il nous suffira de dire que la Bavière, par égard pour son importance et en reconnaissance de sa fidélité, eut un traitement favorisé. L'autorité de Louis II se trouvait néanmoins bien diminuée. Plus de représentation diplomatique à l'étranger. Plus d'organisation militaire indépendante. Bismarck eut soin seulement de réserver, parmi les droits des princes, tout ce qui, en épargnant leur vanité, était conciliable

---

[1] Cf. Bismarck, *Gedanken...* tome I, p. 354.

avec le régime nouveau ; ainsi les souverains purent, comme par le passé, frapper monnaie à leur effigie, à condition que l'aigle impériale « l'aigle de Metz et de Sedan » figurât au revers de toutes les pièces [1].

Un nombre considérable de voix au *Bundesrath* pour les affaires étrangères ; une administration particulière des postes ; l'indépendance de certains impôts, comme celui sur la bière, tels furent quelques-uns des avantages qu'obtint Louis II. Il n'en était guère satisfait : et son mécontentement trouva bientôt occasion de s'exprimer.

La guerre finie, une entrée triomphale de l'armée du Sud à Munich fut organisée le 16 juillet 1871. Le Roi marchait en tête, à côté du prince Frédéric, commandant les troupes. Le défilé eut lieu au milieu de l'enthousiasme universel. Louis cependant gardait une figure maussade, avec le pli sombre du front qu'il avait aux mauvais jours. Tout le blessait : les vivats adressés au prince et

---

[1] A ce propos Bismarck fit à M. de Münster qui demandait au Reichstag que l'effigie de l'Empereur figurât sur toutes les pièces, cette réponse sensée : « Pour toutes les questions essentielles, pour tout ce qui touche au pouvoir, nous voulons l'unité pleine et entière ; pour les questions de forme, au contraire, ayons des ménagements et des égards. » En un mot il ne s'agissait que de sauver les apparences, ces apparences à qui nous avons une plus forte attache qu'à la réalité : car elles en sont représentatives. Ainsi le coup le plus sensible aux patriotes bavarois fut la suppression du national casque à chenille (*Raupenhelm*), remplacé par le casque à pointe prussien (*Pickelhaube*).

même les cris de *Vive le Roi :* car, disait-il : « Ce n'est pas moi qu'on applaudit, ce sont mes couleurs. » La foule ne laissa pas que de remarquer la méchante humeur du souverain. Un fait surtout frappa les esprits : arrivé devant les infirmes et les blessés bavarois revenus sanglants et mutilés de la *Grande Guerre*, il détourna la tête afin de ne les pas voir. On attribua cette répugnance à mille bas sentiments, au mépris du Roi pour ces pauvres diables, à sa haine aristocratique du peuple. Peut-être tout simplement faut-il dire que Louis II eut toujours une horreur nerveuse de la laideur physique et de la difformité, et que sa sensibilité le rendait incapable de supporter de tels spectacles.

Plus significatif fut un autre incident. Il montre combien les événements avaient rendu le Roi irritable. Après la réception triomphale des troupes, il avait emmené le prince Frédéric à l'île des Roses, dans le lac de Starnberg. C'est là que Louis aimait venir rêver, solitaire. Se promenant avec son hôte, il lui offrit de le nommer colonel d'un régiment de chevau-légers bavarois. Le prince répondit qu'il lui faudrait d'abord demander la permission de son père et ajouta en souriant : « Je ne sais si l'uniforme très svelte de ces cavaliers conviendrait à ma corpulence. » Louis II prit ce refus pour une injure. Ce fut le point autour duquel se cristallisèrent, en une haine intense, toutes ses jalousies et ses rancunes contre l'héritier de l'Empire. On ne sait comment s'acheva leur promenade. Mais le soir, à un banquet de neuf cents convives donné au Palais de Cristal, à Munich, en l'honneur de l'armée, le Roi ne parut pas : et cette absence jeta un grand malaise parmi les invités. Aucune considération ne put décider Louis II à apparaître, ne fût-ce qu'un instant. Et à tout ce que purent lui dire ses intimes et ses proches, il se contenta de répondre avec humeur : « Comme si c'était déjà si agréable, d'être avalé¹ ! »

Le lendemain, à quatre heures du matin, prétextant son « besoin de repos », le Roi partait pour son château de Berg, et, l'après-midi, Frédéric quittait Munich sans avoir revu son cousin. Louis II ne désarma jamais contre lui. Il se rencontra plusieurs fois par la suite avec le vieux Guillaume et lui montra, à l'occasion, quelque cordialité. Mais, envers ce prince, si grand, si délicat, si généreux, si peu semblable à son père et à son fils qu'on a pu le comparer à Marc-Aurèle, il garda toujours la même haine tenace. Et l'on dit que, dans des crises de fureur démente, il ordonnait qu'on allât arrêter le Hohenzollern, usurpateur des droits des Wittels-

---

¹ *Es ist doch nicht angenehm, verschluckt zu werden!* Cf. BEYER, *Ludwig II*, p. 151-153.

bach et qu'on l'enfermât dans un cachot, pour l'y laisser mourir de faim.

Ainsi, affirmons-le : le sacrifice de Louis ne fut pas volontaire, au contraire de ce qu'on veut bien dire. Il se résigna seulement, mais pas toujours avec la dignité qu'on aimerait à lui voir. Au lieu de s'enfermer dans le noble silence de la protestation, il s'emporta, contre le fait accompli, à de ces révoltes, à de ces accès de rage qui sont le propre des êtres faibles, des femmes et des enfants.

La Bavière, d'ailleurs, acceptait son sort. D'après la Constitution, il fallait que le régime nouveau fût adopté par les deux tiers des députés : le 21 janvier, 102 voix contre 48 avaient reconnu l'Empire allemand. Impuissante manifestation : Jœrg, à la tête de la minorité catholique et patriote, abandonna la salle des séances quand fut proclamé le résultat du scrutin.

Deux mois après, le pays ratifiait le vote de ses députés. Dans les élections au Reichstag, qui eurent lieu le 3 mars, 18 particularistes seulement furent nommés contre 40 nationaux-libéraux. Le vœu de Bismarck était exaucé : « Nous voulons une Bavière qui vienne à nous de bonne volonté. »

CHAPITRE IV

LES FANTAISIES DU ROI. — LES CHATEAUX MERVEILLEUX

Nous n'avons guère vu jusqu'à présent que la vie publique de Louis II. Si l'aventure wagnérienne nous a aidé à indiquer un peu déjà sa psychologie, il est temps de pénétrer dans son intimité. Et là, nous nous heurtons à chaque instant à la légende qui est, vraiment, « le chiendent de l'histoire », mais surtout aussi l'herbe folle de l'inconnu. Quand on ne sait pas, qu'on sait mal ou imparfaitement, et qu'on veut savoir davantage, on invente. Et même, si ces imaginations ont pour origine un fait certain, quelle sera leur limite, et qui empêchera d'agir le grossissement du recul dans le temps, et cet autre recul, plus efficace encore, dans les âmes simples et ignorantes, avides d'extraordinaire et de merveilleux ?

Il faut donc s'efforcer, dans cette forêt mythique, de se diriger le mieux possible. Mais avec quel secours ? Du bon sens, de la logique dans l'histoire d'un dément ? Qu'en pense-t-on ? Chercher l'unité psychologique d'un caractère humain est déjà par soi-même déraisonnable. Il faudra donc nous contenter d'écarter ou de mettre en doute certaines anecdotes sans vraisemblance, en nous guidant, pour cela, sur les plus véridiques témoins de la vie du Roi.

Louis II, en arrivant au trône, était cet enfant nerveux, rêveur, romanesque, que nous avons vu, pour débuter, envoyer quérir Richard Wagner et vouer au grand homme la plus ardente des amitiés. Ses lettres nous ont révélé un état d'esprit anormal et qu'on peut qualifier, sans crainte, de pathologique. Son aspect ne démentait pas cette âme enthousiaste. Dans les gravures et les photographies qu'on possède, la finesse de ses traits, héritée de sa mère, est, à ce moment, vraiment idéale. Seule, peut-être, la bouche, aux coins un peu rentrés, par suite des dents manquantes amène quelque trouble dans l'harmonie du délicat ovale; et ses yeux, toujours noyés de rêverie, ses longs cheveux bruns, coupés par une raie, s'étageant en boucles sur le front haut et poli, le font ressembler d'une façon parfois désagréable à un poète romantique ou mieux à cet être insupportable ivrogne, et métaphysicien, qu'est l'étudiant allemand.

A dix-neuf ans, en devenant roi, Louis II grand et un peu maigre n'a pas atteint sa pleine beauté. Trois ou quatre ans après seulement, il deviendra le joli prince dont raffolaient toutes les femmes. Son élégance physique contribua certainement à le rendre cher aux Bavarois et, plus tard, ce souvenir fera passer sur bien des fautes et excuser bien des fantaisies, non pas chez les bourgeois utilitaires, mais chez le paysan, plus facilement séduit par les dehors et accessible à l'élégance qu'il admire comme une supériorité.

Quelles pensées occupaient cette jeune tête dont les émotions se dissimulaient devant la foule sous un masque d'abord de souriante bonne grâce qui deviendra plus tard misanthropique et haineuse défiance ? Nous l'avons vu, ce n'est pas un idéal politique, le triomphe de ses armées ou de ses chanceliers : trop de déceptions, d'ailleurs l'attendaient sur ce point. Songe-t-il à l'Art ? Quelquefois. Mais il pense surtout à lui.

Replié sur soi-même, jeté dans la contemplation de son moi, écarté de toute vie, de tout mouvement, de toute société par ses étranges éducateurs, il en vint à n'attacher d'importance qu'à ses rêveries et de prix qu'à sa personne. Il va être le plus individualiste des hommes. Et, en toutes choses, se manifestera ce caractère. Il sera égoïste jusque dans l'amitié, jusque dans le dévouement : qu'on se reporte à ce qui a été dit plus haut sur la nature du lien qui l'attachait à Wagner. Plus tard, cette conscience de sa personnalité, — ce *self-fee-*

ling, — s'exaspérera jusqu'en des crises d'autocratisme impuissant et ridicule.

Cet « amour-propre », ce culte de soi-même, il ne le limite pas, comme le vulgaire, à la simple satisfaction de ses désirs. Il l'étend jusqu'à son rêve, si orgueilleux, si téméraire, si dément soit-il. Nous avons vu la vie publique de Louis II. Son existence intime n'a été qu'une longue lutte pour mettre d'accord ses songes avec la réalité, lutte surhumaine, insensée, dans laquelle il perdit jusqu'à sa raison et peut-être même sa vie.

Nous aurons dans ce récit le triste spectacle d'un être insociable, d'un prince qui s'isole d'entre les hommes. Et aussi, grâce à une de ces combinaisons du hasard qui se sont déjà, à des dates différentes, renouvelées trois ou quatre fois, nous verrons un esprit bizarre en état, grâce au pouvoir royal, de mettre à exécution quelques-unes de ses fantaisies. Ce qui est curieux en Louis II, ce n'est pas sa maladie cataloguée par les psychiâtres. C'est la possibilité donnée à ce malade de réaliser les suggestions de son cerveau enflammé.

Le goût de la solitude et de ses voluptés et l'horreur des foules avaient leur origine dans une disposition nerveuse naturelle. Une éducation déraisonnable ne fut que pour les fortifier. A quoi se joignit un romantisme dédaigneux des réalités et que ce jeune esprit érigea en système.

Toute espèce de théories, — les plus funestes pour un prince qui doit être, avant tout, homme d'action, — s'élaborèrent chez l'adolescent mélancolique qui se promenait seul « les cheveux et la pensée au vent », sous les sombres sapinières de Hohenschwangau, ou le long des rives molles du Starnbergsee : l'universelle puissance et la souveraine domination de l'Art, — la beauté du passé et la laideur du présent, — la supériorité du rêve sur l'acte... Et, par-dessus tout, Louis II se formait la plus haute idée de *soi-même*, de *sa* pensée, de *ses* goûts. L'individualisme, le principe du *Culte du Moi*, énoncés par les philosophes allemands, se doublaient chez lui de l'orgueil du souverain.

La conception qu'un homme se forme de l'amour est surtout intéressante à connaître. Or, quoique se montrant, là encore, bien romantique, il semble qu'en cette idée surtout soit l'originalité du caractère de Louis II. S'il a, le plus souvent, cruellement outragé l'Art qu'il prétendait servir, il a, jusqu'à sa folie du moins, professé une sorte de mystique respect pour le plus profané des sentiments. Il veut une scrupuleuse élection du sujet chéri, selon je ne sais quelles secrètes affinités, sans même qu'interviennent en rien les sens et le désir, sans distinguer le sexe, sans observer la beauté physique. En sorte que ces amours-passions aboutissaient à des amitiés intellectuelles, mais non moins ardentes pour cela : qu'il s'agisse d'un musicien de génie ou d'une gracieuse princesse, d'un acteur élégant et bien disant, ou d'une impératrice, presque vieille, mais d'une âme si rare, l'attache de Louis II pour ses « Élus » reste la même

Il a cette particularité toute allemande, que signalait Stendhal, de vivre et d'aimer par l'imagination. Que l'on pare de tous les charmes l'être chéri, que même on tourne en qualités ses défauts, c'est un trait communément noté. Le roi de Bavière, lui, édifiait une personnalité imaginaire sur les données réelles : en cela, profondément idéaliste. Pour le détromper, pour détruire ce fantastique échafaudage — et l'on a vu, dans les lettres à Wagner à quelle hauteur il le pouvait élever, — il fallait être aussi virginalement naïf que la princesse Sophie, et aussi sottement cabotin que l'acteur Josef Kainz. Nous avons vu que Wagner sut ne pas décevoir son royal ami.

S'aperçoit-on que Louis II, chaste adolescent, parfois Hippolyte farouche, aux passions ardentes mais platoniques, fut aussi égoïste que Louis XIV dans ses amours robustes et matérielles de Bourbon sanguin, petit-fils du *Vert-galant?* Ce fut un égoïsme étrange : la lutte pour le rêve. Il eut tout sacrifié pour ses « amis ». Le jour où ils démentaient l'idéal qu'il s'était arbitrairement formé d'eux, il ne les connaissait plus. Froissant ses souvenirs avec colère, il tâchait d'oublier ses songes, et maudissait moins les trompeurs que la décevante réalité. Il s'en prenait à la vie de n'être pas aussi belle que son rêve.

Il faut voir dans les désillusions, les insultes à son idéal que lui apportèrent les faits dès les premiers temps de son règne, la cause qui poussa Louis II dans la solitude, dans la haine des hommes, et dans la culture intense de son moi, qui devaient aboutir à des goûts d'autocratisme.

Forcé par les bourgeois et le peuple à se séparer de Wagner et à renoncer au théâtre qu'il voulait édifier pour consacrer ce lien et attacher à jamais son nom à la *Musique de l'Avenir*, le Roi en garda toujours une meurtrissure. Dès lors, c'était fini. Rien ne le ramènerait vers cette nation de Philistins.

Contrarié dans son amitié pour son grand homme, Louis II reçut en son amour un coup plus rude encore.

Élevé à la cour très catholique de Munich, dans la plus austère discipline de pensée, de langage et de mœurs, la vie sentimentale du jeune homme, en arrivant au trône, était nulle. Sans doute, il ne s'était enthousiasmé, jusque-là, que pour des héroïnes de romans, ou bien pour quelque actrice aperçue du fond de la loge royale. Mais le Roi adolescent ne trouva pas, comme Louis XV, un Bachelier, pour le libérer de ses ignorances et de ses timidités. Semblable à ce héros de Wagner, en qui il aimait à se reconnaître, la femme lui inspirait une sorte d'attirante terreur. Siegfried, après avoir bravé tous les dangers, « connaît la peur » en découvrant la Valkyrie Brünhilde. De même Louis II, devant « l'enfant malade » tremblait d'amour, de crainte et de timidité. Il s'arrêta toujours au bord de cet abîme qui, pour lui, recélait périls et mystères : un cœur féminin.

N'ayant pas connu la précoce et basse débauche, qui laisse à jamais sa tache avilissante, se respectant trop lui-même pour hasarder son idéal en de quelconques aventures, Louis II, qui avec le prestige de sa beauté, de sa jeunesse, de sa majesté, eût pu séduire les rares cœurs qui ne s'offraient pas, resta splendidement pur et isolé sur son trône. Mieux que son goût artistique et que le fâcheux romantisme de ses châteaux et de son style, voilà ce qu'il y a d'unique dans l'histoire de ce prince. Un sens si profond de soi-même, tient du prodige chez un roi, exposé aux promiscuités et aux fréquentations forcées les plus dangereuses. Il dut lutter pour conquérir la solitude comme d'autres hommes luttent pour pénétrer en de certains milieux. Il dut se défendre contre de banales amours auxquelles tout autre eût cédé. Cela parut trop étrange pour qu'on ne cherchât pas à cette conduite des causes naturelles. Nous aurons lieu d'en parler tout à l'heure.

Évitant avec soin tout amour de rencontre, Louis II mettait, à choisir l'âme qui lui convînt, la plus scrupuleuse étude. En juin 1864, il s'était rendu, comme nous l'avons vu, aux eaux de Kissingen, où se rencontrèrent en grand nombre, des souverains d'Europe, notamment, le Tzar avec sa fille, la princesse Maria-Alexandrowna.

Louis ne devait passer que quelques jours à Kissingen, il y resta trois semaines entières. Peut-être l'impératrice d'Autriche, à qui il portait une affection si vive, contribua-t-elle à le retenir. Mais la jeune princesse y était bien aussi pour quelque chose. On en eut la preuve, lorsqu'on vit le Roi aller retrouver la Tzarine et sa fille à Schwalbach, petite station près de Wiesbaden. Il passa là plusieurs jours dans la compagnie de Maria-Alexandrowna. Il faisait avec elle de longues promenades à cheval, aux environs. Et le bruit qu'il allait épouser la fille du Tzar ne tarda pas à se répandre.

Soudain il revint à Munich, et la princesse retourna avec sa mère en Russie. Louis II ne les revit jamais. Tout projet d'union était rompu. Avait-il seulement osé déclarer son amour? Avait-il déplu? Ou plutôt ne s'était-il pas aperçu, comme il arrivera souvent ensuite, qu'il avait mal placé son affection, qu'il s'était épris d'un faux idéal?

Il allait subir bientôt d'autres déboires sentimentaux.

Ce fut d'abord, en décembre 1865, la douloureuse séparation d'avec Wagner. Les fortes émotions de la guerre de 1866 avaient à peine réussi à effacer les regrets et les ressentiments du Roi, quand survint l'événement qui allait amener dans sa sensibilité une crise profonde, et aux décisives influences.

Son entourage, sa mère, ses oncles, ses ministres, le pressaient depuis quelque temps de se marier. On supposait, avec raison sans doute, qu'une compagne arracherait Louis II à ses funestes goûts de solitude égoïste et d'inactive rêverie. Le jeune homme protestait contre ces combinaisons politiques que sont le plus souvent les mariages princiers. Il voulait une femme selon son goût et selon son choix. Il voulait la prendre en toute connaissance de cause.

En janvier 1867, il se fiança avec sa cousine la princesse Sophie, fille du duc Maximilien de Bavière et de la duchesse Ludovica. Elle était sœur de l'impératrice Élisabeth d'Autriche. Sans être d'une aussi royale beauté que celle-ci, elle avait une grâce, un charme incomparables, et qu'elle garda jusqu'en sa vieillesse. La profondeur calme de ses yeux bleus, la souplesse de sa taille rachetaient l'irrégularité de ses traits. Ainsi l'a peinte Aimé Morot dans un tableau qui est une de ses meilleures œuvres.

Rien de plus gracieux que ces fiançailles. La petite princesse était aussi populaire que le jeune Roi. Cela formerait le couple le mieux apparié. Ce mariage jetterait un peu de joie et de clarté sur la Bavière humiliée et vaincue. En Europe, dans toutes les cours, on voyait avec sympathie cette idylle royale, car la renommée de Louis II, idéaliste, rêveur, artiste, commençait à devenir un peu légende L'impératrice Eugénie se rendant avec Napoléon III en Autriche s'arrêta à la gare de Munich et, reçue par le Roi, l'embrassa sur les deux joues, — ce qui le fit extrêmement rougir, — et lui demanda qu'il voulût bien lui présenter la princesse Sophie.

Le mariage du Prince Charmant, fit, un mois durant, l'amusement de l'Europe, sur qui planaient alors tant de tristesses et d'inquiétudes. Ce couple, qui souriait aux vitrines de tous les marchands d'images, semblait d'heureux augure : on voulait voir partout des gages de calme et de paix.

Cependant, un vieillard, qui connaissait sa race et son sang, branlait la tête, prévoyant et incrédule.

C'était Louis I⁰ʳ qui se consolait aisément de la perte d'un trône par les voyages et la poésie. En apprenant les fiançailles de son petit-fils, il écrivit ce sonnet à Pompéï, devant une fresque dont l'Adonis ressemblait étrangement à Louis II.

« Adonis regarde en extase la déesse de la Beauté ; il faut qu'elle l'aime : ils se sentent attirés l'un vers l'autre. Leur vue m'émeut délicieusement.

« Dans les deux cœurs sont écrits en lettres de feu le charme irrésistible et pénétrant, et la joie du bonheur partagé qui, depuis qu'il est né en eux, ne s'est pas une fois démenti.

« O mon Louis ! je reconnais ces regards, je reconnais leur éclat brillant et soudain, ces regards qui joignent la beauté du ciel à la beauté de la terre !

« Ils t'ont valu, ces regards, ce qu'il y a de meilleur dans la vie. Puisse le monde ne point gâter ton bonheur. *Puisse-t-on ne jamais dire : Leur amour est mort !* »

Paroles de doute, et qui devaient se réaliser.

Cependant, tout était prêt pour les fêtes nuptiales. La future reine avait formé sa cour. Ses appartements étaient aménagés. On avait arrêté tous les détails de la cérémonie, les cadeaux étaient distribués, le mariage officiellement annoncé pour le 12 octobre. On venait même de livrer un carrosse de gala qui avait coûté plus d'un million de florins, paraît-il, et qui avait excité l'étonnement et l'admiration de la ville. Le Gouvernement fait déjà répandre en Bavière des médailles commémoratives. Les réjouissances vont commencer.

A ce moment, des bruits contradictoires se mettent à circuler. Puis la nouvelle s'affermit : le mariage est différé ; bien plus, il est rompu. Et l'on apprend que le Roi, après une effrayante crise de colère, au cours de laquelle il a brûlé tous les souvenirs de sa fiancée, et jeté par les fenêtres de la Résidence son buste et ses portraits, s'est dégagé de sa promesse.

Que s'était-il passé ? On ignorait, on inventa. Et les austères libéraux s'empressèrent de répandre sur la princesse Sophie d'indignes calomnies sans fondement, mais qui ne trouvèrent que trop d'oreilles crédules.

Il faut chercher le motif de cette brusque rupture chez Louis II, et en lui seul. D'après les uns, il aurait, à plusieurs reprises, différé le mariage, et enfin, la date du 12 octobre étant fixée, demandé encore un délai, ce qui aurait impatienté et inquiété le duc. Selon les autres, la princesse Sophie aurait mécontenté gravement le Roi, en ne se soumettant pas à toutes ses bizarres fantaisies. C'est que, vraiment, il passait par le cerveau de Louis de bien étranges caprices. Ne s'avisait-il pas, au milieu de la nuit, de faire porter à sa fiancée des bijoux ou des fleurs ? Et il exigeait que son officier d'ordonnance les remit en main propre, et, s'il ne rapportait pas une lettre de remerciements, il s'en froissait comme d'un manque d'égards ! Sans doute aussi, mise en éveil par de tels procédés, la future reine eut-elle des inquiétudes sur la santé mentale du Roi et ne voulut-elle pas, avec quelque raison, tenter l'aventure de ce mariage. Des lettres dans le goût de celles à Wagner purent justifier et compléter ses craintes. Son refus s'excuserait et se comprendrait sans peine [1].

Il faut plutôt admettre que toutes ces causes se joignirent pour faire échouer le mariage. Sans doute, Louis II, portant en toutes choses son caractère idéaliste et rêveur, ne connaissait-il pas très bien sa fiancée. Il l'avait vue avec les yeux de l'esprit et de l'imagination, et parée ainsi de plus de charmes qu'elle n'en possédait. Une plus intime fréquentation lui fit remarquer bien des détails et le déçut peut-être extrêmement.

En outre, Louis II tenait tant à ses songes, que les réaliser lui paraissait les dégrader. En amour, il agissait de même. Posséder celle qu'il aimait

---

[1] Elle devait épouser, le 28 septembre 1868, le duc d'Alençon. Et l'on sait comment, en mai 1897, elle mourut dans l'incendie du Bazar de la Charité, laissant, avec un tranquille héroïsme, passer devant elle les jeunes filles et les enfants. Un an après, sa sœur, l'impératrice d'Autriche, était assassinée à Genève ; Louis II, son royal fiancé, noyé ; le prince Rodolphe, son neveu, mystérieusement tué, et que d'autres deuils, que d'autres malheurs encore sur ces Maisons !...

lui eût semblé profaner sa passion. Il était vraiment platonique à un degré touchant et ridicule. Son idéalisme s'effarait du réel et du fait. Autant lui convenaient de chastes et mystiques fiançailles, autant lui répugnaient de terrestres noces : c'eût été la fin de tout. Mieux valait briser avec regrets que subir de cruelles désillusions.

Et puis, pourquoi ne pas le dire? Louis II eut toujours devant la femme ces hésitations et ces timidités; il y a apparence qu'il ne réussit jamais à en triompher. Et ce n'est pas sans raison qu'on l'a surnommé le *Roi Vierge*. On a voulu apporter là une explication physiologique. Une chute de cheval, — dont on ne peut déterminer la date, — et ses suites sont invoquées par ceux qui ne cherchent que dans le corps les motifs de nos actions.

N'ayant pu trouver la compagne qui l'égalât et lui convînt, Louis II resta dans un isolement dédaigneux et mélancolique. A la façon de certains Allemands, il fut un Hippolyte un peu romantique et fit preuve d'un admirable respect de soi-même. Quand débordait en lui, humainement, le besoin d'amour et de sympathie, il l'épanchait avec enthousiasme, pas toujours heureux dans son choix. Mais cela restait une « vue de l'esprit ». C'était une âme qu'il cherchait, non un corps. Il manifesta toujours la plus vive répugnance pour les amours de rencontre et les hasards du coin du feu. Et cela, sans cette héroïque contention du jeune homme dont un poète contemporain a rapporté l'histoire.

Chez Louis II, ce fut naturel. Il demeura dans une magnifique et chaste solitude. Nous l'avons dit, mieux que son douteux esthétisme, c'est ce trait qui relève à nos yeux le roi de Bavière.

Mais descendons ici, quoiqu'à regret, et puisque la tâche d'historien nous y oblige, jusqu'aux faits, et prouvons, quel que soit notre peu de goût pour les misérables anecdotes d'alcôve, le trait, si difficilement croyable, de la vie intime de Louis II que nous venons d'avancer.

Le chevalier de Haufingen, dans un livre paru peu de temps après la mort du Roi[1], affirme — et sa situation donne quelque poids à ses dires, — que le premier valet de chambre de Louis II lui fit cette déclaration : « Le Roi, et j'étais à même d'en juger, ne quittant pas son appartement, le Roi n'a jamais eu de maîtresse ; jamais il n'a reçu de dame dans sa chambre. Il a toujours conservé la plus ascétique chasteté et ne s'en est jamais départi. Tout ce qu'on a raconté de ses amours et de ses passions n'est que mensonge et calomnie[2] ».

[1] *Ludwig II, Sein Leben und Ende*, von P. von Haufingen. Rittmeister a. D., 1886, Hambourg, pages 102-104.
[2] « Der Kœnig Ldwig wurde nicht blouss als Junggeselle,

Renoncement qui ne partait pas d'un idéal religieux. La psychologie du Roi, telle que nous avons essayé de la présenter, suffit à expliquer cette conduite qui semble étrange à première vue.

Divers petits faits, des scènes parfois comiques, confirment la déclaration du valet. Louis II, dont raffolaient toutes les femmes de la ville[1], n'eût rencontré, libertin, que de rares résistances. Sa froideur découragea certaines dames de la cour et les partis qui projetaient de mettre le Roi sous leur influence par l'entremise d'une maîtresse. Telles femmes qui avaient cru être distinguées par lui se virent durement repoussées : ainsi, dit-on, une artiste qui obtint la faveur de faire une statue de Louis II[2]. Il avait témoigné à une chanteuse, Mlle Schefzky, la plus grande bienveillance et les plus hauts égards. Plusieurs fois, selon son habitude, il la fit venir à la Résidence pour l'entendre chanter. Un jour, privilège suprême, il la fit entrer dans le *Jardin d'Hiver* et l'invita à monter en barque sur un étang artificiel qu'il avait fait creuser. L'actrice, dans ce canot qui ressemblait vaguement à celui de Lohengrin, fut priée par le

---

sondern auch als *der reinste* Jungherr ins Grab gelegt. (*Ibidem*) p. 104).

[1] On raconte qu'elles conservaient pieusement des poils de ses chevaux, ou des fleurs que son pas avait foulées durant sa promenade!

[2] Celle qui se trouve, en pied, dans le parc d'un de ses châteaux.

Roi de vouloir bien chanter. Cela ne fit pas l'affaire de la demoiselle. Sans doute elle attendait autre chose. Le calme et la froideur de Louis II l'exaspérèrent. Il ne voulait donc pas comprendre ! Pourquoi reculait-il, sitôt qu'elle approchait. Elle le forcerait bien à la prendre entre ses bras. Et, s'arrêtant à une résolution extrême, elle fit chavirer la barque, et tous deux roulèrent dans le bassin, peu profond, comme on pense. L'actrice appela Louis II à son secours et le saisit par la main pour s'aider à se relever. Mais le Roi, trempé, furieux, la repoussa en s'écriant d'un ton comiquement indigné : « Ne touchez pas à La Majesté ! » Et il laissa aux domestiques le soin de secourir Mlle Schefzky, dont la petite ruse avait misérablement échoué.

Tous ceux qui approchaient Louis II connaissaient bien le mépris qu'il portait à la femme. Une petite anecdote en servira de preuve[1]. Le Roi possédait un vaste album, contenant des photographies du Louvre, qu'il aimait à feuilleter. Il demanda une fois à un domestique « d'aller lui chercher le *Louvre* ». Le valet, qui apparemment ignorait le français, ne comprit pas et entendit : « Allez me chercher *das Luder* », c'est-à-dire, —

---

[1] Je la tiens de source privée, mais je réponds de son exactitude. Quant à la précédente, elle est classique, et l'on en rit encore à Munich.

en traduisant avec honnêteté, mais faiblement, — la *vieille bête*. Et, une demi-heure après, tandis que le Roi s'impatientait d'attendre, le domestique ramenait... Mlle Schefzky.

Une autre fois, la célèbre Cora Pearl envoyait au Roi son portrait avec une lettre où elle protestait de son amour et de son dévouement pour le souverain bavarois. Sans doute, elle eût aspiré, digne couronnement de ses aventures, à jouer le rôle de Lola Montez auprès de Louis Ier. Mais, quand les secrétaires du Roi ouvrirent ce message singulier, aucun ne voulut se charger de le présenter à son maître, se doutant bien comment pareille offre serait accueillie. Lettre et portrait furent donc jetés au feu, et jamais la pauvre Cora n'ouït parler du succès de sa démarche hardie[1].

Ce n'étaient pourtant pas seulement que des actrices et des courtisanes qui s'offraient à Louis. Il troublait, par la beauté de ses traits, et aussi un peu par le mystère de sa vie, bien des cœurs, et hantait bien des songes. Un dimanche, à la sortie de la grand'messe, dans l'église des Théatins, un bouquet fut soudain remis entre les mains du Roi, assez embarrassé, par une jeune fille habillée en paysanne, qui disparut aussitôt dans la foule des

---

[1] Bien entendu, elle n'est pas allée se vanter elle-même de cet échec. Ses *Mémoires* n'en parlent pas. L'anecdote est racontée par M. DE HEIGEL, *Ludwig II* ch. II : *der Junge Kœnig*.

assistants. Cela donna lieu à bien des légendes et des bavardages. Et c'est là qu'il faut voir l'origine d'un récit dont je parlerai seulement parce qu'on l'a admis et répété chez nous avec trop de crédulité.

En 1887 paraissait, en un petit volume de luxe, un *Épisode de la vie de Louis II*, intitulé prétentieusement *Gentianes et Roses des Alpes*[1]. Une romanesque histoire y était racontée, soi-disant d'après des témoins intimes. Pour toutes preuves de véracité, un portrait (*sic*) d'Élisabeth de X..., et, en regard, ce proverbe gravé dans un médaillon :

> La mort réunit
> Ce que sépare la mort.
> E. et L.

A quoi sont jointes quelques lettres du Roi, qui, en vérité, sont bien dans sa manière : ainsi cette phrase : « Vous savez combien je hais les désillusions ! » Mais est-ce donc si difficile de fabriquer une fausse correspondance ?

En quelques mots, voici le sujet de ce petit roman.

Une jeune fille noble, Élisabeth de X..., s'est éprise de Louis II. Quatre dimanches de suite, à

---

[1] *Alpenrosen und Gentianen*, par Joseph Bajovan, Stuttgart et Leipzig, 1887.

la sortie de la grand'messe, elle lui remet, déguisée en paysanne, un bouquet « de gentianes et de roses des Alpes ». La quatrième fois, le Roi, en échange, lui glisse un papier dans la main. Ce sont des vers!

Or, — comme cela se trouve! — la jeune fille habite avec sa sœur aînée, car elles sont orphelines, un château voisin d'Hohenschwangau, séjour favori du Roi. On se rencontre, on se lie; la sœur aînée autorise les visites du souverain. Quelque temps, on file le plus parfait amour platonique. Élisabeth ne sera obtenue que par le mariage. Le Roi hésite, recule, souffre... Mais il ne tardera pas à être délivré de ses angoisses.

Un soir d'hiver, Élisabeth a vu le traîneau de Louis II partant pour une nocturne promenade. Quelque temps après son passage, un bruit effrayant se fait entendre : la route par où doit revenir le Roi s'est effondrée sous une avalanche. L'abîme est là, invisible, béant!... L'héroïque amante n'hésite pas. A peine vêtue, elle s'élance par des chemins détournés pour prévenir Louis du péril, l'empêcher d'avancer. Elle attend de longues heures dans la neige. Enfin le traîneau arrive, elle l'arrête, signale le précipice et tombe inanimée entre les bras du Roi. Quelques jours après, elle mourait entre sa sœur et Louis II, fiancé *in extremis*...

Je ne regrette pas d'avoir donné, en passant, un échantillon du genre de littérature qui sévit en ce moment en Allemagne. On juge quelle créance on doit ajouter à de semblables historiettes! Et pourtant il se trouve, pour les rapporter avec sérieux, des biographes qui n'ont pas même pour excuse l'ironique naïveté de Quinte-Curce avouant : *Equidem plura transcribo quam credo.*

Et donc, ne nous arrêtons pas davantage à ces récits d'amourettes. Le fait est sûr : Louis II demeura toujours dans une orgueilleuse et magnifique solitude. Non qu'il désespérât de rencontrer jamais la femme de son choix. Dans le château de Neuschwanstein, tout un étage reste encore vide et nu. Et le guide apprend aux visiteurs que ces appartements étaient destinés à « la Reine ». Ni la princesse Maria-Alexandrowna, ni la princesse Sophie n'avaient répondu à l'idéal qu'il s'était formé. Il renonça même à leur souvenir. Un peu meurtri par ces désillusions, il tâcha d'en noyer l'amertume dans le désordre de ses fantaisies.

Vouloir réaliser son rêve et ployer la vie à son idéal, belle ambition pour l'artiste ou le penseur. Mais pour qui ne poursuit que son propre bonheur, la satisfaction, de ses goûts, sans s'inquiéter de créer une œuvre ou d'énoncer une vérité, c'est la plus détestable forme de l'égoïsme. En cela, les jouissances que donne le beau sont profondément

immorales : et c'est bien de la sorte que Louis II
les a conçues. Dans un poème, dans un tableau il
ne cherche qu'un motif d'exaltation. S'il le trouve,
que lui importe le reste ? Le roman peut être de la
dernière bassesse, la peinture du dernier rang ;
s'ils procurent au Roi une journée de songe et
d'oubli, ils valent les meilleurs ouvrages des
maîtres, ils sont chefs-d'œuvre. Son wagnérisme,
nous l'avons vu, venait en partie de ce qu'il retrou-
vait, dans *Lohengrin*, dans *Tannhæuser*, dans l'*Or
du Rhin*, les récits dont s'était imbu son jeune
esprit. Le *sujet*, voilà tout ce qu'il demande.
Fausses légendes ! ô ironie ! *le Roi artiste* se délec-
tait à Dumas le père, et se faisait jouer M. Scribe
et Guilbert de Pixérécourt !

Dès lors, Louis II ne sera pas un « protecteur
des Arts ». Sauf Wagner, — et nous avons vu
qu'il espérait accoler son nom à sa gloire, — il
n'a rien fait, presque, pour les écrivains ou les
peintres de son pays. Encore moins se souciait-il
d'embellir les musées de sa capitale. On l'a remarqué, il est le seul prince bavarois qui n'ait pas
enrichi l'admirable Pinacothèque. Que lui importait, d'ailleurs ? Une simple chromolithographie
lui suffisait pour évoquer un monde !

Notons donc ceci : le sentiment de l'art chez
Louis II n'était pas pur. Il s'associait toujours, en
lui à quelque chose qui n'était pas l'œuvre même,

mais son *sujet*. Conception enfantine ! Le Roi goûtait surtout les récits se rapportant à deux époques : d'une part celle des *Minnesinger* et de la littérature romanesque allemande ; d'autre part les xvii° et xviii° siècles français. Hors de là, — à quelques rares exceptions près, mais je sais que ces préférences mêmes pouvaient s'étendre fort loin, — hors de là, il ne savait pas estimer à son prix un ouvrage. Bien mieux, il s'en désintéressait. Certes des fantaisies lui venaient bien, par moments, de faire un voyage en Espagne ou d'étudier la mythologie hellénique. De façon générale, pourtant, la Grèce, Rome, l'Angleterre... lui restaient indifférentes. Il s'en tenait à son troubadourisme wagnérien et à son culte pour « la sainte trinité des trois lys de France ».

Et, certes, le choix peut paraître contradictoire et singulier. Mais l'opposition est-elle aussi irréductible qu'elle le semble ? Mettons-nous en garde contre ce goût d'unité qui veut trouver partout des âmes solidement trempées et d'une seule coulée [1]. Pourtant, on peut, croyons-nous, admettre ceci : Louis II par un effet du même orgueil, du

---

[1] Laissons, sur ce point, la parole à deux historiens qui disent très bien « qu'il ne faut pas transporter, dans l'étude des hommes réels, la recherche du caractère cohérent... Le lien logique entre les divers sentiments et les divers actes d'un homme », est nécessaire sur la scène ou dans le roman seuls (LANGLOIS et SEIGNOBOS, *Introduction aux études historiques*, p. 236).

même sens de sa dignité humaine et royale qui l'avaient fait s'isoler, dans une certaine conception de la musique et dans une évocation d'un fabuleux passé, se réfugia dans un autocratisme — feint — à la Louis XIV. Dire *l'État c'est moi*, c'est affirmer triomphalement le *Noli me tangere*.

Mais ne nous attardons pas davantage à ces détours psychologiques. D'autant que, comme nous l'avons vu, chez Louis II, nul sentiment n'est pur. Ne craignons pas de le redire : en protégeant Wagner, il comptait surtout se recommander auprès de l'oublieuse postérité. En rendant un culte à Louis XIV, peut-être admirait-il le puissant édifice de l'ancienne monarchie française. Plus probablement, il y voyait une école d'autoritarisme pour sa dynastie ; puis ne pouvant parvenir à imiter effectivement ses modèles, il y trouva le sujet d'une agréable fiction, d'après laquelle, lui, prince limité par une Constitution, des Chambres et, plus tard, l'empereur d'Allemagne, était souverain aussi absolu qu'autrefois les Bourbons de France !

Lohengrin et Louis XIV, c'étaient des rêves de rechange. Et, si Louis II pouvait si facilement muer les personnages, c'est qu'au fond il gardait toujours la même âme, le même orgueil et les mêmes aspirations. Ce n'était pas se contredire que poursuivre parallèlement ces deux rôles.

Voilà que des mots de théâtre sont venus sous ma plume. C'est qu'en effet Louis II s'est joué à lui-même, toute sa vie, une longue comédie. Il tâchait, — avec succès souvent, — à se faire illusion sur les conditions réelles de son existence. Étant à même, grâce à la liste civile, d'accorder certains de ses rêves avec les faits, de les rendre tangibles ; possédant, d'ailleurs, la rare faculté d'abstraire tout ce qui pouvait nuire à la fiction, il représentait ainsi, partie à l'aide de son imagination, partie avec la ressource de ses châteaux, de ses ermitages, de ses grottes... de longs drames muets, où il était à la fois acteur et spectateur. En sorte qu'il finira par ressembler avec force à l'impérial cabotin que fut Néron.

La nature de son goût pour le théâtre fera mieux comprendre ce trait singulier de son caractère.

Il avait toujours ressenti, pour la scène, l'attrait le plus vif : il ne fit que s'accentuer avec le temps. C'est que Louis II était bien de ces âmes à qui conviennent les illusions du théâtre. Avec ce magnifique don d'abstraction, — qui prouve un peu de naïveté, peut-être, — il arrivait, sans peine, à se convaincre de la réalité des événements qui se déroulaient entre les frises et la rampe. Pourtant, la présence haïe de la foule, le bruit des spectateurs, les applaudissements, les lorgnettes bra-

quées vers lui, mille détails le dérangeaient et
l'irritaient. Aussi en vint-il, assez tôt, à se faire
jouer des pièces pour lui seul : ce furent ces *Separatvorstellungen* qui ont donné lieu à tant de
légendes absurdes ou drôlatiques.

M. de Perfall, intendant des théâtres royaux de
1867 à 1892, a raconté[1] comment cette manie
naquit chez Louis II.

Un jour, celui-ci demanda à assister à la répétition générale d'*Un Mariage sous Louis XV*, de
Dumas père, remanié par M. Fresenius. Le vide
et l'obscurité de la salle plurent beaucoup au Roi :
ses illusions n'étaient nullement troublées. Dès
lors, il assista à la plupart de ces répétitions. Puis
étendant le système, à partir du 6 mai 1872, il fit
mettre à la scène, pour lui seul, certaines pièces
de sa préférence. A ces représentations mystérieuses, le Roi était le plus souvent l'unique assistant, n'invitant que de rares privilégiés, et,
quelquefois, pour les pièces contemporaines,
l'auteur ou le traducteur. Hors de là, silence et
vide dans la salle. Pour les opéras, l'orchestre
devait, comme au *Festspielhaus* de Bayreuth, se dissimuler le mieux possible. Et il était formellement
interdit aux musiciens de regarder le Roi, assis

---

[1] *Beitrag zur Geschichte der kœniglichen Theater in München*,
1894.

seul dans sa loge tendue de brocart rouge et qui communiquait par un long couloir avec les appartements de la Résidence. Arriver ainsi devant ces rangées de fauteuils vides, ou devant ce vaisseau obscur au fond duquel on ne distinguait que l'immobile profil du souverain, émouvait fortement les acteurs, à qui manquait la sympathie communicative que dégage le public. Aussi, un certain nombre de ces artistes, — par exemple Madame Charlotte Wolter, de Vienne, — ont-ils laissé, de ces soirées, des récits d'une exagération manifeste.

Sur le théâtre même, Louis II tenait à ce que l'illusion fût le plus possible favorisée. De là encore prirent leur vol des légendes parfois drolatiques et que l'on a prises au sérieux : par exemple, ce qu'a raconté, d'une plume délicate et fantaisiste, l'humoriste américain Marc Twain[1]. Dans une pièce où il y avait un orage, le Roi ne se contenta pas des bruits imités de la foudre et de la pluie. Il voulut que de l'eau tombât « pour de bon » sur les planches. Et les malheureux acteurs furent inondés, pour la grande joie du monarque qui trouva la scène tout à fait réussie.

La vérité, — car le point de départ de cette plaisanterie était juste, — est que Louis II se faisant

---

[1] Dans *A tramp abroad.*

jouer un soir, en 1874, *la Jeunesse de Louis XIV*,
de Damas, on utilisa l'appareil placé dans les frises
pour servir en cas d'incendie : et une véritable
pluie tomba sur la scène, mais tout à fait sur le
bord et non pas sur les acteurs, qui se tenaient en
arrière. La même année, il avait fait écrire par
un de ses dramaturges et traducteurs attitrés,
M. Schneegans, une pièce intitulée le *Chemin de
la Paix*, qui se passe encore sous le grand roi, et
où apparaissent Mlle de la Vallière, Molière, etc.
On copia avec précision, sur les décors, le parc de
Versailles. La fontaine de Latone, avec ses jets
d'eau, fut aussi reproduite. Jouait-on le *Guillaume
Tell* de Schiller, il faisait relever et rétablir avec
la plus rigoureuse exactitude le chemin creux de
Küssnacht. Connaissant remarquablement bien ses
époques historiques préférées, qu'il étudiait surtout dans les mémoires, il ne laissait point passer
le moindre anachronisme de langage, de mœurs
ou de costume. Lorsque la faute dépendait de
l'acteur ou du metteur en scène, il leur faisait
exprimer son mécontentement, disant que cela
suffisait pour gâter tout son plaisir et pour le décevoir. Aussi tremblait-on de ne pas le satisfaire.
Les régisseurs ne savaient comment régler tant
de si menus détails. Un jour, on vint demander[1] à

[1] Voyez Aug. Fresenius, *Allgemeine Zeitung* des 6, 7, 8, 9 avril 1893.

un professeur de l'Université comment les Parisiens jouaient aux cartes sous Louis XIV !

On voit donc à quel principe Louis II voulait qu'on obéît. Rêveur, il tâchait, par toutes sortes de feintes et de conventions, de favoriser son rêve. Capable d'abstraire tout ce qui pouvait le gêner, — pourvu toutefois que ces obstacles fussent réduits à leur minimum, — il avait l'admirable et rare faculté de ne pas reconnaître, dans un décor, de la toile peinte, mais une forêt frissonnante ou un horizon infini. De même pour les acteurs : il voyait en eux les personnages du drame. Et à son favori d'un moment, Joseph Kainz, il donnait le nom de Didier, du rôle de *Marion Delorme*, dans lequel il lui était apparu pour la première fois.

Du théâtre, Louis II étendit ce système à sa vie de tous les jours. Pour réaliser les songes nombreux qui le hantaient, il entreprit de se créer un milieu approprié. Telle fut l'origine de ses châteaux, burgs destinés à défendre son rêve contre les assauts du monde et de la vulgarité.

Dès le commencement de son règne, il avait, comme il est bien naturel, décoré ses appartements privés à Munich selon ses goûts et ses idées. Mais, faute de place, sans doute, il mêlait assez fâcheusement ses préférences. Mme de Kobell, admise un jour, par exception, dans ce réduit royal fermé à tous, décrit ainsi ce qu'elle vit dans les chambres et le cabinet de Louis II, situés dans un pavillon isolé de la Résidence. C'étaient partout des souvenirs wagnériens mélangés avec les souvenirs des rois de France. Entre les médaillons de Henri IV et de Louis XIV, le *Hollandais fuyant* peint par Piloty, l'artiste romantique. Non loin d'une statuette de Lohengrin et d'un grand buste de Wagner, une « photographie coloriée » représentant la Pucelle devant Charles VII dans la cathédrale de Reims. A la tête du lit, le grand Roi ; au pied Marie-Antoinette. Dans la bibliothèque, au mobilier de style classique et sévère, les mêmes statues une fois encore, avec le contraste d'apercevoir, çà et là, Lohengrin ou Siegfried, et des escadres de cygnes, naviguant, ailes éployées, sur les consoles [1].

Même confusion au château de Berg. Si gai, si blanc, il dresse ses tourelles à créneaux parmi les sapins sombres et la clarté de vertes prairies, au bord des eaux transparentes du Starnbergsee, devant un horizon voilé de lointaines montagnes bleues. Louis II venait souvent dans ce pavillon qui porte bien sa date romantique. Soupçonnait-il que plus tard on l'amènerait là pour mourir, un sombre soir de pluie, dans ce lac tantôt azuré et

---

[1] L. von Kobell, *Unten den 4 ersten K. v. B.*, II, p. 109-126.

tantôt opalin? Calme vestibule du Tyrol, le Roi aimait s'y reposer du bruit de la capitale, comme de l'aspect tourmenté et désolé des Alpes.

Dans cette villa presque bourgeoise, à peine différente de celles que de poétiques agents de change font élever à Asnières ou au Raincy, le Roi s'amusa à réunir toute sorte d'horreurs, consacrées au culte de ses idoles. A force d'être laides, toutes ces pauvres choses deviennent naïves et touchantes. Dans la salle à manger, au très ordinaire mobilier, on voit sur la table un Lohengrin de faïence et, devant les glaces, des bustes de Marie-Antoinette, Louis XIV et Wagner en stuc. Les tentures sont d'un bleu, — couleur favorite du Roi, — répété et criard. Dans le cabinet de travail, un Gœthe de plâtre tel qu'un étudiant peut en avoir dans sa chambre. Les murs sont tapissés d'images très communes consacrées à l'œuvre wagnérienne, avec la légende écrite en vieux scandinave : *Niflungasaga*, par exemple. Et partout, partout, l'obsession des Siegfried, des Parsifal, des Lohengrin et des cygnes.

Et puis, dans les autres pièces, voici derechef Wagner entouré de Jeanne d'Arc, de Guillaume Tell, de Louis XIV soupant avec Molière. Mais pas une seule œuvre d'art qui tranche, au milieu de ces imageries et de ces motifs de presse-papiers. Même les peintures sont, pour la plupart, des copies non signées. Cela n'est pourtant rien encore, à côté des véritables marionnettes, des poupées costumées en héros wagnériens, que l'on pouvait voir il y a quelques années[1], et avec lesquelles sans doute jouait Louis II. Ainsi ces fantaisies, que l'on a cru, à distance, être artistiques, aboutissaient à de purs enfantillages.

Cependant, pour les magnifiques envolées de rêve que désirait Louis II, la Résidence de Munich et le pavillon de Berg n'étaient ni assez vastes ni assez luxueux et offraient trop de mélange. Restait encore le château où s'était en partie écoulée sa mélancolique enfance : Hohenschwangau. Mille souvenirs l'attachaient à ce castel romantique. Mais, outre que sa mère, la reine Marie, passait là presque tout l'été, c'était devenu pour Louis II bien petit et bien mesquin. Il voulait élever un monument plus grandiose pour témoigner de son wagnérisme et le satisfaire.

Car il ne lui suffisait plus d'entendre, au théâtre, *Lohengrin* ou l'*Anneau du Nibelung*. L'ambition lui était venue de mettre ces légendes à sa portée, de vivre au milieu d'elles, et, parfois même, d'en tenir un personnage. Il lui arriva donc fréquemment de commander un acteur, dont la voix lui avait plu, pour lui faire dire ses morceaux préfé-

[1] Acquises aujourd'hui par le Musée de Strasbourg.

rés. Plusieurs fois, par des nuits d'été, il fit venir son favori, Nachbaur, à Berg, et lui ordonna de monter dans une barque à quelque distance de la rive, et de chanter Lohengrin revêtu de la cuirasse d'argent qu'il lui avait donnée. Il s'était fait aussi établir, dans la Résidence de Munich, un prestigieux jardin d'hiver, à l'imitation de celui qu'il avait vu à Biebrich, chez le duc de Nassau. Rien n'était plus merveilleusement ordonné[1]. L'orchidée et le lis, fleurs favorites du Roi, fleurissaient partout. Parmi les palmiers, voletaient des perroquets. Au fond, sur un grand panorama, donnant presque l'illusion de la réalité, se dressait l'Himalaya. Sur un petit lac — témoin du ridicule naufrage de Mme Schefzky — et couvert de lotus, voguait une barque où Louis II restait, costumé en Lohengrin, de longues heures à entendre un orchestre dissimulé.

Au milieu de ces fantaisies, il songeait à exécuter un projet qui semble l'avoir possédé depuis sa jeunesse. C'était d'élever un vaste château, tout près de Hohenschwangau sur une hauteur, où

---

[1] Inutile d'ajouter que Louis II s'en réservait égoïstement la jouissance. Mme de Kobell (cf. loc. cit.) put le voir par faveur spéciale. De hauts personnages, intrigués par tout ce qu'on en racontait, se déguisèrent en jardiniers, afin d'y pouvoir pénétrer. Cependant, en novembre 1875 le prince Rodolphe d'Autriche étant venu à Munich, un dîner de gala fut donné dans cette serre. Après la mort du Roi elle fut détruite à cause qu'elle coûtait extrêmement cher à entretenir et à chauffer.

selon la tradition, s'était jadis dressé le burg des seigneurs de Schwanstein. Refoulé un moment par l'idée d'un théâtre wagnérien à Munich, ce dessein reparut ensuite avec plus de force que jamais dans l'esprit de Louis II.

En 1867, il fut invité par Napoléon à visiter l'Exposition universelle. Arrivé à Paris, accompagné du général von der Tann, d'un aide de camp et d'un secrétaire, il descendit à l'*Hôtel du Rhin* et fréquenta surtout l'Opéra. Il alla bientôt à Compiègne et visita Pierrefonds où Viollet-le-Duc allait achever sa célèbre reconstitution. Après un très bref séjour en France, — à peine aperçut-il Paris, — rappelé en Bavière par la mort de son oncle le roi Othon de Grèce, qui résidait, exilé, à Bamberg, Louis II emporta, fortement gravée dans son esprit, l'image du château féodal de Pierrefonds. A peu de temps de là, il avait fait déjà un voyage à Eisenach et à la Wartbourg ; et des réminiscences de *Tannhæuser*, le souvenir du landgrave de Thüringe, au milieu des chevaliers-chanteurs, avaient parlé vivement à son imagination. Il visita encore les ruines de Trausnitz[1]. Et toutes ces impressions réunies agirent sur lui avec tant de force qu'il résolut de faire élever le grand burg romantique de Neuschwanstein.

[1] Un instant il eut l'idée de les réédifier, parce que un Othon de Wittelsbach y avait, dit la légende, hébergé Tannhæuser aux temps jadis.

Une fois l'endroit choisi, — et quel site merveilleux avec le torrent de la Pœllat, les petits lacs voisins, les obscures sapinières, les masses chaotiques de granit ! — les projets furent soumis au Roi. Il s'arrêta à celui de Jank, qui était, chose remarquable, décorateur des théâtres royaux. Les architectes Brand et de Riedel furent chargés de l'exécution et, le 15 septembre 1869, la première pierre fut posée. Les plans étaient si hardis et si complexes, qu'à la mort du Roi, en 1886, tout n'était pas encore terminé. C'est que l'on eut de grands obstacles à vaincre. Louis II, qui aimait se mesurer avec les difficultés naturelles, avait fait choix d'un rocher escarpé pour établir son château. Et il fallut à certains endroits, où la roche était peu sûre, construire d'immenses et très coûteux murs de soutènement. Le donjon de l'entrée, — ou pour employer le terme technique, barbacane, — fut assez vite achevé. Il y avait là une cellule où Louis II allait passer de longues journées, pour voir son rêve se réaliser peu à peu, sa conception s'ériger lentement vers le ciel.

Tel qu'il est aujourd'hui, quand débouchant des montagnes tyroliennes on l'aperçoit soudain, le château de Neuschwanstein est une surprenante apparition et qui évoque un autre âge. Peut-être seulement, la pierre a-t-elle encore des teintes un peu trop crues : c'est au temps de les adoucir.

Cette profusion de machicoulis, d'échauguettes, de tourelles crénelées et de toits en éteignoir, qui s'élèvent à d'invraisemblables hauteurs, prennent, vers le soir, l'apparence de ces castels fantastiques et mystérieux, que jetait, au sommet de sourcilleuses montagnes, le crayon de Gustave Doré.

L'intérieur ne répond malheureusement pas aux espérances que fait concevoir le dehors. Le moindre défaut serait encore le manque d'originalité. Mais, vraiment, ces peintures de Spiess, de Piloty et de Perron [1] avec leur genre très faux, moitié académique et moitié romantique sont insupportables. Tout au long d'immenses galeries, les légendes wagnériennes sont peintes dans ce même goût. Et ce n'est guère meilleur dans les pièces qu'habitait le Roi. Il est avéré pourtant, — et il faut en tenir compte, — que la plupart des objets vraiment artistiques achetés par Louis II ont été revendus, à sa mort, par le Gouvernement bavarois, désireux de payer les créanciers de la liste civile [2]. Pourtant, il faut le constater : ces meubles trop vernis, bien bourgeois, ont été ache-

---

[1] Piloty est d'une famille italienne établie, depuis longtemps, à Munich. Quant à Perron, malgré son nom, il est bien allemand, mais du Palatinat, où l'on sait que les noms de famille français ne sont pas rares.

[2] La plupart de ces objets tombèrent entre les mains d'un marchand de Stuttgart, qui en fit un commerce éhonté, et vendit longtemps des bibelots de toute sorte comme ayant appartenu à Louis II, ce qui sollicitait efficacement le public.

tés à la grosse. On n'y voit pas le soin d'un
curieux, d'un artiste, ni d'un délicat. La seule
chose qu'on puisse reconnaître, c'est un effort,
parfois assez méritoire, pour établir une harmonie
décorative entre les différents objets usuels ou
ornementaux, selon la doctrine des modernes
esthéticiens anglais, William Morris et John
Ruskin. La plus belle chose qu'il y ait, peut-être,
à Neuschwanstein, c'est la *Salle des Chanteurs*,
copiée sur celle de la Wartbourg. Seules, *la Vie de
Parsifal* par Spiess — élève médiocre de Moritz
von Schwind, — et les froides allégories de Kolms-
perger y détonnent fâcheusement. L'ensemble,
cependant, est d'un effet rare, avec le plafond à
caissons et les galeries, qui courent des deux côtés,
bordées d'élégantes colonnettes. On n'imagine
point, dans la décoration, pareille profusion d'ara-
besques, de guirlandes, de spirales et de rinceaux,
de monstres fabuleux et symboliques : dragons
qui se terminent en plantes gigantesques, oiseaux
qui aboutissent en fleurs. Si l'œil s'arrête aux
détails, on distingue, çà et là, des sphinx, des
cygnes et des sirènes. Non loin des armes du
roi Artus, la silhouette du Montsalvat. Sur la
coupe du Saint-Graal, resplendit la colombe divine.
Auprès, c'est l'envol d'un ange chantant *Salve !* Et
voici, parmi toute une flore merveilleuse, des

paons et des chimères et le faucon ravisseur que vit Parsifal sur le Plimizol.

A côté de ce style gothique, — imité directement de la Wartbourg, — que les peintures contemporaines et originales sont ternes, dans leur affectation de naïveté! Louis II n'y prêtait aucune attention. Il lui suffisait seulement que la légende fût exactement et fidèlement rendue et que les costumes fussent bien de l'époque. Il veillait par exemple, à ce que l'on peignît Lohengrin dormant dans son canot, car il est dit qu'il pouvait, dans sa traversée, se livrer sans crainte au sommeil [1]. D'autres fois, il envoyait à ses artistes des notes sur les armures ou le harnachement des chevaliers du moyen âge. Ou bien, il leur communiquait des passages des épopées de Gotfrit de Strasbourg, de Wolfram d'Eschenbach, ou de Walther von der Vogelweide, avec injonction de les suivre à la lettre. Il avait aussi parfois de bien singulières manies : le panneau de la vie de Parsifal, qui représente le héros rencontrant Cahenis qui l'exhorte à aller trouver l'ermite Trevrezent, dut être, à tout prix, achevé un vendredi-saint, parce que, d'après la légende, la scène s'était passée ce jour-là! C'est qu'en effet, le wagnérisme servit de

[1] Louis II, en général ne faisait pas exécuter ces fresques d'après Wagner, mais d'après les vieilles épopées, que le musicien n'a pas toujours suivies textuellement.

transition naturelle à la mysticité. Les brûlantes effusions religieuses des poètes du moyen âge, qu'il lisait volontiers, l'acheminèrent aussi à cet autre ordre de fantaisie intellectuelle et sentimentale. A dire vrai, son caprice n'y séjourna pas fort longtemps. Cela suffit cependant pour que bien des vestiges en restassent dans Neuschwanstein.

On trouve, en effet, près de la chambre du Roi, un oratoire, mis sous l'invocation de son patron: Saint-Louis de France en qui il vénérait le plus parfait représentant de la monarchie de droit divin[1]. De là prit naissance la plus bizarre imagination peut-être, qu'ait conçue Louis II : cette salle du trône, consacrée à la glorification du catholicisme et de la royauté[2]. D'après une symbolique assez primitive, sur la coupole est peint le ciel, et sur le sol, une mosaïque représente la terre avec sa flore et sa faune. Partout de grandes fresques célébrant le triomphe de la religion. Les

---

[1] Mᵐᵉ de Kobell a raconté à mots couverts que Louis II, un moment, s'imagina être une nouvelle incarnation de Louis IX. Une somnambule l'entretint dans cette idée ou même la lui suggéra. Il ne sortit de son illusion que le jour où le medium lui enjoignit d'avoir à cesser tout rapport avec Berlin « ce repaire d'hérétiques ». Il s'aperçut qu'on se jouait de lui, et il était bien trop orgueilleux et trop fin pour servir d'instrument à un parti, quel qu'il fût.

[2] Là encore, pourtant, rien d'original. Car cette basilique est faite en partie d'après la description du burg du Graal que donne, en son poème de *Titurel*, histoire des ancêtres de Parsifal, Albert de Scharfenberg, *minnesinger* du xiiiᵉ siècle.

six rois saints : Casimir de Pologne, Stéphane de Hongrie, l'empereur Henri II, Louis IX, Ferdinand le Catholique et Édouard le Confesseur sont représentés en face de Salomon et des Rois Mages. Que rêvait donc Louis II? Enviait-il par hasard la gloire d'être canonisé?

On ignore aussi à quel usage il destinait cette vaste basilique d'un aspect un peu byzantin. En effet, il mourut avant que tout fût achevé. Dans l'abside, un vaste trône d'or et d'ivoire devait être élevé : faute d'argent, il ne fut jamais exécuté. Les dessins cependant en sont restés. Et l'on voit, dominant le chiffre et les armes des Wittelsbach, le globe impérial surmonté d'une croix[1]. Songeait-il à faire passer sur sa tête la couronne des Hohenzollern et à devenir empereur d'Allemagne, comme jadis un de ses lointains ancêtres? N'était-ce pas une consolante comédie qu'il avait dessein de se jouer à lui-même? Sans doute, une fois tout achevé, il eût siégé, la tiare en tête et le sceptre à la main, sous ce dôme immense que ses yeux visionnaires eussent peuplé d'un monde de courtisans.

Durant les séjours que Louis II faisait à Neuschwanstein, ses journées se passaient soit à surveiller les travaux qui avançaient avec une lenteur

[1] Pas de méprise possible : c'est bien le *monde de sable croisé de gueules* de l'art héraldique.

extrême, soit à parcourir ces galeries ornées de fresques, et où il croyait vivre en compagnie des héros wagnériens, ou bien être prince du moyen âge avec ses *minnesinger*. D'ailleurs, toujours seul et sans cour. Un officier d'ordonnance et un secrétaire de cabinet formaient à peu près toute sa suite, à côté d'un nombreux domestique. Parfois, il restait de longues journées dans une véranda d'où l'on a une vue immense sur la plaine et qui, de l'autre côté, montrait une grotte artificielle avec des jets d'eau lumineux. Le soir, il montait jusqu'au petit pont de fer, hardiment jeté au-dessus de la Poellatschlucht, entre les deux contreforts de la montagne. Et, soudain toutes ces ténèbres s'allumaient. Le château de Neuschwanstein apparaissait comme embrasé. Par les fenêtres ogivales plusieurs centaines de bougies jetaient, sur les rochers, les lacs et le torrent, des lueurs fantastiques. Le Roi ne se rassasiait pas de ce spectacle. Au peintre Spiess, qu'il avait, un soir emmené avec lui, il déclara : « J'aime à idéaliser encore la grandeur de la nature. » On surprend ici le secret de son esthétique décadente et maladive. Le beau, pour lui, c'est l'anormal.

Il était ainsi fait qu'il préférait la clarté blafarde de la lune, ou artificielle de la cire, à la lumière du soleil. Sans doute, trouvait-il celle-ci trop franche, trop brutale, accusant trop les détails et ne laissant pas moyen « d'idéaliser ». Aussi, de plus en plus, vécut-il la nuit, dormant la plus grande partie du jour. Le crépuscule venu, il commençait d'errer par les salles de son immense château, tout à la contemplation des fresques de ses artistes, s'entretenant mentalement, et parfois aussi tout haut, avec les personnages de Wagner. Il séjournait surtout dans la salle des Chanteurs, très vivement éclairée. Car il s'était pris de passion pour la légende de Parsifal dont la vie se déroulait sous ses yeux, de panneau en panneau. « Parsifal est mon héros, disait-il. Autrefois, j'avais choisi Siegfried ; mais celui-ci, dans sa force indomptée, triomphe de tout, tandis que Parsifal s'incline devant une puissance supérieure[1]. » Il s'arrêtait aussi longuement devant une sculpture assez singulière, exécutée sur ses indications, et placée au sommet d'un escalier. C'est un dragon rampant au pied d'un palmier et qui paraît faire des efforts désespérés pour atteindre des fruits suspendus hors de sa portée. Le tout est en pierre, assez grossier, et par places violemment colorié. Ce symbole paraît vraisemblablement signifier que Louis II, durant toute son existence, a lutté pour son idéal, sans pouvoir l'atteindre jamais.

Il y avait d'autres endroits encore que Neusch-

---

[1] Cf. Beyer, *Ludwig II*, p. 147.

wanstein où Louis II allait épancher sa fureur de wagnérisme. Tout près de son château de Linderhof, dont nous allons parler tout à l'heure, au milieu du parc dont l'ordonnance paraît réglée par Lenôtre, se trouve une petite porte dissimulée parmi les rochers. On la pousse, on entre, et l'on se trouve dans une grotte assez vaste copiée sur celle de Capri, avec des stalactites et des stalagmites de tous côtés. Soudain des lampes électriques s'allument, projetant des lueurs tantôt bleues, rouges, vertes ou violettes. On distingue alors une bien étrange fantaisie. Au bout d'un petit étang où flotte — naturellement — la barque de Lohengrin, se dresse un grand panneau représentant le Venusberg. Entourés des trois Grâces, d'innombrables Cupidons, et, de tous les personnages du corps de ballet qui figurent au premier acte de l'opéra fameux, Tannhæuser est couché aux pieds de la déesse. Le Roi venait souvent dans cette grotte admirer le jeu des lumières : une chute d'eau, assez forte et resplendissant sous des jets de lumière colorée, était un spectacle qui le ravissait. Devant cette médiocre peinture de Heckel, il venait quelquefois prendre son repas avec une branche de faux corail pour table. Et il restait là, dit-on, de longues heures, occupé à de vagues rêveries, assis sur un bloc de carton-pâte qui figure le rocher de la Loreley, aux rives du Rhin.

Ce n'est pas tout. A quatre kilomètres environ de Linderhof, tout contre la frontière autrichienne, parmi les sapins, se dissimule une hutte construite de poutres mal équarries. Cette fois, c'est le le décor du premier acte de la *Valkyrie*, la demeure de *Hunding*. Des peaux de bêtes sont jetées sur le sol de terre battue. Au milieu, paraissant soutenir l'habitation, le frêne énorme, dont le tronc porte, enfoncé jusqu'à la garde, le glaive symbolique que viendra arracher le héros. Aux murs, pendent des armes et des ustensiles tels qu'en pouvaient avoir les anciennes tribus germaniques. Et, comme ornements, de longues cornes à boire, des ramures de cerf, des têtes d'aurochs empaillées. Vraiment, cela est d'un enfant qui s'amuse et qui peut se faire donner des jouets très beaux et très compliqués. Louis II venait là, de temps en temps, jouer à Siegfried. Quand il s'était promené en barque à la lueur des torches, sur un étang creusé à main d'homme, il rentrait lire dans sa cabane. Il y couchait même, comme le prouve un petit lit très simple avec une grossière couverture. Un grand poêle et une batterie de cuisine moderne sont soigneusement cachés dans une autre partie de la hutte.

Sans doute cet arrangement paraissait à Louis II tout à fait réussi, car il s'y plaisait particulièrement. Un moment même, il songea à utiliser ce décor pour y faire jouer le premier acte de la *Valkyrie*. Il dut y renoncer par crainte des railleries du public. Il le déclara plus tard à Josef Kainz, son favori d'un moment : « Cela m'afflige toujours de voir mes innocentes fantaisies ébruitées et méchamment critiquées. Que d'heures pénibles on m'a déjà fait passer ainsi ! Pourquoi donc veut-on me refuser des distractions qui ne font de tort à personne ? J'avais projeté aussi de faire représenter le premier acte de *Tannhæuser* dans la grotte de Vénus. Mais il fallait des chœurs, un corps de ballet... en un mot, un personnel beaucoup trop considérable. On m'aurait reproché avec plus de raison, ces dépenses. Aussi n'y pensai-je plus[1]. »

A cent mètres environ de la hutte de Hunding s'élève une autre maisonnette, pour le moins aussi bizarre. C'est un ermitage en planches, couvert de chaume, avec une cloche abritée par une minuscule tourelle au toit conique. Ce fut fait sur les ordres de Louis II, d'après le poème de Wolfram d'Eschenbach, où est décrite la retraite du pieux solitaire Trévrezent. Un lit très primitif, une croix de bois avec un prie-dieu sans coussin, un foyer de pierre, voilà tout ce que l'œil rencontre dans cette cabane. J'allais oublier des filets

---

[1] *Idem, ibidem*, p. 29.

pour la pêche contenant un poisson de carton ! Sur les cloisons, sur la porte sont gravées de mystiques figures et entre autres ΑΩ.

C'est là que Louis II venait se livrer à la vague religiosité qui émane de *Parsifal* et des poèmes similaires. L'hiver, il nourrissait de sa main des cerfs à demi apprivoisés que la faim attirait. L'été il voulait voir au milieu du bois, la prairie de fleurs dont il est parlé au troisième acte de l'opéra sacré de Wagner [1].

Lorsqu'il était las de la vie des anciens germains et de la vie érémitique, il changeait de jeu, ou si l'on aime mieux, de rôle, et revenait dans ses châteaux Louis XIV.

Nous avons vu comment Louis II en était venu à ce culte du grand Roi. Il voulut l'exprimer en construisant des châteaux sur le modèle de ceux du XVIIe siècle français. A dire vrai, en cela, il ne montrait guère d'originalité, et même semblait retarder de deux cents ans. Tous les principicules allemands, en effet, sans en excepter ceux que nos armées avaient le plus maltraités, ne tenaient-ils pas à honneur de se faire édifier de petits Versailles ? Aux environs de Munich même, les châteaux de la couronne : Nymphenbourg et Schleissheim, sont construits dans ce goût. Et, aux portes

---

[1] Pour ces détails, voir *Schloss Linderhof*, p. 62, par L. von Kobell.

de la résidence, on peut voir encore les emblèmes du Roi Soleil avec la devise *Nec pluribus impar*. Seulement ce n'était point un esprit d'imitation tout à fait semblable qui gouvernait Louis II. S'il construisit ces châteaux, ce fut pour créer un milieu où il pût rêver à l'aise à ces hommes et à ce temps et pouvoir s'imaginer vivre encore parmi eux.

En juillet 1874, Louis II avait reçu l'empereur Guillaume [1], et les journaux prussiens ne se firent pas faute, à cette occasion, de montrer le contraste entre le vieillard, si ferme et si droit et le jeune roi de Bavière, à la démarche hésitante et lasse, les yeux égarés dans le vague. Quelques semaines après, il disparaissait. D'après la note communiquée à la presse, il avait quitté Munich pour se rendre au château de Berg et ensuite dans les petits pavillons de chasse que ses prédécesseurs avaient fait élever çà et là dans les montagnes et la vallée de l'Isar. En réalité, il était parti, le 20 août, pour Paris, en compagnie du comte Holnstein et du conseiller privé Schamberger. On prétend, ce qui paraît bien invraisemblable, qu'il n'avait pas averti ses ministres. En tout cas, étant descendu chez l'ambassadeur allemand, le prince de Hohen-

---

[1] L'entrevue fut attristée et abrégée par la nouvelle de l'attentat de Kullmann contre Bismarck.

lohe Schillingfürst[1], celui-ci dut, tout aussitôt, avertir les cabinets de Berlin et de Munich. Prévenu aussi, le Gouvernement français prit toutes ses précautions afin de laisser ignorer au public quel était ce *comte de Berg*. Trop vifs encore étaient les souvenirs de la guerre, pour que le souverain bavarois ne risquât pas d'être quelque peu hué ou malmené par la foule.

Quel fut exactement l'emploi de son temps, durant ces « belles heures », comme il s'exprimait lui-même ensuite ? Les compagnons du Roi sont seuls à le savoir, avec les policiers préposés à sa garde. Il visita les théâtres et les musées et acheta de nombreux objets chez les marchands de curiosités. Enfin il alla à Versailles, où il eut une entrevue avec le duc Decazes, ministre des Affaires étrangères, et il visita soigneusement le parc et le château. On fit même jouer pour lui les grandes eaux, et il fallut pour cela une autorisation spéciale.

On ne sait pas autre chose sur ce voyage *incognito*. Louis II se rendit-il par la suite d'autres fois encore à Paris ? On l'ignore, mais on peut avec quelque vraisemblance le supposer. Ces longues retraites mystérieuses, dans ses pavillons ou ses

[1] Ce détail prouve que Louis II n'en voulait pas à l'ancien chef du ministère de 1867-1870, d'avoir été l'agent le plus actif de la réunion de la Bavière à la Prusse.

châteaux, lui donnaient toute facilité pour une absence de plusieurs jours hors de son royaume. Sans cour et presque sans suite, les indiscrétions étaient aisément réprimées. Aussi les Parisiens qui crurent reconnaître le roi de Bavière sur l'impériale de l'omnibus *Place Pigalle-Halle-aux Vins*, et locataire d'une chambrette à Montmartre n'ont-ils peut-être pas tout inventé dans cette anecdote que, naturellement, on s'est hâté d'amplifier et d'enjoliver.

De retour en Bavière, à la fin du mois d'août, il rapportait des idées nettes pour le château qu'il se faisait construire, depuis 1869, à Linderhof. A l'endroit où son père ne possédait qu'un chalet de bois, pour s'y reposer les jours de chasse, Louis II voulait une demeure luxueuse et royale. Dans ce creux, abrité entre de hautes murailles de rochers escarpés et sauvages, au milieu de tristes sapins, à une altitude où la neige couvre le sol plus de six mois dans l'année, faire élever le Petit-Trianon, avec un jardin bien régulier, tiré au cordeau, orné de statues de nymphes et avec des arbustes taillés en boule, en croix ou en triangle est un spectacle assez rare. Ces violentes oppositions à l'ordre commun des choses ravissaient le Roi. Avoir Versailles à sa proximité, sous sa main, pour lui seul, tout prêt à ses caprices et à ses songes, c'était bien. L'avoir singulier, antithétique, comme jeté en défi aux hommes et à la nature, c'était beaucoup mieux encore. C'était se montrer deux fois tyran. Et Louis II affirmait cette intention en nommant son château, non pas Linderhof, comme les paysans, du nom d'un vieil et immense tilleul[1], mais *Meicost-Ettal*, du nom d'un village voisin, Ettal, — ce qui est simplement l'anagramme de *l'Etat c'est Moi*.

Tout l'intérieur, meublé avec luxe, sinon toujours avec un goût parfait, n'est qu'un long rappel et une glorification de Louis XIV, Louis XV et Louis XVI. Partout leurs statues, leurs portraits et ceux de leurs contemporains. Dans un *cabinet jaune* une série de pastels est consacrée à Mme de Châteauroux et à ses sœurs, à Mme de Pompadour, à la Dubarry. Non loin des maîtresses, les ministres: Choiseul, Chauvelin, Maupeou... Aux murs, sur les dessus de portes, des copies de Le Brun, de Van der Meulen, de Watteau et de Boucher: *l'Embarquement pour Cythère*, par exemple. A peine quelques œuvres originales : et toutes encore se rapportent au même sujet: ce sont des scènes de l'histoire de nos rois ou de la vie de cour. Dès l'entrée, dans le vestibule, se dresse une statue équestre de Louis XIV, et au plafond, est

---

[1] Il était assez large pour qu'un plancher fût fixé entre ses branches. Et parfois, en été, Louis II, comme un Robinson, venait déjeuner à cette place, ou bien, la nuit contempler le ciel.

point le soleil emblématique. Chaque pièce a un mobilier de style, mais tout cela trop brillant, trop chatoyant. Les ors prodigués fatiguent. Les nuances des tentures, dans les cabinets rose, mauve et jaune, sont un peu crues ; et ces copies de tableaux, bien qu'habilement faites, manquent de fondu. A cela s'ajoute une impression générale d'artifice et de froideur : ce qu'on ressent devant un décor de théâtre. Il y manque la vie, le génie créateur et naturel. Pour le visiteur de sang-froid qui arrive des montagnes avec les yeux encore remplis de lignes abruptes et tourmentées, il n'y a, à Linderhof, qu'un désagréable pastiche. Il fallait, pour s'y plaire, l'âme de Louis II, et cet idéalisme particulier qui le caractérise.

Dans le parc, une fontaine de Neptune est d'un bizarre effet, à deux pas des torrents et des avalanches. Un belvédère, copié sur celui des Buttes-Chaumont, abrite une Marie-Antoinette en stuc. Et çà et là, parmi les ifs artistement taillés, se profilent des divinités mythologiques. Un petit pavillon se dissimule entre les arbres. Acheté à la vente du financier berlinois Strousberg, le célèbre *roi des chemins de fer*, c'est une assez jolie et luxueuse fantaisie. Un jeu de lumière électrique donne des reflets irisés à une fontaine de marbre, à des sophas de soie, et à des paons en émail, aux queues ocellées de fausses pierreries. « *Orienta-*

lische *Pracht!* » s'écriait à côté de nous, d'un ton presque indigné, un pasteur protestant, le jour où nous visitâmes Linderhof. Pompe orientale ! Et sans doute, comme la plupart de ses coréligionnaires bavarois, songeait-il aux monstrueuses débauches que devait faire le Roi dans cette solitude, parmi tant de confort et de luxe. Pauvre Louis II ! qui venait là, insatisfait du monde et de la vie, chercher à échapper aux réalités, et, dans son incurable mélancolie, après avoir dépouillé le Wittelsbach dans un château bourbonien, cherchait à faire le Calife Haroun-al-Raschid dans un pavillon digne des *Mille et une Nuits !*

Avoir Trianon, c'était beaucoup déjà. Mais ce ne pouvait lui suffire. En revenant de Paris, le Roi s'aperçut que Versailles entier, complet, était nécessaire. Ces larges façades, cette symétrie compassée, mais noble, le hantaient. Justement le domaine de la couronne venait depuis peu de s'agrandir de l'île de Herrenwœrth, au milieu d'un lac pittoresque, le Chiemsee, situé non loin de Munich. Autrefois dépendance d'un couvent, on l'avait sécularisée et, après avoir passé aux mains de diverses personnes, elle menaçait de tomber en la possession d'industriels qui, en quelques mois, eussent tout déboisé et rendu méconnaissable ce magnifique panorama. Un mouvement se produisit dans l'opinion et dans la presse pour protester contre cet imminent vandalisme, et le Roi ne put mieux faire que de devenir acquéreur de cette île. Elle ne contenait qu'un cloître abandonné et qui commençait à se délabrer. Pendant quelques années Louis II ne s'en occupa donc pas. Ce fut seulement quand son projet de palais nouveau eut pris plus de force et de consistance qu'il songea à utiliser Herrenwœrth.

Un an après son voyage à Paris, le 24 août 1875, il était parti, toujours dans le même secret, pour Reims. Il voulait visiter la cathédrale où l'on sacrait ces souverains qui représentaient, pour lui, disait-il, « l'idéal de l'absolutisme éclairé ». Le souvenir de Jeanne d'Arc, qu'il vénérait surtout littérairement, l'attirait aussi. Mais il ne tarda pas à être reconnu : le bruit se répandit en ville que le roi de Bavière était présent. Un soir, en sortant d'une longue méditation dans la cathédrale, il trouva une foule nombreuse qui l'attendait. Subir des regards curieux et des acclamations, même sympathiques, lui était, à cette époque déjà insupportable. Aussi, dès le lendemain, regagna-t-il Munich et de là ses montagnes vierges et silencieuses. Il fit, dans le haut pays, une retraite prolongée où seul son secrétaire put venir le troubler pour quelques affaires d'importance.

C'est vraisemblablement à cette date que Louis II conçut les plans de Herrenwœrth. Aussitôt il se mit au travail avec ses architectes ordinaires, Dollmann, Hoffmann, etc... Il voulait faire quelque chose de grandiose et de plus luxueux encore que ce qu'il avait exécuté jusque-là. Mais Linderhof inachevé[1], l'immense Neuschwanstein interminable engloutissaient de grosses sommes. Des dépenses imprévues se faisaient à chaque instant nécessaires. D'après la loi du 1er juillet 1834, le Roi recevait chaque année 2.350.580 florins[2], outre les revenus des biens propres des Wittelsbach. Cela ne pouvait suffire à tant de frais. D'autant que la crue inquiétante des mémoires, si elle ne laissait pas d'inquiéter les intendants, n'engageait nullement Louis II à restreindre ses exigences et ses caprices. En attendant que l'on commençât à s'endetter, — ce qui ne devait pas tarder, — il fallait néanmoins temporiser un peu. Aussi les fondations de Herrenchiemsee[3] ne furent-elles entreprises qu'en 1878. Pour le vaste emplacement et les avenues rectilignes que voulait Louis II, il fallut beaucoup déboiser cette petite île plate. Cela en compromit quelque peu la stabilité, déjà mise en danger par les courants qui traversent le lac. Sous le poids du vaste château rectangulaire, les sables

---

[1] Il ne fut fini qu'en 1879.
[2] C'est-à-dire environ cinq millions de francs.
[3] Ou simplement Chiemsee. Ce sont les deux noms qui, pour le château, ont prévalu sur Herrenwœrth.

et les marécages de Herrenwœrth ne s'affaisseront-ils pas un jour ? C'est la conviction de beaucoup. Une légende du pays dit que déjà un palais doré a été englouti autrefois sous les eaux. Même aventure pourrait bien arriver à celui-ci. Mais les murs de Neuschwanstein ne finiront-ils pas par succomber ? Linderhof n'est-il pas à la merci d'une avalanche ? Ainsi les monuments de la gloire et du rêve de Louis II sont peut-être condamnés à disparaître et rien alors ne survivrait plus de lui. Rien ne resterait plus pour dire quelle pauvre âme curieuse et tourmentée avait voulu jouir de ce contraste : Versailles assis au milieu d'un lac alpestre, devant la ligne tantôt bleuâtre, tantôt neigeuse, du Tyrol.

C'est une surprise que d'apercevoir cet horizon par quelqu'une des larges baies du château. Profondément, on se sent dérouté, perdu, effaré comme devant une anomalie et une monstruosité. N'étaient les souliers à clous grossiers écrasant les parquets tendres, les mains noires froissant les tentures, et laissant des taches aux portes, des touristes indigènes, les lunettes d'or d'un *privat-docent*, la redingote luisante et empestée de tabac de quelque pasteur luthérien, ne se croirait-on pas en France, à traverser la *Cour d'honneur*, la *Salle des Gardes*, la *Salle du Conseil*... où brillent de toutes parts les lis, où sont peints nos souvenirs nationaux, où nos rois et nos grands hommes, jusqu'à Condé, Turenne, Villars et Catinat, figurent en buste ou en pied? Voici *l'OEil de Bœuf* et une *galerie des Glaces* plus longue de quelques mètres que celle de Versailles : ce dont naïvement s'enorgueillissait le Roi. Seul, toujours seul dans ses vastes appartements faits pour la foule des courtisans, il se promenait, et le plus souvent à la clarté des bougies. A quoi bon ces boudoirs roses, où les glaces se multiplient comme pour renvoyer des images de volupté, puisque jamais il n'y amena une femme? Inutiles ces escaliers secrets : mais en les gravissant, il s'imaginait entrer chez Mlle Lavallière ou chez Mme de Montespan. Une luxueuse salle de bains est ornée de peintures assez libres : chastement Louis II les faisait couvrir d'un rideau. Mais peut-être connût-il en rêve ces plaisirs qu'il se refusait. Autour de la fontaine de Latone, le long des canaux glauques prolongeant à l'infini leur perspective, auprès des bosquets taillés avec art, son imagination promenait des maîtresses mille fois plus désirables, dans leurs formes imprécises, que telle grande dame ou que telle actrice. Les réalités de l'amour, quelle horreur et quel dégoût! Mlle X..., une chanteuse, ayant obtenu de lui, après une séance où il avait été content de sa voix, de visiter sa Chambre de parade dont on disait merveilles, sitôt après son départ il ordonna au valet de brûler des parfums dans des cassolettes pour effacer toute trace de ce passage impur[1].

Dans un vestibule du rez-de-chaussée de ce nouveau Versailles, un paon énorme de bronze, d'émail et d'argent symbolise les idées de Louis II à ce moment. Après avoir pris (*Neuschwanstein*) le cygne wagnérien et romantique comme emblème, il choisit aujourd'hui l'oiseau de l'orgueil ; plus tard, retiré dans la montagne, méditant de se venger sur les hommes de ses illusions, il élira le rapace faucon (*Falkenberg*). Ce symbole peut sans doute servir à donner quelque éclaircissement sur les intentions du Roi.

En construisant ces châteaux, il donnait d'abord une nourriture et en même temps un point d'appui à ses songes. Il y satisfaisait encore son besoin de faste et de puissance.

Très simplement élevé par son père, bon monarque à la manière de Louis-Philippe, qui volontiers se promenait dans sa ville, un parapluie sous le bras, avec sa femme et ses deux fils, Louis II, cependant, désira toujours le luxe. Mais l'aimait-il bien pour lui-même, pour les jouissances qu'il donne, pour l'embellissement qu'il apporte à la vie? Non, sans doute. Il l'aimait, comme tant de per-

---

[1] L. VON KOBELL.. *Ludwig II und die Kunst.* p. 75.

sonnes vulgaires, par vanité. Oh ! je sais bien que
cette vanité était d'essence supérieure et confinait
presque à l'orgueil. Il ne voulait pas pouvoir dire :
j'ai des meubles plus riches, un château plus merveilleux que n'en a mon frère de Prusse. Il tenait
à pouvoir penser : tout ce que je possède est digne
du souverain d'un pays opulent, qui a un glorieux
passé et tient une place honorable dans le monde.

Nous voici donc amenés à distinguer un nouvel
élément dans les raisons d'agir de Louis II. En
faisant construire Neuschwanstein, Linderhof,
Herrenchiemsee, il voulait d'abord, nous l'avons
vu, s'apprêter des milieux propices à l'élabora-
tion de ses rêves. Nous sommes maintenant amenés à constater qu'il poursuivait une autre idée
encore : donner un signe tangible de sa puissance
et de sa grandeur. On juge alors quelle importance ont ces châteaux dans l'histoire du roi de
Bavière. Ils sont l'œuvre de sa vie, le monument
de ses ambitions, le miroir de ses intimes pensées.

Neuschwanstein, burg féodal au guet sur sa
roche escarpée, Linderhof, bijou jalousement caché
dans un chaos de granit, Herrenchiemsee étalant
sa majesté solitaire au milieu d'un lac tranquille,
représentent l'état d'esprit de Louis II à partir de
1872 environ. Profondément humilié par l'hégémonie des Hohenzollern, il trouva une retraite et

une consolation idéales dans l'image de la monarchie française. En ces palais, il trouvait un simulacre d'autocratisme. Éloigné de tout ce qui pouvait lui rappeler sa médiocre condition de prince constitutionnel, il pouvait croire que ces murs, ses sujets corvéables à merci les avaient élevés sur son ordre ; que ces richesses, les Bavarois taillables sans recours et ne possédant rien que par grâce royale, les lui avaient « rendues » comme son propre bien.

A force de se suggérer de semblables imaginations, il finit par y prendre plus de goût qu'il n'eût été convenable. Et c'est là que son histoire devient étrange. Nous l'avons vu seulement essayant d'adapter son rêve à sa vie privée. Il va tâcher de le faire passer dans la vie politique. Parfaitement: vassal de l'empereur d'Allemagne, esclave d'une constitution, ne pouvant rien qu'avec le vote favorable d'une chambre issue du suffrage universel et l'avis d'un conseil d'État, Louis II, après avoir pris Louis XIV pour sujet d'exaltation, va maintenant le prendre pour modèle[1].

---

[1] On aura sans doute déjà remarqué que nous ne sommes pas bien fidèle à l'ordre chronologique. Fréquemment nous revenons en arrière. C'est que, nous l'avons dit dans l'*Avant-Propos*, nous traçons avant tout l'histoire d'une âme, non d'un règne. Les faits ne viennent donc que pour appuyer la psychologie Et comme toutes les pensées se pénètrent et se brouillent même un peu, on se voit obligé tantôt à des vues sur l'avenir, tantôt à des retours et à des reculs dans le passé.

Une première fois il avait manifesté ces tendances nouvelles dans une question qui ébranla profondément l'Allemagne catholique : la proclamation du dogme de l'infaillibilité papale.

Cette machine de guerre, dressée principalement contre l'Église gallicane, inquiétait les souverains, soucieux d'éviter toute ingérence de Rome dans leurs affaires. En Bavière, où l'esprit ultramontain est d'autant plus fort qu'il s'allie parfois à une sorte d'opposition démocratique, on craignait les effets de l'étonnante prétention de Pie IX. Orthodoxe et croyant, Louis II était roi avant tout. Il était de son intérêt de résister de toutes ses forces aux projets du Vatican. Or cela ne rappelle-t-il pas l'affaire de 1682 et la Déclaration des quatre articles? Louis II semble avoir eu dans la mémoire l'exemple de Louis XIV. Il trouva même, comme il le disait, « son Bossuet » en Dœllinger.

Grand aumônier de la cour de Munich, chargé d'honneurs, vénéré de toute l'Allemagne intellectuelle, Dœllinger était déjà bien âgé, — soixante-dix ans, — lorsque survinrent ces difficultés dogmatiques. Pour obéir à sa conscience, il n'hésita pas à entrer en lutte avec Rome, à encourir même l'excommunication et à fonder une Église nouvelle. Plus jeune, il eût été le Luther du xix° siècle. Un roi était là pour le soutenir, un peuple pour l'écouter. Manqua-t-il d'initiative ou d'énergie? Ou plutôt l'esprit de discipline et d'unité ne l'emporta-t-il pas chez les croyants, — comme il l'avait emporté en France chez Bossuet et chez Louis XIV à la fin du xviie siècle?

Dœllinger entré dans les ordres par une vocation ardente et sincère, — et non par désespoir d'amour, comme on l'a faussement prétendu, — avait toujours été un admirable prêtre, d'une haute intelligence qu'il consacrait à la science théologique dont il reste, parmi les modernes, un des plus illustres représentants. Mais un dangereux ferment sommeillait en lui : l'esprit de libre examen. Quelques conclusions de ses ouvrages avaient semblé bien hardies. Et lui, d'autre part, croyait que l'Église n'était pas dans une bonne voie, qu'elle s'écartait par trop de sa mission et de ses traditions primitives. Durant un séjour à Rome, reçu par Pie IX, il fut choqué du luxe et du cérémonial du Vatican. Tout ce qu'il y a d'oriental et de païen dans le catholicisme avait froissé sa religion rationnelle d'Allemand[1]. Il était d'avis que le Pape ne pouvait que gagner en majesté et en puissance morale à perdre ses états et son royaume temporel. Enfin ce prêtre chargé d'années, ce soutien de l'Église, cette gloire de la catholicité pensait comme le

---

[1] Gladstone l'appelait avec raison « le plus allemand de tous les Allemands ».

jeune séminariste Renan à Saint-Sulpice : « Je prétends user de ma raison puisque Dieu l'a donnée à l'homme pour qu'il s'en serve. » Il était sur le chemin de la révolte ou au moins de la dissidence. L'occasion devait lui être donnée de manifester ses idées.

Pressenti sur l'infaillibilité, que Pie IX se préoccupait d'ériger en dogme, il se déclara hautement contre elle. Après avoir examiné avec soin la question, il crut devoir la rejeter. On en conçut quelque inquiétude à Rome. « Je sais bien, s'écria le souverain pontife dans un moment de dépit, je sais bien que je n'ai aucun pouvoir en Allemagne et que Dœllinger est le Pape des Allemands ! » Et cependant Louis II écrivait à son chapelain pour l'anniversaire de sa naissance, le 28 février 1870 : « Je vous souhaite de longs jours encore, pleins de force et de santé, afin que vous puissiez continuer à lutter pour l'honneur de la Religion et de la Science, et pour le vrai bien de l'Église et de l'État : Ne vous lassez point ! Ne renoncez pas à combattre ! Des millions d'hommes ont les yeux fixés sur vous, dans l'espérance que vous renverserez les intrigues jésuitiques et amènerez la victoire de la lumière sur l'obscurité[1]. »

---

[1] Cf. les *Briefe und Erklærungen von I. von Dœllinger über die Vatikanischen Dekrete*, 1869-70, et aussi *die Alt-Katholiken* par le Dr Friedrich von Schulte.

Quand, le 13 juillet 1870, la Congrégation générale à Rome eut proclamé le dogme de l'infaillibilité, Dœllinger dut prendre parti. Ce vieux prêtre qui se souvenait avec une joie profonde de sa première messe allait-il rompre avec tout un long passé d'amour, de respect et d'obéissance à l'Église ? Mais d'autre part, malgré cinquante ans de discipline, il ne pouvait se résoudre à abdiquer le droit de penser et de juger, à s'incliner devant une simple opinion d'autorité humaine. Avec une très digne simplicité sans orgueil aucun, il refusa de se soumettre, protestant malgré tout de sa foi catholique : « Je n'ai, de toute ma vie, connu qu'une nuit sans sommeil, raconta-t-il plus tard. C'est celle où j'ai scruté ma conscience à propos du dogme de l'infaillibilité, où je pesai les raisons diverses, et où j'acquis enfin la conviction que je ne pouvais pas (*ich dürfe und koenne nicht*) reconnaître ce dogme. » Et il déclara publiquement : « Comme chrétien, comme théologien, comme historien, comme citoyen, je ne puis admettre cette doctrine. » Ces nobles paroles de Dœllinger, son refus de se soumettre aux décrets du Vatican eurent un retentissement énorme dans la catholicité allemande. Cette voix si respectable, cette conscience si droite, cette raison si juste faillirent entraîner un grand schisme. Mais l'esprit de discipline l'emporta grâce à la forte organisation de l'Église et à une campagne vigoureusement menée par le clergé. Seuls, quelques esprits de haute culture, victimes de l'anarchie intellectuelle et de l'orgueil communs aux penseurs, aimèrent mieux, malgré leur foi très vive, se séparer de Rome que de parler contre leur conscience. Et ce fut alors une secte nouvelle qui se forma : celle des vieux-catholiques, qui ne fut guère d'abord qu'un club d'universitaires. Pour déterminer un grand mouvement en leur faveur dans les masses, il comptaient sur l'appui du Roi et de son ministre des cultes, Lutz. On connaissait les paroles que celui-ci avait dites un jour : « Qui doit être le maître de l'État ? Le Gouvernement, ou l'Église romaine ? On savait que malgré les efforts de la majorité catholique de la Chambre, il s'efforçait de « laïciser » la Bavière. Certainement, il profiterait de l'occasion qui s'offrait à lui pour affaiblir, en soutenant les dissidents, l'influence du clergé... Ainsi ces fidèles catholiques d'hier, dont quelques-uns portaient encore la robe du prêtre, allaient sans scrupule entamer cette lutte contre la papauté !

Ils avaient deviné juste. Louis II les appuya d'abord. Malgré la demande que lui fit M. Scherr, archevêque de Munich, il maintint Dœllinger dans sa charge de grand aumônier de la Cour et lui permit de continuer à dire la messe dans la chapelle de la Résidence. Le 28 février 1871, il lui écrivit la lettre suivante : « Je suis fier de compter un homme tel que vous parmi les Bavarois. Je vous félicite de votre attitude dans l'affaire de l'infaillibilité, tandis qu'au contraire je suis affligé des convictions de l'abbé Haneberg[1]. Peut-être viennent-elles de son humilité. Mais c'est là une humilité mal comprise. Car afficher des opinions que l'on n'a pas, cela devient une basse hypocrisie. Je me réjouis de ne m'être pas abusé sur votre compte. Je l'ai toujours dit : vous êtes mon Bossuet, lui au contraire est mon Fénelon. Quant à la conduite de l'archevêque elle est navrante et lamentable (*jammervoll und Mitleid erregend*). Vous, vous êtes le rocher de l'Église. Tous les catholiques qui vivent dans l'esprit du fondateur de notre sainte religion doivent regarder vers vous avec une confiance inébranlable et un profond respect[2]. »

Vous êtes mon Bossuet et lui mon Fénelon ! Avec quelle naïve emphase ne dit-il pas ces mots! Quel contentement y apparaît d'avoir trouvé une occasion de pouvoir rivaliser avec son modèle: Louis XIV ! Oui, oui, contre Rome, contre la catholicité entière, contre la Bavière même, il le soutiendra, son Bossuet !

Le 10 avril une réunion du comité des vieux-

---

[1] Qui était aussi attaché à la cour.
[2] Même source que la précédente lettre.

catholiques avait rédigé une adresse pour prier le Gouvernement d'interdire, comme dangereuse pour l'État, qu'on enseignât dans les séminaires et les écoles la doctrine de l'infaillibilité. L'archevêque de Munich répondit par une lettre au Roi où il demandait de mettre fin à ce mouvement ennemi du catholicisme. Bientôt l'excommunication fut lancée contre Dœllinger. Dans toutes les paroisses des discours de la dernière violence furent prononcés contre lui : si bien que, afin d'éviter le crime de quelque fanatique, la police dut faire surveiller Dœllinger lorsqu'il sortait pour sa promenade quotidienne qu'il ne voulut jamais interrompre.

L'excommunication, c'était chose grave. Aussi beaucoup de ceux qui l'avaient suivi jusque-là n'osèrent-ils s'engager plus loin. Pour le plus grand nombre, les professeurs de l'Université se retirèrent : seulement, en signe de haute estime, ils élurent Dœllinger leur *rector magnificus*. Louis II avait d'abord résolu de résister et il demanda à son chapelain de continuer à toujours dire la messe. Très digne, Dœllinger refusa de commettre « contre le pape et l'Église un tel acte de révolte, qui pourrait conduire à de tristes et graves conflits ».

Encouragés par ces favorables dispositions du Gouvernement bavarois, les vieux-catholiques allemands travaillèrent à se constituer en

« Église » et à se faire officiellement reconnaître. Ils demandèrent à Lutz de leur céder, pour l'exercice de leur culte, une des chapelles de Munich. Devant le mécontentement de l'opinion et craignant le blâme de la Chambre, le ministre n'osa pas accorder cette faveur[1]. Lorsque les vieux-catholiques de l'Allemagne entière eurent élu pour évêque Reinkens, le cabinet de Louis II attendit pour le reconnaître que Bismarck l'eût fait en Prusse. Et là s'arrêta cet original essai d'opposition à Rome. Comme son modèle Louis XIV, Lous II hésita devant une rupture complète. Mais « son Bossuet » montra plus d'entêtement et alla jusqu'au bout de ses idées[2].

Dans le *Kulturkampf* que Bismarck commençait à ce moment, le Roi conserva cette même attitude. Il refusa de se laisser dominer par la majorité catholique du pays. Ainsi en 1872, les Jésuites et les Rédemptoristes reçurent défense d'enseigner. Mais l'année d'après, par une singulière contradiction où il faut voir, peut-être, le

---

[1] Plus courageuse, la municipalité de Munich leur céda la *Nikolaïkirche*.

[2] Pourtant le Roi ne l'abandonna pas moralement, puisque en mars 1873, il demanda à Dœllinger de lui écrire pour Pâques, un mémoire sur la *Résurrection du Christ* afin d'éclaircir quelques points dont il n'était pas sûr. Dœllinger répondit selon la vraie doctrine catholique. Il ne mourut qu'en 1890, extrêmement âgé, travaillant toujours et luttant pour ses convictions. Son échec même — on ne comptait plus en 1886 que 1500 vieux-catholiques à Munich ! — n'avait pu abattre son courage.

désir d'être désagréable à Bismarck, M. de Hegnenberg-Dux étant mort, il choisit pour le remplacer à la présidence du conseil M. de Gasser, qui siégeait parmi les « Ultramontains ». Lutz, qui était resté même avec Bray, ne put, sous M. de Gasser, faire autrement que de se démettre. Mais ce cabinet, trop médiocre, échoua. Au bout de quelques mois, il fut remplacé par Pfretzschner et ses amis libéraux. Ceux-ci furent violemment attaqués par la majorité du Parlement : rien n'y fit. Louis II les conserva. Aux élections de 1875 des coupes savantes dans les circonscriptions électorales firent perdre quatre sièges à la droite. Elle revenait pourtant forte de 79 voix, merveilleusement disciplinées, contre 77, divisées et subdivisées en groupes divers. Aussi fit-elle un suprême effort pour obtenir un ministère de son goût. Après une séance orageuse[1], un refus de confiance fut voté contre le cabinet et une adresse fut portée au Roi pour lui demander de prendre d'autres ministres. Louis II, qui ne fut jamais si autoritaire que cette année-là, refusa nettement : « Le ministère n'ayant pas perdu la confiance de la couronne, ma volonté

---

[1] Pour attaquer la gauche en suspectant son loyalisme, le député Schels lut à la tribune quelques-unes des plaisanteries que les journaux libéraux des autres états allemands faisaient sur Louis II, — lecture qui causa un scandale épouvantable. La gauche se leva et quitta la salle des séances en protestant. Elle ne revint que quand le président eut consenti à infliger à Schels un rappel à l'ordre avec des considérants sévères.

est que ses membres gardent leurs portefeuilles, » dit-il, en réponse à la démission offerte. A la députation de la majorité il déclara : « Je ne vois pas qu'il y ait lieu pour moi de me rendre à l'invitation que vous me faites dans cette adresse. Au surplus le ton que se sont permis de prendre quelques-uns des orateurs de la Chambre dans le dernier débat a excité au plus haut point mon mécontentement. Je vous prie d'en témoigner à M. le Président de la Chambre des députés. » Enfin il fit lire au Parlement et afficher dans toutes les communes de Bavière un message qui contenait ces paroles : « M'en tenant au droit qui m'appartient de choisir librement les conseillers de la couronne, je ne trouve pas de raison pour introduire un changement dans le ministère. J'ai la ferme conviction que, parmi les luttes des partis, le cabinet actuel, dans ses actes et ses décisions, n'a jamais eu en vue que la prospérité du pays. J'espère que, soutenu par ma confiance royale, il réussira à ramener cette paix intérieure de qui dépend le favorable développement du bien public. Je compte que la politique du Gouvernement trouvera chez tous les esprits mesurés une aide efficace, pour le plus grand bonheur de notre chère patrie ! »

Le prince qui supportait si impatiemment les assauts de la majorité dans son propre royaume, devait profondément souffrir de son humiliant vasselage. Au retour de Reims et de Versailles comme l'hégémonie prussienne pèse à son orgueil ! Comme il voudrait pouvoir se révolter, se délivrer, reconquérir son indépendance ! Mais tout cela, c'est folie. C'est autant d'imaginations auxquelles il serait dangereux de se laisser entraîner. Ne pouvant arriver à l'absolutisme, Louis II se contentera de s'en donner l'image, et de l'affirmer en prononçant : « l'État c'est moi ! » Souvent il commençait ses lettres par ces mots : « *Moi, le Roi, je veux...* » Et il terminait tous ses ordres par un *Amen* impératif. Enthousiaste de Charles-Quint et de Philippe II comme de Louis XIV, il écrivait sur le registre des auberges de la montagne : *Yo el Rey*. Mme de Kobell dit savoir qu'il mûrit quelque temps un projet de coup d'état qui devait le délivrer des Chambres et lui mettre un pouvoir discrétionnaire entre les mains. Peut-être fut-ce un rêve de quelques heures entretenu par la complaisance d'un secrétaire, favori d'un jour. Il ne s'y arrêta pas davantage, distrait et consolé par quelque formule sonore ou par une nouvelle aggravation de la sévérité de l'étiquette.

En cette année 1875 pourtant on le voit plus frémissant et plus ambitieux que jamais. Et la singulière manifestation dont il s'avisa alors dévoile amplement ses intimes pensées.

Le 20 août, les troupes bavaroises avaient fini leurs manœuvres d'été, et, une fois l'inspection faite par le prince Frédéric, étaient pour la plupart rentrées déjà dans leurs quartiers, lorsque survint l'ordre de se préparer à une grande revue que voulait passer le Roi en personne. Dans le public, ce bruit fut d'abord accueilli avec incrédulité. Il fallut bien se rendre à l'évidence quand on vit arriver à Munich des détachements des diverses garnisons.

C'est que Louis II avait été péniblement froissé de l'accueil enthousiaste fait, cette année encore, par la foule à « notre Fritz ». C'était lui, le Prussien, le plus salué et le plus acclamé. « Quant à moi, on m'honore seulement dans mes couleurs », disait amèrement le Roi. Il n'avait pas désarmé envers celui qu'il regardait comme son rival et son ennemi. Un an avant, Frédéric lui avait demandé s'il consentirait à lui donner hospitalité pendant quelques semaines d'été dans son château alpestre de Berchtesgaden. Louis II avait opposé de si nombreuses difficultés et tant de mauvaise grâce, que le prince impérial finit par accepter l'asile que lui offrait, dans sa propriété, une vieille demoiselle noble de la région.

Passer, et dans ces circonstances, cette revue de 14.000 hommes, c'était donc affirmer qu'il était le seul chef de l'armée bavaroise, et qu'il entendait conserver sa liberté d'agir, indépendamment des inspections annuelles de Frédéric. Louis II fut accueilli avec enthousiasme par la foule chez qui le loyalisme était toujours très vif et qui conservait encore l'esprit particulariste à fleur de peau. Mais il se contenta de cette manifestation, en somme toute platonique. Il n'osa, ou ne put, aller plus loin. Deux jours après il partait secrètement pour Reims, se retremper sans doute dans le plus haut idéal monarchique. Mais il ne continua pas à affermir sa souveraineté. Le contact intime avec le peuple, nécessaire pour cela, et qu'il avait reconquis à cette revue, il le perdit aussitôt. Le 12 octobre, on inaugurait la statue de son père, et vainement l'on attendit le Roi. Sans doute, il avait vu l'impossibilité ou l'inutilité de la lutte. Il avait compris qu'il devait désormais se contenter d'imiter Louis XIV dans ses châteaux, ses meubles et ses costumes, mais qu'il serait absurde et ridicule à lui de tenter d'appliquer ses formules et son mode de Gouvernement absolu[1].

[1] Notons que cette passion pour les choses de France, commune aux esprits cultivés de l'étranger et exagérée chez Louis II, n'alla pas jusqu'à lui donner pour nous de bien réelle sympathie politique. Ou, tout au moins, ne la manifesta-t-il jamais clairement. Je ne sais, à ce point de vue, quelle conclusion on pourrait tirer de la défense que le Roi fit un jour à ses artistes, de peindre dans un de ses châteaux le ravage du Palatinat par les armées de Louis XIV. En faisant ce souvenir voulait-il marquer qu'il l'oubliait et pardonnait à son héros ? Ou craignait-il que cette image, en excitant les remords de son patriotisme, troublât son culte pour la monarchie française ?

CHAPITRE V

LOUIS II FUT-IL ARTISTE ?

La réputation d'artiste que, de bonne heure, on a faite à Louis II est-elle méritée ? On a cependant si souvent accolé à son nom cette épithète qu'elle pourrait bien finir par y rester attachée. Mais combien de visiteurs, attirés par la bonne renommée du roi de Bavière, furent visiter ses châteaux et revinrent désenchantés, et surpris d'avoir trouvé tant de banalité et souvent de laideur, lorsqu'ils comptaient sur tant d'élégance dans le faste.

Que l'on veuille bien se rappeler ici ce que nous avons vu, déjà, en passant. Louis II ne goûtant guère dans les opéras wagnériens que la légende; dans toute œuvre d'art que le fond, le sujet; et dans toute chose, au résumé, que l'apparence, le motif à évoquer à son propos mille images, mille souvenirs : on en devra conclure qu'évidemment Louis II était de tempérament non pas artiste, mais romanesque.

Pour le théâtre, d'abord. Nous possédons la liste complète des pièces qu'il fit jouer à ses représen-

tations particulières[1]. Or qu'y trouvons-nous ? A
de rares exceptions près, des œuvres qui se rapportent à ses époques historiques préférées. D'abord
Wagner, pour qui, jusqu'à ses derniers jours, il
témoigna du goût le plus vif, allant jusqu'à donner à Mme Vogel, de l'Opéra, son cheval favori
pour qu'il devînt le cheval Crane de la Walküre
Brünnhilde. Il raffolait de l'*Obéron* de Weber et
goûtait fort le *Manfred* byronien. Un jour, il
s'aperçut que les drames romantiques de Hugo lui
convenaient parfaitement. Il se les fit traduire par
ses auteurs *à la suite*, Heigel, Fresenius, Schneegans. On lui joua ainsi les *Burgraves, Ruy Blas,
Angelo, Marion Delorme* où lui apparut Kainz, ce
jeune acteur, pour qui il allait se prendre d'une
ardente amitié, dont nous raconterons plus loin les
phases. *Cromwell* fut adopté aussi, mais il eut le
regret de ne pouvoir le faire jouer à cause de sa
démesurée longueur. Il fit tailler à ses dramaturges
des pièces dans les légendes et dans l'histoire du
moyen âge, surtout bavarois. Après avoir aimé
beaucoup Schiller il finit par détester ses tendances
démocratiques. Puisqu'il admirait Philippe II, il
ne devait guère être disposé à embrasser les idées
de Posa. Dans la soirée du 27 juillet 1870 où il
assista, avec le prince Frédéric, à *Wallenstein*, il

[1] Von Perfall, *loc. cit.*

faisait déjà remarquer à son hôte ces tendances fâcheusement libérales de Schiller. Et son enthousiasme pour *Guillaume Tell*, plus durable, finit pourtant par succomber lorsque, visitant la Suisse, il remarqua que le poète, malgré le soin qu'il avait pris de se faire envoyer des renseignements par Gœthe, avait commis plusieurs erreurs dans ses descriptions.

Dans son répertoire spécial, ce sont les xvii° et xiii° siècles français qui reviennent le plus fréquemment. Et là, plus le moindre choix dans dans les œuvres. Tout est bon. *L'Éventail de la Pompadour* de Théaulon et Clairville succède à la *Jeunesse de Louis XIV* de Dumas, et à un *Voltaire* d'un monsieur Le Klein. Ce sera ensuite la *Duchesse de Châteauroux* de Sophie Gay... On en trouverait ainsi des dizaines. Et le Roi ne se lassait pas. Il goûtait, par-dessus tout, dans ce genre, une pièce contemporaine de Brachvogel, *Narcisse*, qu'il se faisait jouer régulièrement plusieurs fois l'année, et à qui il donna une véritable popularité quelque temps durant. L'analyse de ce drame, bien inconnu chez nous, montrera très exactement quelles étaient les préoccupations de Louis II au théâtre.

L'auteur a mis habilement à profit tous nos écrivains du xviii° siècle pour présenter un assez joli tableau de la société d'alors. Il s'est risqué à prendre pour personnage principal le propre *Neveu de Rameau*, sans craindre de manquer un peu de l'esprit et de la verve de Diderot. A cela se borne tout le mérite de la pièce qui est d'un romanesque outré, et où l'on traite l'histoire à la façon de Scribe... Narcisse Rameau a été autrefois le mari de Jeanne Poisson, qui l'a abandonné pour M. d'Étioles et celui-ci pour Louis XV. Et quand la Pompadour, déjà malade, mais voulant couronner sa vie en épousant le Roi, se retrouve, — grâce aux intrigues des amis de la Reine, — en face de Narcisse, elle meurt de surprise, de honte, et de douleur. Marie Leczinska ne sera donc pas répudiée. Cette intrigue n'est qu'un prétexte pour faire apparaître sur la scène tous les hommes célèbres du temps, depuis Choiseul et d'Holbach, jusqu'à Madame d'Épinay et Saint-Lambert. Louis II prenait à ce spectacle un plaisir infini. *Narcisse* paraissait à chaque instant sur le théâtre de la Résidence[1]. Et dans le rôle de la Pompadour, Louis II voulut voir figurer successivement toutes les plus célèbres actrices d'Allemagne.

Un jour, en 1872, le Roi apprend par hasard que la femme de son secrétaire, M. de Eisenhart, a traduit une pièce de Scribe : *Salvoisy*, dont le principal

---

[1] Notamment le 9 mai de chaque année, et le 10, on devait jouer *Richard-Cœur de Lion* de Grétry (Cf. L. v. Kobell, *Unter den ersten K. v. B.*, t. II, p. 238 et suiv.). Sans doute ces dates devaient, pour lui, présenter quelque sens. Il avait ainsi de très singulières manies. Le temps et l'époque de son séjour dans ses châteaux étaient aussi strictement réglés.

personnage est Marie-Antoinette. Il lui fait aussitôt demander son travail, le lit et l'envoie au directeur du théâtre avec ordre de faire venir, pour le rôle de la reine, une actrice de Vienne qui avait exactement le physique de l'emploi. Au grand désespoir de Louis II, la dame fut empêchée. On joua cependant la pièce et Madame de Kobell put assister à l'une de ces célèbres représentations secrètes et vit sa traduction reproduite avec une exactitude et un luxe dans les décors qu'elle n'eût jamais osé espérer. Le Petit-Trianon, lieu de l'action, avait été fidèlement copié. En rentrant chez elle, la femme du secrétaire royal trouva l'expression de la reconnaissance de Louis II : des gerbes de fleurs et un charmant bureau Louis XVI[1].

Scribe et Dumas épuisés, comme le Roi était insatiable de semblables mélodrames, force fut bien d'en créer de nouveaux. Le populaire s'imaginait que Louis II écrivait lui-même les pièces qu'il se faisait ainsi représenter mystérieusement. Hélas! il était bien incapable d'un tel effort. Produire, lui? C'était impossible. Inférieur en cela a son grand-père, Louis Ier, et à son père, Maximilien[2], jamais il ne put réaliser, sous leur forme éter-

---

[1] *Idem., ibid.*, p. 280.
[2] Celui-ci avait composé quelques poésies. Mais sur l'avis, sincèrement demandé et reçu de bonne grâce, de Geibel, il ne les publia jamais.

nelle, ces pensées vagues et flottantes qui faisaient son bonheur et son supplice. Il dut connaître le tourment de sentir les choses et de ne pouvoir les exprimer. Si bien qu'il se vit forcé de confier à des tâcherons l'exécution de ce qu'il imaginait.

Oh! ce n'était pas bien original. Et l'on va voir le peu de chose qu'il y avait au fond de tout cela.

En 1878, Louis II demanda à M. de Heigel[1] s'il ne voudrait pas se charger de mettre à la scène « tout ce qui se passa avant la représentation d'*Esther*, les intrigues destinées à empêcher les élèves de Saint-Cyr de jouer devant Louis XIV et sa cour ». Le résultat fut une piécette agréable pour pensionnat de demoiselles.

En 1879, le sujet donné par Louis est *Les Derniers jours du Duc de Bourgogne*, c'est-à-dire le malheur et la défaite s'abattant sur le grand Roi. Ses lectures de Saint-Simon lui faisaient désirer de voir à la scène l'inoubliable tableau de la cour durant ces jours troublés... Puis c'est une vraie composition d'histoire dialoguée que Louis exige : *Le Testament de Charles II* et le duc d'Anjou

---

[1] Il était entré en rapports avec lui en le priant de tirer une pièce d'un roman de lui auquel il s'était plu. Pour reconnaître ses loyaux services littéraires, il l'anoblit même (cf. le propre livre de M. Heigel, *Ludwig II*, p. 202 et suiv.). Le Roi commanda aussi des pièces du même genre à M. Schneegans et à M. Fresenius, ainsi que des traductions (Voir *Allgemeine Zeitung*, 6 9 avril 1893).

appelé au trône d'Espagne. Viennent ensuite *Frédéric II et Voltaire, Grandeur et Décadence du Cardinal Alberoni*. Enfin attiré par la cour brillante et spirituelle des margraves de Bayreuth, au XVIIIe siècle, il demanda en mars 1886 à M. de Heigel qu'il lui tirât une pièce du roman de Gutzow, *Fritz Ellrodt*, dont le héros est le malheureux prince Frédéric Christian, dément et misanthrope. Ainsi la dernière fantaisie de Louis II aura été de se voir paraître tout vivant sur la scène !

Comme on voit, cela est parfaitement cohérent. Son amour du moyen âge et son goût pour la civilisation des deux derniers siècles se retrouvent dans son répertoire théâtral comme dans ses châteaux. Mais, ici et là, pour être artistiques, ces préférences eussent dû s'affirmer autrement. Lire Saint-Simon, c'est bien. Aller voir jouer assidûment le *Chevalier de Maison-Rouge* suffit pour donner la note : jamais Louis II n'a cherché autre chose que le romanesque.

Et cependant, comme il possédait une culture assez profonde et qu'il prenait soin de l'entretenir, il lui arriva parfois de relever sa réputation d'artiste. Il faut remarquer qu'il détestait, dans une pièce, toute coupure ou la moindre altération du texte à l'égal d'une profanation. Les Allemands, au contraire, attachent, en général, assez peu d'importance à ce point et n'ont pas, comme nous, de théâtre

consacré au respect des chefs-d'œuvre. Louis II
manifestait encore des curiosités dignes d'un véritable lettré, quand il se se faisait jouer le *Périclès*
de Shakespeare, par exemple, ou la *Jalousie du
Barbouillé* de Molière. A ce propos, disons qu'il
méprisait et détestait profondément les farces. Sauf
celle-là, à partir de 1870, aucune ne figure à son
répertoire. Il se plaisait au sublime et au tragique
continus. Rire lui semblait indigne de la majesté
royale.

L'Inde lui avait été révélée au cours de ses lectures. Il se prit d'une grande passion pour ce qu'il
appelait « le pays de ses rêves ». *Sakuntala* et
Urvasi entrèrent dans la liste des œuvres qu'il
désirait le plus fréquemment revoir. Sous cette
influence, il projeta même de construire un féerique château, de style hindou, orné avec un luxe
inouï. Et cela, à la veille de sa mort, lorsqu'il se
débattait parmi les fumées de la démence.

Je distingue un plus pur sentiment d'art dans
le goût très vif qu'il marqua toujours pour les
célèbres représentations sacrées d'Oberammergau
qui ont lieu tous les dix ans. On sait à quelle intensité de vie atteignent ces rustiques acteurs dans le
Jeu de la Passion[1]. Louis en fut chaque fois un

---

[1] On y joue aussi avec un grand luxe de costumes *la Légende
de Saint-Constantin, empereur chrétien.*

assistant fidèle. Et il donna à la commune, en souvenir, un groupe de la crucifixion, qui se dresse aujourd'hui au-dessus de la vallée. Mais pourquoi faut-il qu'un élément romanesque vienne altérer ceci encore! On raconte que Louis II désira être à la place de l'acteur qui représentait le Christ; et il aurait voulu mourir sur la croix, en un élan d'amour divin et de mysticité[1].

Et maintenant, ne nous le dissimulons plus. Il n'est que trop vrai : Louis II se laissa aller au cabotinage. Devant tels traits de lui, on ne peut s'empêcher de songer à Néron[2]. Circonstance atténuante : il ne rechercha pas, comme l'impérial histrion, les applaudissements de la foule. Au contraire, toujours davantage, il s'enferma dans une orgueilleuse solitude[3]. Néanmoins tout cela, décidément, et l'attrait qu'exerçait sur lui les choses du théâtre, me le gâte. Voulant se créer un monde illusoire, il était naturel qu'il choisit la scène. Car, au moins, sur les planches, il était le maître de tout disposer à son gré. Sa fantaisie ne connaissait plus d'obstacles, et se jouait à travers le temps et l'espace comme elle défiait les nécessités sociales. Là il

---

[1] C'est, du moins, ce qu'affirme, d'après une confidence de R. Wagner, M. Catulle Mendès. Il a fait de ce désir réalisé la conclusion de son *Roi vierge*.
[2] Il fut cruel : nous le verrons au prochain chapitre. Et on l'a accusé aussi d'être parfois sorti de la nature.
[3] Citons, pourtant, ce mot de lui rapporté par Mme de Kobell : « Je souhaite que mes paroles soient criées à travers le monde! »

pouvait se transporter au xvii° siècle, ou dans l'Inde antique, et faire, à l'aise, le roi absolu. Or, de spectateur à acteur, la transition fut rapide et presque insensible. Il éprouva bientôt le plus grand plaisir à se costumer et à déclamer. Doué d'une mémoire excellente, il savait de longs passages de ses auteurs favoris. Il ne se gênait pas pour interrompre un grave rapport de Lutz en lui récitant quelque tirade de Schiller ou de Gœthe. Le travail de ses secrétaires consistait souvent à écouter le souverain, et, peut-être, à lui donner la réplique. Il récitait assez habilement, dit Mme de Kobell, et possédait une belle voix chaude et qu'il savait moduler. Car il avait pris des leçons de diction. Les gens de théâtre, dont il faisait volontiers sa société, l'enseignèrent. En 1865, Louis II, qui menait de front son enthousiasme pour les opéras wagnériens et pour les drames de Schiller, fut séduit par le jeu d'un jeune acteur, Emile Rohde. Il le fit venir à la Résidence et passa de longues heures à déclamer avec lui, écoutant ses observations. Cela dura tout un hiver. Le 18 octobre de la même année, après avoir assisté à une représentation de *Guillaume Tell*, le Roi écrivait à son ami :

« Cher Rohde,
Vous avez dépassé toutes mes espérances. Je

pense constamment avec une joie profonde aux belles heures que nous avons vécu ensemble cet hiver. Oui, vous viendrez, il le faut. Je demeure toujours votre roi affectionné,

         « Louis[1]. »

Mais, bientôt après, Rohde tombait dans une complète disgrâce.

Le Roi faisait venir souvent aussi des actrices qui, toutes, croyaient bien avoir été distinguées pour autre chose que leur talent. Il les priait de chanter ou de déclamer sans même seulement les voir, car elles devaient se dissimuler derrière un paravent, ou bien, si l'endroit choisi était le jardin d'Hiver, derrière des massifs de fleurs. Que lui importait leur personnalité ? « Je connais une *artiste* du nom de Mallinger, dit-il rudement un jour, mais *Mademoiselle* Mallinger m'est inconnue. » Cela ne l'empêchait pas, satisfait, de les combler de cadeaux. N'ayant pu décider Mme Adelina Patti à se rendre à Munich, il conçut un violent dépit de ne pas connaître sa voix. Et, soit vengeance, soit consolation, il donna le nom de *Patti* à l'un de ses oiseaux familiers. Quant au chanteur Nachbaur — celui qui avec la cuirasse de Lohengrin montait en barque sur le Starnbergsee, — le Roi lui portait une affection telle

[1] Cf. dans HEIGEL, *Ludwig II*, chap. II.

qu'il allait jusqu'à le tutoyer et à le baiser sur le front chaque fois qu'il le voyait[1].

Les lectures ordinaires de Louis II étaient-elles pour racheter ce goût perverti de théâtre, et pour contrebalancer la funeste influence des acteurs? Hélas! non. Si l'on examine sa bibliothèque on y trouve bien de bons et beaux livres. A Hohenschwangau, où se passa en grande partie son adolescence, on voit même dans des casiers les sévères ouvrages de science, d'histoire et de droit, qui servirent à son éducation. Il y a apparence qu'il les rouvrit assez peu plus tard. Tous les livres des autres châteaux ont disparu. Mais, d'après le catalogue de ceux de Berg, on peut supposer leur genre : une bibliothèque romanesque et romantique. Les mémoires et correspondances des xviiᵉ et xviiiᵉ siècles en forment le fonds. Mᵐᵉ de Kobell donne quelques titres qui justifient amplement nos craintes : *Les Fastes de Louis XV* (?); *Salomon* par l'abbé Choisy; *Les Soupers de la Régence; Les Maîtresses du Roi; La Duchesse de Lauzun*, par la comtesse Dash. Il s'était acheté les collections du *Mercure de France* et du *Mercure galant*, et il les lisait en conscience. Il ne dédaignait pas de faire ses délices de Capefigue. Pourvu que Louis XIV ou Marie-Antoinette fissent le sujet

---

[1] Dʳ Franz Carl Gerster, *Der Charakter Ludwigs II.*

de l'ouvrage, il en était satisfait. Un jour, raconte encore Mme de Kobell, se trouvant sans lecture, il envoie demander quelques volumes à son secrétaire. M. de Eisenhart donne Plutarque, du Grimm et le *Chevalier de Maison-Rouge*. Et, en remerciant, Louis II déclara que ce dernier volume l'avait tout particulièrement charmé. Cela suffit à donner la mesure de son bon goût et de son sens critique. Certes, ayant une culture étendue et un esprit avisé, il fit parfois des exceptions à cette ordinaire médiocrité. Notons qu'il estima toujours beaucoup le grand poète viennois Grillparzer : il lui fit même demander de terminer son poème dramatique d'*Esther*, dont il n'avait donné qu'un magnifique fragment. Mais le vieil écrivain ne se sentit pas la force de reprendre cette œuvre de jeunesse[1].

Nous pouvons, de façon générale, l'affirmer : Louis II n'a pas compris la littérature en artiste. Sa passion exclusive pour des genres définis, — le choix même de ces genres et des œuvres qui les représentent le mieux, — viennent donc soutenir

---

[1] Le poète Leuthold, de Zurich — mais longtemps journaliste à Munich, — étant devenu fou, Louis II voulut lui payer pension dans une maison de retraite. Le Gouvernement suisse, piqué, prétendit mettre ces frais à sa charge. Voilà qui montre Louis II sensible à un peu d'art et de beauté ! Mais vraiment cela est chez lui trop rare. A peine peut-on citer encore quelques noms de musiciens ou de peintres : Cornelius, Feuerbach..., qu'il ait secourus Sur la réputation du roi de Bavière, on aurait cru à un plus large mécénisme.

la proposition avancée au début de ce chapitre: Louis n'était que de tempérament romanesque.

Et considérons maintenant ce que fit le roi de Bavière pour la décoration de ses châteaux. Ici, du moins, se montra-t-il artiste?

Une première remarque à faire est que jamais Louis II n'acheta soit pour lui-même [1], soit pour la Pinacothèque, des œuvres de grands peintres. Les magnifiques collections de Munich que Louis Ier avait, durant tout son règne, travaillé à enrichir, ne s'augmentèrent, sous son petit-fils, que de façon insignifiante. Lui-même ne s'en occupa jamais, consacrant tous ses soins à ses châteaux [2]. Et là, qu'y avait-il? La peinture romantique et théâtrale des Spiess et des Piloty, seules œuvres originales à côté de copies innombrables. Mais, à cela, Louis II, nous l'avons dit, n'attachait aucune importance. Le simulacre d'un beau tableau lui suffisait, tout de même qu'il se contentait, à défaut de pierres précieuses, de verres colorés. N'étant pas assez riche pour avoir des colonnes de porphyre ou de lapis-lazuli, des imitations en stuc ne le choquaient en rien. C'est ce que M. de Heigel

---

[1] Il paraîtrait cependant qu'on a revendu à sa mort, pour un prix insignifiant, dans l'ignorance de leur valeur, des tableaux de maîtres français modernes achetés par M. de Bürkel à Paris. Ils n'avaient pas même été tirés de leurs caisses en 1886.

[2] Le *Musée National* contenant des reliques et souvenirs de l'histoire bavaroise fut la seule institution de ce genre dont il s'occupa.

a exprimé par cette formule très juste : « Du diamant, il ne voulait que l'éclat, non la dureté[1]. »

Pour la décoration de ses châteaux, il ne s'en était pas remis aux soins discrétionnaires des architectes et des tapissiers. Lui-même s'occupa de beaucoup de détails, les régla à l'avance et en surveilla l'exécution. Il paraît même que dans sa misanthropie croissante, ne voulant plus causer avec personne, il s'occupait de toutes ces affaires par correspondance, jetant au besoin des croquis ou des indications sur le papier[2]. Wilhelm Lübke, qui put voir ces documents, témoigne de la connaissance des styles divers qu'y montrait Louis II. Et surtout, il possédait le château de Versailles dans ses moindres particularités avec une étonnante précision.

Ainsi, de même que, pour ses pièces, Louis II n'était capable que de donner des *indications*, de suggérer des idées. Mais de quel genre étaient-elles ? On pouvait le prévoir : il ne s'occupe que du sujet, du motif de décoration. Ayant commandé à Joseph Watter un service de porcelaine qui devait représenter des scènes du xvii° siècle, il envoya à l'artiste les jugements que voici sur son

---

[1] Remarquons qu'il n'a jamais tenu non plus à avoir des reliques de ses héros, Louis XIV ou Marie-Antoinette.
[2] Cf. *Ludwig II und die Kunst*, par W. Lübke, dans la revue *Nord und Sud* d'octobre 1886.

travail préparatoire pour la pièce *Condé reçu par Louis XIV* :

« Les couleurs des bannières sont inexactes : bleu semé de lis d'or, au lieu de rouge, blanc, bleu. Soigner un peu plus l'arrière plan. Adoucir la raideur de la tenue du Roi. »

Louis XIV recevant à Versailles le prince électoral Max-Emmanuel de Bavière :

« Rendre la perspective un peu plus conforme à la réalité : du canal on doit apercevoir le château. » Et pour d'autres pièces : « Le costume du Roi était noir avec des parements rouges ; celui des chevaliers, vert avec parements d'or. » Ou bien : « Le Roi, ce jour-là, ne portait pas de costume noir. » Sur un *Molière soupant chez Louis XIV* : « A corriger. Et particulièrement soigner, avec un peu plus d'exactitude, les détails du lit. Ennoblir les physionomies. Suivez la gravure indiquée. » Pour une scène à la cour de Louis XV, il recommande de « poudrer les cheveux des dames ». Il avait commandé à un peintre un *Lever de Marie-Antoinette*. Après avoir examiné le tableau, il le renvoya avec cette note : « Les dames de la cour ne s'éventaient pas devant la Reine et ne tenaient pas de conversation avec les cavaliers, parce que le respect leur commandait de conserver le silence et de garder leur éventail fermé. De plus, je désire voir le compositeur Gluck parmi les assistants. »

Mis sans doute au courant des désirs du Roi, un autre peintre, M. H. de Pechmann, exécuta un *Lever* selon ses intentions, et son tableau plut tellement que Louis II voulut qu'on portât incontinent à l'auteur une bague de diamant et des fleurs pour sa femme, sans prendre garde à l'heure, fort avancée dans la nuit [1].

On en conviendra, ces notes prouvent un esprit d'archéologue et d'érudit, mais pas d'artiste. Du reste Louis II possédait de nombreux recueils de planches et de gravures [2] où il puisait tous ces renseignements. Et dès qu'un sujet l'intéressait, il rassemblait tous les ouvrages qui pouvaient en traiter. Il finit de la sorte par acquérir des connaissances très précises sur l'ameublement et la décoration. Et c'est ainsi qu'il put faire composer des bijoux et des meubles selon ses idées [3]. L'orfèvre Merk, de Munich, travailla beaucoup pour lui. Le Roi aimait à distribuer à son entourage beaucoup de ces petits objets sans dire quelle part il avait prise à leur exécution. Il voulait même que ce fût un secret très caché et ne s'en ouvrait guère qu'à

---

[1] Cf. L. von Kobell, *Ludwig II und die Kunst*, p. 10 et 69-71.
[2] C'est à les feuilleter qu'il occupait une partie de ses nuits. Car, de plus en plus, faisant tout à l'inverse des autres hommes, il en vint à dormir la plus grande partie du jour et à ne guère sortir et travailler que tard dans l'après-midi.
[3] On cite un bâton de chef d'orchestre qu'il donna à Wagner et qui porte son chiffre L avec des fleurs de lys. Il dirigea aussi les réparations qui furent faites à la Résidence.

de fort rares intimes. Pourtant il témoignait d'une confiance particulière en M. Hefner-Alteneck, directeur du *Musée National* et se montrait ravi quand il obtenait ses louanges. Ces bijoux, au dire de Madame de Kobell, avaient surtout pour sujets des emblèmes : c'était, par exemple, le soleil de Louis XIV, ou bien les armes de la Maison de Bavière. Pour les meubles, il s'en occupait beaucoup aussi, et surtout à Linderhof et Herrenchiemsee[1]. Sans doute, ce n'était pas toujours très réussi. Dans le « Versailles bavarois », entre autres, on désigne comme étant plus particulièrement inspiré par le Roi, un meuble de style Louis XV, surchargé d'ornements en bronze doré, et dont les parois sont revêtues d'écaille et de satin bleu. Cette espèce d'armoire, qui se trouve aujourd'hui dans une antichambre, était destinée à contenir la couronne et le sceptre du souverain. Rien de plus lourd, rien de plus inélégant. Quant aux fameuses voitures qui pouvaient servir aussi de traineaux, on n'imagine pas pareille profusion de motifs ornementaux. Sur la caisse du grand carrosse de cérémonie, des scènes du siècle de Louis XIV : un ballet, une revue... sont peintes par les principaux artistes bavarois. Un petit traineau découvert, fourré d'hermine blanche,

---

[1] A Neuschwanstein ils furent achetés tout faits et non exécutés sur commande, sauf une vaste armoire exécutée sur un modèle fort beau qui se trouve au château de la Wartbourg.

est dominé par la couronne royale que supporte une longue branche garnie d'amours. Un autre montre des sirènes affrontées. C'est dans cet appareil que Louis sortait, soit à travers les rues de Munich, soit plus souvent, les nuits d'hiver, parmi la montagne. C'était, pour les paysans, une singulière apparition que celle du souverain, la figure blême, vêtu de velours bleu et portant de riches pierreries, accompagné de piqueurs et de gardes, les cheveux poudrés à blanc, avec la livrée de la cour de France[1], et glissant en silence sur les chemins couverts de neige. Ce spectacle dut engendrer bien des légendes. Mais n'avait-elle pas raison cette jeune paysanne, qui, raconte-t-on, ne put se tenir de rire en voyant défiler ce cortège et, sur une question du Roi, répondit que cela lui paraissait *lustig*. Mot qui assombrit profondément Louis II.

Lustig : Amusant ! Oui, en effet. Ce sont là des fantaisies assez drôles. Mais de l'art ? Non pas.

Sans doute on pourra dire que Louis donna à la décoration un développement très vif par tous les travaux qu'il fit exécuter. Et il est certain que les orfèvres et tapissiers de Munich acquirent à ces exercices quelque habileté. Rien au delà. Ce furent des efforts stériles et qui n'aboutirent à aucun résultat durable. Et ici, n'hésitons pas à prononcer-

[1] C'est ainsi que des aquarelles de Breling représentent le départ pour la promenade, devant Linderhof, en hiver.

cer, sur Louis II, la condamnation la plus expresse. — Il manqua trop profondément de personnalité. Incapable de rien concevoir d'original, il se renferma dans la plus sèche et la plus littérale des imitations : et cela on l'excuse moins volontiers que les pires fautes de goût. Limité, comme en littérature, au moyen âge allemand et aux deux derniers siècles de la monarchie française, hors de là, il ne connut et surtout n'inventa rien. A ceux qui travaillaient sous ses ordres, il ne communiqua que cette même passion de servile copie. « Ne sont-ce pas là de vrais Boucher ? » disait triomphalement à Mme de Kobell un peintre sur porcelaine en lui montrant, dans le plus grand secret — car Louis défendait que le vulgaire pût voir ces choses[1] — deux vases qu'il avait exécutés pour le Roi. Que pouvait-on créer de neuf et de vraiment beau à la stérile école du pastiche ?

A bien chercher, on ne trouve de personnel, dans tout ce que commande Louis II, que des choses témoignant d'une mentalité anormale et maladive, nullement d'un tempérament artistique. Tel le célèbre sopha en porcelaine de Saxe qui se trouve à Herrenchiemsee. Ainsi, encore, le contraste violent et hors nature que font Trianon et un parc à la Lenôtre dans une gorge sauvage du Tyrol. Et l'on comprend que de pareilles enfan-

[1] Il ne voulut plus faire de commandes à un carrossier qui avait montré une de ses voitures à plusieurs personnes.

tillages aient pu paraître « beaux » à tels de nos contemporains qui, sur des oppositions bizarres ou saugrenues, sur l'extraordinaire et le monstrueux, ont fondé toute leur esthétique.

Sans réussir à couper les ailes à une légende aujourd'hui généralement accréditée, Wilhelm Lübke, quelques mois après la mort du roi, résumait la question que nous venons de débattre en ces mots sévères : « Louis II n'a aidé à la création d'aucune œuvre d'art supérieure, en peinture, ni en sculpture. » A ne jamais commander que des copies ou des pastiches, Lübke prétend que le souverain a tué en Bavière, et pour longtemps, la peinture. En réalité cette école ne commence qu'à peine à sortir de l'outrageux réalisme où elle était plongée.

Ce dernier fait, indiscutable et brutal ; la laideur maintes fois constatée par les voyageurs les plus différents des *châteaux me··· ··· eux*, le manque absolu de goût personnel, ··· cela n'est-il pas suffisant pour abolir enfin la légende du *roi de la beauté ?* Non, Louis II ne fut pas artiste, mais seulement romanesque ··· ·veur à un point qui finit par atteindre la d··· ·nce. Incapable de rien créer ou susciter d'··· ·mal — y a-t-il un style Louis II ? — n'ayant réussi à mettre sur rien sa marque, nous l'allons voir, le malheureux prince était atteint d'une véritable maladie de la personnalité.

CHAPITRE VI

LA DÉMENCE

Presque dès le commencement du règne, des rumeurs avaient commencé de courir en Bavière : « Le Roi est fou ! » Les allures étranges, les actes déconcertants du souverain qui vivait très loin, toujours plus loin de son peuple et dissimulait avec un soin extrême toute son existence intime, avaient donné libre cours à toutes sortes de suppositions. Nous avons déjà vu en 1865 un journal faire allusion à l'état mental du Roi. Dans sa brochure datée de 1866, F. Salles parle positivement de la folie du prince *amant des clairs de lune*[1]. On pense bien que ce bruit ne fit que s'affermir par des événements comme la rupture de son mariage avec la princesse Sophie, par exemple.

Mais ce qui donna surtout consistance à ces craintes, ce fut la solitude dans laquelle, de plus en plus, s'enferma le Roi. On s'étonnait et s'inquiétait de le voir ne pas tenir sa cour et fréquenter

---

[1] F. Salles, *La Bavière depuis 1866...* Bruxelles, Leipsick, Livourne, 1866. A la page 28.

seulement Wagner. Le « mauvais génie » du Roi exilé, on s'aperçut que rien ne changeait pour cela dans l'existence du souverain[1]. Il continua de tenir à l'écart ses cousins et ses oncles. Son grand-père Louis Ier mourut dans l'hiver de 1868 à Nice : et il perdit là un conseil naturel et autorisé. Il n'était pas jusqu'à sa mère elle-même qu'il ne négligeât. Sans doute *le colonel du 3e d'artillerie*, comme il l'appelait avec ironie, faisant allusion à un titre honorifique de la Reine, avait dû bien des fois, par des paroles maladroites, des allusions aux goûts et aux fantaisies de son fils, le blesser profondément. Ces petites piqûres causent parfois un éloignement invincible. Et cependant cette Prussienne qui n'avait rien compris au caractère romanesque de son fils, n'avait su acquérir nulle influence sur lui, n'était pas d'âme aussi sèche que l'on eût pu le supposer. Le 12 octobre 1874, au grand mécontentement de l'empereur Guillaume et de Bismarck alors en pleine ardeur de *Kulturkampf*, elle se convertit au catholicisme et abjura la religion luthérienne entre les mains de l'évêque Haneberg, qui s'était fait le directeur de conscience de la Reine. Sa foi était vive, sans doute,

---

[1] Au commencement de 1868, animé de bonnes intentions, le Roi donna quelques fêtes à la Résidence, ce qui réjouit fort ses sujets qui dirent : « Enfin, nous avons un Roi *comme les autres*, qui organise des bals et qui tient sa cour. » Illusion qui ne dura guère.

Mais peut-être comptait-elle aussi un peu là-dessus pour se rapprocher davantage de son fils. Il n'en fut rien. Louis II s'étant fait construire ses châteaux ne séjourna presque plus l'été à Hohenschwangau avec sa mère. Un soir, pourtant, le 15 octobre 1885, elle le vit tout à coup arriver. Mais ce n'était pas un accès de tendresse. Il venait tout simplement de lire une anecdote d'après laquelle Louis XIV était de même venu à l'improviste retrouver Anne d'Autriche pour un anniversaire. Et il avait jugé bonne l'occasion d'imiter une fois encore son modèle[1].

Une autre anecdote montre bien de quelle espèce étaient ce dégoût et cette frayeur, que Louis II éprouvait pour toute société. Le 8 septembre 1875, raconte Crœmer, le Roi était à Hohenschwangau avec sa mère et quelques personnes très intimes à un dîner de famille, et depuis longtemps il ne s'était montré aussi causeur et aussi animé. Soudain un courrier arrive au château et fait annoncer à Louis II que S. A. I. le grand duc *** d'Autriche, son cousin, chassant dans dans les environs se propose de venir le voir entre 8 et 9 heures. Le

---

[1] *Ludwig II, ein Lebensbild*, p. 202; par F. LAMPERT, Munich, 1890. L'auteur, député à la Chambre bavaroise et pasteur de la confession luthérienne avait d'abord écrit en 1887 une petite brochure anonyme : *Rückblick auf den 13 juni von einem Abgeordneten*, Nordlingen, fort peu sympathique au Roi. Le volume de 1890, au contraire, étant signé, fut écrit sous une forme beaucoup plus douce.

Roi pâlit légèrement. Toute sa gaieté est tombée. Il se lève de table, se retire dans son appartement du second étage et ordonne à ses laquais d'atteler en silence pour se rendre à Steingaden, un de ses buts de promenade favoris. Quand la voiture fut prête, il descendit à pas de loup et l'on partit tout de suite au galop. A deux heures et demie, il arrivait à Steingaden et, pour avoir la chambre qu'il y occupait d'ordinaire, un général en tournée d'inspection dut céder la place à son souverain. Le lendemain matin une dépêche avertit Louis II que le grand-duc l'ayant manqué était reparti presque aussitôt de Hohenschwangau. Il put donc revenir tranquille et, tout joyeux, dit en rentrant à sa mère : « J'ai bien esquivé la visite, n'est-ce pas ? »

S'il détestait la société de ses parents, de ses ministres, des gentilshommes bavarois, encore plus haïssait-il la présence de la foule. Pour se décider à paraître en public, il devait surmonter la plus vive des répugnances. Que de fois il se fit excuser à des cérémonies où sa place était toute marquée ! Que de fois il se fit vainement attendre et au dernier moment annonça qu'une indisposition le retenait ! Le 31 juillet 1872, Munich fêta le quatrième centenaire de la fondation de son Université. Le Roi assista seulement à la représentation de gala — un à-propos de Paul Heyse et *Lohengrin* — qui fut donnée au théâtre de la Cour.

Le lendemain, 1ᵉʳ août, les étudiants organisèrent, pour le soir, une retraite aux flambeaux, qui, naturellement, passerait sous les fenêtres du palais. Mᵐᵉ de Kobell, avec des amis, attendait le passage quand on vint chercher son mari, secrétaire du Roi. Louis II priait M. de Eisenhart de commander à la police qu'elle empêchât le cortège de passer devant la Résidence. Mais il était trop tard : déjà les premiers flambeaux débouchaient dans la rue. Et Louis dut se résigner, on put croire de bonne grâce, à entendre les *Hoch* et les *Vivat*. De même en 1880, au septième centenaire du règne des Wittelsbach, il ne fut pas capable de l'effort de volonté nécessaire pour paraître en public. De même encore à la fête qui rappela la réunion du Palatinat à la Bavière : et le soir il partait retrouver Wagner en Suisse !

On le disait avec raison dès 1873 : « Ce goût funeste de la solitude menace le pays de quelque malheur[1]. » Évidemment cela est anormal et pathologique. Un portrait[2] du Roi vers sa trentième année, exécuté par le grand peintre Franz Lenbach, donne bien cette impression. Louis II est vêtu d'un costume Renaissance de couleur sombre, la rapière au côté, le cou sortant d'une fraise

---

[1] Brachvogel, *Die Mænner der neuen deutschen Zeit.*
[2] A l'Hôtel de Ville de Munich.

blanche. Et dans sa physionomie, il y a quelque chose d'inquiétant. Ce n'est plus le jeune homme idéalement romantique des premières années du règne. Le front est encore serein. Mais les yeux ont un éclat dur, et, entre les sourcils très noirs, se creuse un pli révélateur. On reconnaît bien là un passionné de solitude et de rêve ; on distingue aussi qu'un drame sombre se joue dans cette conscience : la lutte, — impuissante, hélas ! et pas toujours assez vive, — contre les progrès croissants de la folie.

Voir du monde, s'entourer d'une nombreuse compagnie eût sauvé Louis II, a-t-on dit. Mais cela, il ne le pouvait pas. Peut-être avait-il d'abord un peu trop écouté son penchant. Il lui fut impossible ensuite de réagir. En sorte que, aux soirs bien rares où il assistait à quelque grand banquet, il faisait mettre devant ses yeux de véritables buissons de fleurs pour n'apercevoir nul visage au travers et s'isoler totalement[1]. Plusieurs jours de suite, il était venu avec le plus grand plaisir à une exposition horticole dans le *Palais de Cristal*; mais à l'heure où le public n'y avait pas accès. Peu après, il y entra avec les visiteurs ordinaires. Aussitôt, dit-il « l'impression poétique se trans-

---

[1] Il faisait aussi, pendant ces repas, jouer beaucoup de musique. Cf. rapport de M. de NEUMAYER à la Chambre des députés du 26 juin 1886.

forma pour moi en irréparable prose. Car on ne descend pas impunément du banquet des dieux dans le monde des mortels[1] ».

Aussi fuyait-il obstinément la foule. Munich finit par apercevoir à peine à travers les glaces de sa voiture, le visage blême du souverain. S'il se promenait à pied dans les allées du Jardin anglais, des gendarmes en nombre devaient l'encadrer à distance, afin d'éviter toute agression — le délire de la persécution le prenait parfois — et toute rencontre importune. Il était formellement interdit, et sous des peines rigoureuses, de pénétrer dans le parc de ses châteaux. Quelquefois, et seulement lorsqu'il était sûr d'être bien couvert par l'incognito, il se plaisait à causer avec des passants, et envoyait ensuite de riches cadeaux à de pauvres diables. Un jour, on raconte qu'il montra son pavillon de Berg à un étudiant suisse, qui, sans le reconnaître, lui avait demandé si le Roi laisserait entrer un visiteur.

En somme Louis II vivait presque toujours seul. Et quand on pense qu'à ce régime il n'en acquit pas moins une profonde connaissance de l'homme et une vive pénétration des desseins et des idées de tous ceux qui l'approchaient[2], on ne peut lui

[1] *Ludwig II und die Kunst*, par L. v. Kobell, p. 36.
[2] Un auteur lui envoie un jour une pièce où Franklin tenait à Louis XVI un discours déclamatoire où il n'était question que de

dénier qu'il n'ait reçu en naissant des dons très réels et les plus rares. Hélas! qu'en a-t-il fait? La solitude n'était pas pour les développer : ils se sont évaporés dans un romantisme vague. « Ne convient-il pas à un prince de réfléchir à ses devoirs et ne le fait-on pas mieux avec Dieu et dans la nature que parmi les agitations de la vie de cour? » aurait-il dit une fois. Peut-être. Mais ce n'était pas à ses devoirs que pensait Louis II : il songeait seulement à lui-même et à la réalisation de ses désirs.

Parmi ses dernières affections, les choix qu'il fit sont significatifs. C'est d'abord sa cousine, l'impératrice Élisabeth d'Autriche. N'était-elle pas bien faite pour s'entendre avec Louis, la châtelaine de l'Achilleion à Corfou, qui, faisant durant de longues semaines des croisières dans la Méditerranée sur son yacht *Miramar*, disait : « La solitude est une forte nourriture. » Et encore : « Après mes retraites, je m'aperçois que l'on sent davantage le poids de l'existence quand on revient en contact avec les hommes. La mer et les forêts nous enlèvent tout ce que nous avons de terrestre : nous sentons l'infini entrer en nous. Fréquenter la

---

liberté, d'égalité, de réformes... Louis II fit remarquer que ce n'était pas au moment où Franklin venait demander des secours au roi de France qu'il allait parler contre la tyrannie. Et il fit remettre la pièce à l'auteur maladroit de ces conseils indirects.

société humaine, c'est nous éloigner de ce progrès, car le sentiment de notre propre individualité, qui y souffre toujours, s'y exaspère. » Sans aucun doute c'est à Louis II que s'appliquaient dans son esprit ces paroles qu'elle prononça à propos d'une statue d'*Achille mourant* : « Je l'aime... parce qu'il a méprisé les foules et qu'il les croyait bonnes, tout au plus, à être abattues par la mort comme des brins de chaume. *Il n'a tenu pour sacrée que sa volonté propre et vécu que pour ses rêves*, et plus précieuse que la vie même lui était sa tristesse[1]. » Ne nous étonnons plus maintenant que l'impératrice d'Autriche et le roi de Bavière aient été attirés l'un vers l'autre : ils étaient en intime et profonde communauté d'idées. Et combien serait curieuse la correspondance qu'ils échangeaient ! Dans le châlet de l'île des Roses, au milieu du lac de Starnberg, il y avait un secrétaire dont Élisabeth et Louis II possédaient chacun une clef : c'était là qu'ils venaient chercher leurs lettres. A la mort du Roi en 1886, on trouva ainsi une missive adressée par la *Colombe* à l'*Aigle*[2].

---

[1] Christomanos, *Tagebuchblætter* (pp. 275, 230-231, 158) Vienne 1898. Ce sont les conversations que l'Impératrice tenait avec son lecteur grec et que celui-ci a conservées dans son *Journal*.
[2] D'après Cræmer, *Kœnigshistorien*, p. 88-89. L'auteur serait, certes, sujet à caution. Mais étant donnés le caractère de Louis II et celui de l'Impératrice, le fait n'a rien que de très vraisemblable.

La dernière amitié de Louis II, ah! qu'elle est triste et misérable! Et pour n'éprouver pas trop de dégoût devant cette parodie de la passion du prince adolescent pour Wagner, disons bien qu'il était devenu décidément, irrémédiablement fou en 1881. Depuis une dizaine d'années, une mélancolie toujours croissante l'envahissait, annihilait sa volonté. Il se plaignait de maux de tête torturants. « Les journaux manquent de tact et voudraient que je fusse toujours gracieux, disait-il; or tout ce qui continue sans arrêt me fatigue. » Cette lassitude d'esprit, rien ne parvenait à la dissiper. Seules les énormes promenades à cheval qu'il faisait parfois, ces *raids* de 100 kilomètres où il méprisait tout danger, sautant témérairement chaque obstacle qu'il rencontrait, réussissaient à lui donner quelque repos. Mais vite l'excitation nerveuse reprenait le dessus. Il entend des pas derrière lui et se retourne effrayé. Personne. Il voit une araignée sur le parquet et ordonne à un laquais de l'enlever. Illusion! Il est halluciné; parfois il lui semble que des serpents rampent sur son cou. Puis il se surprend devant une glace à gesticuler. Et avec la pleine conscience de son état, il s'écrie alors, angoissé : « En vérité, il y a de certains moments où je ne jurerais pas que tu n'es pas fou! »[1]

[1] En français dans le livre de K. von Heigel. Pour tous ces détails voyez son *Ludwig* II, p. 195 et suivantes.

Et quelle impression dut encore produire sur lui son frère qui, lui aussi, perdit la raison! En 1876, il fallut sur l'avis des médecins, enfermer le prince Otto. Ce jeune homme aux yeux clairs, noyés de vague, mais qui, au contraire de son aîné, aimait le monde, les plaisirs et se passionnait pour son métier de soldat, tomba peu à peu dans l'inconscience et l'imbécillité[1]. Avertissement sinistre donné à Louis II. Nulle incertitude ne pouvait plus lui rester sur le sort qui lui était promis.

Le Roi était donc déjà malade, atteint profondément dans sa raison, le jour où il vit pour la première fois l'acteur Josef Kainz.

Le 30 avril 1881 on joua en représentation privée devant Louis II, *Marion Delorme*, de Victor Hugo. Le Roi remarqua fort dans le personnage de Didier un artiste qu'il n'avait pas encore vu. Agé de vingt-trois ans à peine, d'origine israélite, né à Wieselberg en Hongrie, Kainz, jusque-là, avait mené une vie errante de comédien, sans parvenir

---

[1] On le séquestra à Nymphenbourg d'abord. Mais là, un matin, reveillé par une sonnerie de trompettes, il s'élança à la fenêtre et reconnaissant son ancien régiment : « Chevau-légers, cria-t-il, laisserez-vous votre colonel emprisonné? » A ce moment ses gardiens arrivèrent et on l'entraîna à l'intérieur du château. Peu après, il fut conduit à Schleissheim. Aujourd'hui roi de Bavière, il est interné à Fürstenried, pavillon de la couronne, au milieu d'un vaste parc. Il a perdu tout caractère humain. De temps à autre seulement on communique de ses nouvelles aux journaux. Sa dernière photographie, — visage ravagé, front sillonné de rides, yeux caves et hagards, barbe embroussaillée, — indique clairement son état.

à sortir de l'obscurité. Son visage pâle, au nez fin, aux lèvres un peu épaisses mais mobiles, brûlé par le feu de grands yeux noirs, était attirant et expressif. Jeune, ardent, élégant, il gagnait vite les sympathies. De plus son jeu, en dehors, pittoresque, son panache romantique, sa recherche des effets qu'il faisait passer même avant la compréhension intime du rôle [1], devaient ravir Louis II. En effet, sitôt après la représentation il lui envoya, selon sa coutume, une lettre de louanges accompagnée d'une bague portant un saphir. Le 4 et le 10 mai, il voulut revoir Kainz dans le même spectacle. Et au commencement de juin il le pria — faveur insigne — de le venir voir en son château de Linderhof [2].

En quelques jours la plus étroite amitié s'établit entre l'acteur et le souverain. Louis II montra à Josef Kainz ces refuges de son rêve où il n'avait admis personne jusque-là. Il lui fit voir jusqu'à la grotte de Tannhæuser, la hutte de Hünding et l'ermitage de Trevrezent. Il partagea avec lui sa voiture dans ses promenades nocturnes. Et tout à la joie de sa nouvelle affection, comme s'il avait besoin soudain de s'épancher, il le tutoyait, s'effor-

---

[1] Et tel Kainz joue encore actuellement à Vienne.
[2] Pour tous ces détails, cf. BEYER, *Ludwig II*, p. 27 et suiv., et les lettres du Roi à Kainz, que celui-ci a publiées dans le *Zeitgeist*, supplément littéraire du *Berliner Tageblatt* (Numéros 26 et suiv.).

çait de lui être en tout agréable, allant même jusqu'à des puérilités : comme par exemple, de cueillir pour lui des fraises dans les bois.

Était-ce bien à Josef Kainz que s'adressait cette véritable passion ? Il semble que c'était surtout au *Didier* de *Marion Delorme*. Car tel était le nom dont Louis appelait son hôte. Il parlait souvent de cette pièce et un jour qu'il était dans un chalet, il s'avisa que le balcon offrait quelque ressemblance avec celui de la maison de la courtisane. Là-dessus Kainz fit observer que l'accès n'en serait pas très facile et que même Hugo dans son drame a rendu l'escalade d'une bien invraisemblable facilité.

— Il est vrai, répondit le Roi. Mais quant à moi, j'ai toujours soin de ménager mon idéal. Je n'aime pas à remarquer ces petites faiblesses dont l'harmonie totale de l'œuvre aurait à souffrir si on les examinait de trop près. Il en est de même pour moi de l'acteur. *Je ne vois en lui que le personnage.* Aussi celui qui est chargé d'un rôle noble est-il à mes yeux un être noble.

— Mais, objecta Kainz, si je jouais Franz Moor, des *Brigands*, me prendriez-vous pour un coquin ?

— Jamais, répondit le Roi vivement, jamais vous ne jouerez un rôle pareil !

Puis il fit reproche à son favori d'avoir gardé pour jouer Didier la bague de saphir qu'il lui avait

donnée. Il en avait été choqué, car Didier étant
pauvre, c'était un contre-sens de lui faire porter
un si riche bijou. Et dans tout le reste de sa conversation, Louis exprima de semblables idées, se
montrant bien tel que nous avons essayé de le
dépeindre. On reconnaîtra encore à ce trait que
son caractère, sur certains points, n'a pas changé
depuis le temps où Wagner était son favori. Son
orgueil est le même et ne supporte pas plus
qu'alors qu'un étranger s'ingère dans les choses
de l'État : il les juge personnelles. S'étant plaint
plusieurs fois devant Kainz de l'ennui que lui
causait l'expédition des affaires, l'acteur s'enhar-
dit jusqu'à lui dire : « Puisque gouverner vous est
si pénible, que ne remettez-vous le sceptre en
d'autres mains ? » Louis, là-dessus, le regarda avec
sévérité et le pria de changer de conversation.
Kainz s'excusa comme il put de sa maladresse. Ne
reconnaît-on pas ici le jeune prince qui en 1864
se mettait à siffler et à regarder en l'air quand
Wagner parlait politique ?

Kainz resta à Linderhof quelques jours occupés
par des promenades et des causeries. On ne se fit
pas faute non plus de déclamer des vers. Louis II
écrivait à son ami dans une lettre postérieure :
« Relisant récemment dans le drame délicieux de
Grillparzer, *la Vie est un rêve*, les vers de Roustan
que dans ces jours sublimes, vous m'avez récités

à Linderhof avec une flamme si convaincante, je sentis de nouveau l'inoubliable charme de votre voix divine ! » On agitait aussi le projet d'un voyage en Espagne ; mais la saison étant trop avancée, on recula par crainte de la chaleur. Kainz rentra à Munich. Et à ce moment une petite brouille survint : le Roi ne se rendit pas à une représentation de gala donnée à l'occasion du deuxième centenaire du Royal régiment d'infanterie. Or Kainz devait y jouer, et quelle gloire c'eût été pour lui de réussir, par son influence, à amener le Roi en public, alors qu'il refusait depuis si longtemps d'y paraître ! Louis eut beau lui écrire : « Si j'y assistais, cette représentation serait pour moi froide et ennuyeuse, et me donnerait tout le contraire d'une jouissance artistique... J'éprouverais une désillusion à voir mon Didier dans une mauvaise et fade allégorie... Le charme puissant et poétique qui va illuminer pour moi cet été et cet automne ne doit pas être profané. Mon ami comprendra que je ne m'offre pas, ce soir-là, en victime aux ovations. » Déçu dans sa vanité d'artiste, Kainz en ressentit un dépit très vif et garda quelque rancune au Roi. Un cadeau fit oublier ce malentendu.

Ayant renoncé au voyage en Espagne, il fut ensuite question de faire un tour en Suisse. Kainz accepta avec empressement. Comme Louis II voulait voyager incognito, selon sa coutume, avec le moins de suite et le moins d'apparat possible, il se fit faire un passe-port aux noms du *marquis de Saverny* et de *Didier*, heureux de pouvoir jouer ainsi et mêler agréablement la fiction à la réalité. Quelques domestiques, et le fidèle Hesselschwerdt, sorte d'intendant, formaient toute leur compagnie.

Malheureusement, dès son arrivée à Lucerne, on reconnut le Roi et une haie de curieux se forma sur son passage. Le voyage débutait mal : « Je veux vivre pour moi seul et inconnu ! » répétait Louis II. Descendu dans un immense caravansérail cospomolite, il fut incommodé par le bruit des bateaux, les allées et venues des voyageurs. Il chercha plus de calme et de solitude et son choix s'arrêta sur un chalet dont le propriétaire, en apprenant à qui il avait affaire, ne voulut recevoir aucune indemnité, s'estimant trop heureux de loger un monarque sous son toit. Louis II le dédommagea par la suite amplement avec de riches cadeaux.

Leur temps se passa en promenades, en rêveries, en lectures. Louis apportait toujours à toutes choses ses mêmes enthousiasmes soudains. Il découvre un roman de Hauff qu'il ne connaît pas : *l'Homme dans la lune*. Et il faut qu'aussitôt son favori lui en fasse lecture, sans arrêter, de quatre heures à onze heures du soir; et c'est seulement quand le livre est fini et que le Roi est sorti de son ravissement, qu'il songe à faire manger et reposer Kainz. Louis dit que c'était là une des plus belles soirées de sa vie. Le comédien ne partageait guère cette opinion. Intimement flatté par cette amitié royale, il souffrait dans son orgueil lorsqu'on le traitait en inférieur et un peu en jouet. Il eût voulu vivre sur le pied d'égalité avec son protecteur. Cette petite vanité devait lui être fatale. Il avait confondu le ton cordial et le ton familier. Il crut pouvoir se permettre bien des licences. Louis II, de caractère mobile et changeant, et ne trouvant plus à la place de son Didier qu'un cabotin vulgaire, se fâcha pour tout de bon un jour.

Afin d'éviter la promiscuité des touristes bruyants, Louis II se rendit au Rütli après le départ du dernier vapeur, et traversa le lac dans une barque louée pour son usage particulier. Il arriva assez tard au lieu où la légende veut que se soient réunis les conjurés. Et là, il demanda à Kainz de lui réciter quelques passages du *Guillaume Tell* de Schiller. Le comédien allégua sa lassitude, l'heure tardive et se refusa, sans doute assez peu aimablement, à obéir au Roi. Celui-ci, piqué, sans s'attarder à une discussion indigne, répondit simplement : « Vous êtes fatigué? Eh bien, reposez-vous! » Et quittant la place avec

Hesselschwerdt, il regagna au plus vite son embarcation, laissant Kainz seul sur le Rütli à deux heures du matin.

Dans l'après-midi, l'acteur revint tout honteux à la villa. Mais on lui apprit que le Roi était déjà parti. Comme la belle histoire de cette faveur dont Kainz s'enorgueillissait si fort finissait misérablement ! Enfin Louis II eut quelque pitié. Il consentit à revenir avec le comédien jusqu'à Munich. Même dans les rues de Lucerne, il ne craignit pas de se montrer à ses côtés en voiture, répétant dans un sourire : « Bah ! après nous le déluge ! » Pourtant une fois arrivé à Munich, le Roi se sépara de Kainz après l'avoir embrassé et contemplé longuement. « Soyez béni de tous les esprits du bien. C'est le vœu cordial de votre bien affectionné, » lui écrivait-il de Hohenschwangau dans la nuit du 31 juillet. Par la suite il lui envoya encore quelques lettres qui font peine, tant elles ressemblent à celles qu'il adressait au grand Wagner dans la ferveur de son adolescence. Il donne l'attristante impression d'un insensé qui se parodie lui-même.

Mais Louis II devait descendre plus bas encore. Il devait connaître des favoris moins dignes que Josef Kainz même. Sujet à de violents accès de rage, il changeait à chaque instant de secrétaire. Le 11 mai 1876, M. de Eisenhart fut congédié sans motif. Puis ce furent Ziegler, M. de Bürkel, d'autres encore. A partir de 1883, dit M. de Neumayer dans son rapport à la Chambre, le Roi cessa presque absolument de fréquenter des hommes cultivés. Ses domestiques formaient toute sa compagnie. Il les amenait dans sa hutte de Hünding et là, ils buvaient de l'hydromel dans des cornes à la façon des anciens Germains. Ou bien dans le pavillon arabe qu'il avait fait élever sur un haut plateau, le Schachen, ils fumaient devant lui le narghilé, accroupis et costumés en Turcs. Il se prenait soudain de la plus vive affection pour des inconnus. Voyant passer un jour un détachement de cavalerie, il remarque quatre soldats pour leur bonne mine. Aussitôt il les envoie chercher, les installe à la Résidence comme valets de chambre, leur donne de riches cadeaux, les emmène au théâtre[1]. On comprend que des faits pareils aient pu donner quelque apparence de raison aux accusations odieuses portées contre le roi de Bavière[2]. Dédaignons de nous y attarder ; elles ne sont pas assez fondées pour en mériter la peine.

Et maintenant, c'est l'histoire d'une folie toujours croissante qu'il nous reste à retracer. Peu à peu cette pauvre âme s'enfonce dans plus d'incons-

---

[1] Cf. PAUL VON HACFINGEN, *Ludwig II*, p. 79.
[2] On ne les trouve pas seulement dans ces ignobles petits livres qui s'impriment au Caire ou à Amsterdam mais aussi dans de gros ouvrages de pathologie faits par ces médecins à qui tout respect humain est étranger. Cf. E. MOLL, *Contraire Sexualempfindung* (Berlin, chez Fischer), au chapitre *Historisches*.

cient. Louis II n'est plus que la caricature de lui-même. Ses actions d'aujourd'hui sont la charge grotesque de ses anciens rêves. Comme par le passé il continue à délirer de wagnérisme. Il va la nuit sur les lacs contempler les clairs de lune romantiques. Mais l'artificiel ayant pour lui beaucoup plus de charmes que la nature, il se fait installer au-dessus de son lit une voûte étoilée et constellée d'astres lumineux, c'est-à-dire l'éclat de lampes électriques passant à travers des ouvertures ménagées artistement dans le plafond. Que d'essais, que d'expériences, que de colères royales aussi, avant d'arriver à satisfaire d'aussi singuliers caprices. Un jour, il voulut avoir un bassin où il pût se promener en barque costumé comme Lohengrin. On se chargea de lui établir ce qu'il exigeait sur une terrasse de la Résidence. Mais la première fois qu'il essaya de ce jouet nouveau, il n'en fut pas satisfait : on apercevait le fond de tôle de cette grande cuve et Louis II ne trouva pas digne de Lohengrin de naviguer dans ces conditions. Il demanda alors que l'on teintât l'eau en bleu, afin de simuler la profondeur. Un industriel se fit fort de produire avec du sulfate de cuivre tout l'effet désiré. Le résultat fut merveilleux. Mais l'acide rongea la tôle et par les fissures l'eau pénétra dans les appartements de la Résidence causant d'affreux dégâts. Il fallut s'aviser alors d'autre chose. On dirigea des faisceaux de lumière électrique ayant traversé une lentille de verre bleu. Le Roi fut enchanté. Mais bientôt cela même ne lui suffit plus. La surface de l'eau était trop calme. Pour paraître naturelle, elle devait être ridée de courtes lames Une sorte de roue fut installée pour produire l'agitation. Et, raconte-t-on, pour ridiculiser le pauvre fou, ce semble, le frémissement du bassin s'enfla si fort que le cygne mécanique et le canot doré chavirèrent et que le Roi prit un bain forcé. Jamais plus par la suite il ne refit Lohengrin[1].

Avec le grand manteau de cour, la couronne et le sceptre de Louis XIV, il se promenait, la nuit, à travers ses châteaux splendidement éclairés. Ah! l'étrange apparition qu'il devait être dans Herrenchiemsee, ce petit Versailles! Certainement son imagination peuplait d'une foule de courtisans ces salons, ces antichambres, cette galerie des glaces, qu'il était seul à parcourir. Il en était venu à évoquer à son gré les images de ses héros et à se créer les plus vives hallucinations. A table, il faisait souvent mettre trois couverts : ces jours-là, il traitait, disait-il, Louis XIV et Marie-Antoinette. Et, tout le long du repas, il causait avec eux,

[1] Cf. STREISSLER, KOBELL, HAUFINGEN... Que d'autres histoires, d'authenticité douteuse, n'a-t-on pas soutenues encore! Celle-ci par exemple : le Roi se serait fait construire une machine volante et l'aurait fait essayer par un paysan qui tomba et se tua sur le coup.

et le maître d'hôtel devait croire à leur présence. « Ce sont les plus agréables des hôtes, disait Louis II, car ils s'en vont dès que je le désire. » Afin de n'être pas troublé dans cette triste comédie par les allées et venues de trop nombreux domestiques, la table s'abaissait dans les cuisines par une trappe et remontait toute servie dans la salle à manger [1].

Parfois le désir impérieux d'être seul, ignoré, oublié, le prenait soudain. Accompagné seulement de Hesselschwerdt, le plus dévoué de ses serviteurs, il disparaissait sans laisser de trace. Les ministres inquiets le faisaient rechercher. On le retrouva un jour dans une cabane de bûcheron où la pluie l'avait bloqué [2]. Ne dut-on pas le découvrir aussi à Paris sous le nom de Sébastien Langhammer ou de Anton Pichler? C'est ce que d'aucuns prétendent sans qu'on les doive trop croire [3]. A Kufstein il avait loué deux chambres dans un hôtel ; et là il venait de temps à autre s'installer pour quelques jours pendant lesquels il défendait qu'on le traitât en souverain. Il cherchait de la sorte à s'oublier lui-même, comme il s'ou-

---

[1] Louis avait un esprit d'invention si pauvre, que ces tables mêmes étaient une imitation. Louis XV en avait fait construire de semblables par le mécanicien Loriot. Mais il ne s'en servait pas avec la même idée que le roi de Bavière.
[2] P. v. HAUFINGEN, *Ludwig II*, p. 91.
[3] REMLÉ, *Erinnerung an König Ludwig II, Starnberg* 1886, p. 6.

bliait d'autres fois en Lohengrin ou en Louis XIV. Et c'est là le grand mal dont il a toujours souffert : le défaut d'adaptation, au temps et au lieu, le manque d'accord avec la réalité. Nous avons vu quelles fantaisies, parées du nom d'artistiques, avaient fait naître ce trait fondamental de son caractère. Quand il s'exagéra jusqu'à la démence, ce fut bien pire encore. Il se fit par exemple installer un manège qu'il parcourait à cheval. Après trois ou quatre tours il s'arrêtait, descendait, on lui présentait des rafraîchissements, on jouait quelque musique. Et il s'imaginait, selon l'occurrence, être dans un cabaret suisse, italien ou français. Puis il se remettait en selle et après plusieurs tours encore de manège, il était arrivé dans un endroit différent. Grâce à une telle force d'imagination et d'auto-suggestion, il accomplissait ainsi sans peine les voyages les plus longs[1].

Cependant l'état pathologique du Roi prenait chaque jour une forme plus inquiétante. Les hallucinations, les mirages, redoublaient d'intensité. Cas fréquent chez les malades de son espèce : la sensibilité cutanée disparaissait par moments, ses sens étaient sujets à des illusions multiples : il se croyait au bord de la mer et respirait une brise

---

[1] P. v. HAUFINGEN, *op. cit.*, p. 78.

fraîche. En plein hiver il se plaignait de l'incommodante chaleur du soleil[1].

Encore que limité dans son pouvoir, Louis II en possédait suffisamment pour être à même de l'exercer de façon dangereuse sous l'effet de quelque crise de folie. Sa démence affecta, d'ailleurs, parfois les formes de celle de Néron. Comme le César romain, il rêve de voir la ville embrasée. Des cauchemars terribles et sanglants troublent son sommeil. Il eut une nuit cette vision : il se trouve dans la crypte de l'église des Théatins où sont enterrés ses ancêtres et là il ouvre le cercueil de son père pour injurier et frapper son cadavre. Et depuis, il ne peut apercevoir sans un frémissement nerveux les deux tours qui dominent cette église[2].

Sur son entourage il agit en despote. M. de Eisenhart, à ce qu'a raconté sa femme, eut souvent à souffrir des exigences du Roi, qui pour le respect de l'étiquette laissait volontiers son secrétaire tête nue en plein soleil. Il lui arriva fréquemment, dans ses dernières années, de maltraiter ses domestiques et de se laisser entraîner jusqu'à les battre.

---

[1] On a souvent raconté l'histoire de son grand-père Louis I, qui se plaignant du froid dans sa loge du théâtre de Nice demanda qu'on y mît un poêle. Mais impossible de conduire la fumée au dehors. On s'avisa alors de mettre simplement dans ce poêle une bougie. Le vieillard se contenta de voir cette clarté qu'il prit pour celle d'un feu ardent, et dès lors ne souffrit plus du froid.

[2] Pastor Lampert, *ein Ruckblick auf den* 13 *juni*, 1886, p. 12.

On parle même d'un laquais qu'il serra si fort — car le Roi était très grand et très robuste — entre les deux battants d'une porte que le malheureux en mourut peu après. A son valet de chambre Meier, dont la laideur lui déplaisait, il fit porter un masque afin de ne pas apercevoir son visage. Un autre dont l'intelligence était sans doute assez courte dut s'appliquer un cachet de cire sur le front..., signe qu'il avait l'entendement fermé. A partir de 1883, Louis II se laissa de moins en moins approcher. Les serviteurs s'exprimaient, d'après l'ordre du Roi, en grattant aux portes des pièces où il se trouvait. S'ils avaient absolument besoin d'entrer, leur regard ne devait, sous aucun prétexte, rencontrer celui de Sa Majesté. Ils se tenaient courbés en deux, le corps formant presque un angle droit et sortaient à reculons. Peut-être était-ce là, aux yeux de Louis, une haute marque de sa puissance et de sa dignité. Peu avant sa mort il songeait même à introduire dans ses châteaux l'étiquette de la cour de Chine !

Et combien d'autres actes insensés il commit encore ! Un jour, mécontent des parterres que lui avaient apprêtés ses jardiniers, il commanda qu'on les fît piétiner par tous les chevaux de ses écuries[1]. Une bizarre manie, et difficile à conce-

---

[1] P. v. HAUFINGEN, *Ludwig II*, p. 81.

voir, le posséda dans les derniers temps : de tous les objets qu'il achetait il voulait posséder un double exactement semblable : ce qui était assez difficile à obtenir[1]. A tout il apportait une impatience « plus enfantine encore que maladive », dit très bien Heigel[2], voulant avoir sans délai, presque, ce qu'il désirait, et envoyant lettre sur lettre au cas du moindre retard. Il écrivait alors dans ce style : « Vite. Vite en avant. Je songe au suicide. La chambre (inachevée) de Linderhof, les châteaux de Hohenwart et de Falkenstein. Le bonheur de ma vie en dépend. » La singularité de son costume fut un objet d'étonnement sans fin pour Munich, quand on parvenait à apercevoir le Roi. Qu'on en juge : il portait un chapeau haut de forme agrémenté d'une aigrette, ou bien une toque de velours bleu parée d'un énorme diamant. On apprit que le Roi se prosternait devant la statue de Louis XIV, qu'il baisait pieusement certaine colonne dans une galerie de Linderhof, et qu'il rendait un véritable culte à tels arbres de ses parcs. Lorsqu'il avait fini de jouer au tyran, de chercher des supplices raffinés pour ses ministres et d'ordonner qu'on jetât dans les cachots de Neuschwanstein ses ennemis, comme le prince Frédéric de

---

[1] LAMPERT, *Ludwig II*, p. 197.
[2] *Op. cit.* p. 263.

Prusse, — alors c'était la folie de la persécution qui le prenait. Il se voyait partout environné d'assassins et de gens acharnés à sa perte. Et c'est dans ces idées qu'il songea à créer une société secrète destinée à le prévenir de toute tentative criminelle et à réprimer ou supprimer tous les mécontents.

Cependant il ne renonçait tout de même pas à ses anciennes passions : le théâtre le séduisait toujours. La *Théodora* de Sardou fut montée avec un luxe inouï : décors et costumes revinrent à 250.000 francs. Il songeait aussi à élever d'autres châteaux dépassant en richesse tout ce qu'il avait construit jusque-là : un palais oriental au bord du Plansee, par exemple. D'un burg féodal, de style gothique, on voit encore la maquette à Neuschwanstein. Il devait se dresser sur un rocher escarpé où se trouvent les ruines d'un ancien donjon. Mais l'argent manquait. Rien ne fut entrepris. Et, quand le Roi demandait où en étaient les travaux, son entourage avait pris le parti de répondre qu'il y avait de nombreuses roches à faire sauter avant d'établir les fondations, et que, le sol étant miné, il serait dangereux à Sa Majesté de s'y aventurer. Déjà las, et dans une demi-hébétude, son esprit malade se contentait de semblables faux-fuyants. Son dernier désir : un *char de Junon* attelé de paons[1], ne fut pas exaucé davantage.

[1] L. von Kobell, *Ludwig II und die Kunst*, p. 285.

De jour en jour la démence du Roi s'accroissait. A partir de 1883, il ne s'occupa plus que de manière intermittente des affaires de l'État. Quelle conduite devaient tenir les ministres ? En l'absence d'une résolution de la Chambre, ils continuaient de gouverner. D'ailleurs, sauf des ordres d'arrestations arbitraires que l'on n'exécutait pas, Louis II ne gênait en rien le fonctionnement du pouvoir exécutif. Cette situation devait-elle pourtant s'éterniser ? Non, certes ; la Bavière avait besoin d'un chef. Mais là, grave obstacle : Le frère puîné de Louis, son successeur naturel et immédiat, était plus insensé encore ! C'était donc jusqu'à l'oncle du Roi, le prince Luitpold qu'il fallait remonter pour trouver un régent.

Le respect et la fidélité monarchiques sont si grands en Bavière que, jusqu'en 1886, on n'osa pas attenter aux droits du souverain. Bien que sa folie fût publiquement connue, à peine en parlait-on, et comme d'un malheureux secret de famille. Quelques journalistes, qui osèrent entamer la question, reçurent interdiction de revenir sur ce sujet.

Et néanmoins, on le sentait, il fallait en finir. Une occasion s'offrit bientôt : on prit pour prétexte les dettes auxquelles les prodigalités royales avaient réduit la liste civile. De là devait naître le sombre drame du 13 juin sur le lac de Starnberg.

CHAPITRE VII

LE 13 JUIN 1886

Avec une coupable imprévoyance, Louis II avait fini par gravement s'endetter. Ses goûts de luxe, la construction de ses châteaux, ses représentations privées absorbaient chaque année, et souvent bien au delà, les revenus de la couronne. Loin de se borner, le Roi, au contraire, avait des désirs toujours plus coûteux. Les fournisseurs qui savaient ne risquer rien, lui livraient à crédit sans refuser jamais. Bien plus, si on leur proposait de les payer, ils répondaient que rien ne pressait, afin de laisser courir les intérêts.

Un jour vint, cependant, où des créanciers réclamèrent leur dû. Ne recevant pas satisfaction ils montrèrent les dents. Grande humiliation pour le Roi. Gêne profonde en même temps : car il entendait ne renoncer, sur aucun point, à son ordinaire genre de vie. « C'est un des privilèges de la couronne que le Roi n'ait aucun désir à se refuser » disait-il. Contre cet aphorisme venaient se briser toutes les respectueuses représentations du ministre des finances, M. de Riedel. Celui-ci, en 1884, après une étude consciencieuse de la situation se chargea de négocier pour le Roi un emprunt de 7 millions et demi de marcs. Mais le 29 août 1885, Louis redemanda 6 millions encore. C'était trop. Le ministre répondit qu'il ne pouvait prendre chose si grave sous sa responsabilité et offrit sa démission. Le Roi eut le bon sens de ne pas l'accepter. Il ne s'en livra pas moins à de furieuses colères. Tantôt il parlait de se suicider ou d'abdiquer. Il chargea même M. de Löher de chercher un royaume qu'il échangerait contre la Bavière, et où du moins, il pourrait régner en souverain absolu[1]! Ou bien il maudissait la Prusse de lui avoir donné si peu de choses sur les 5 milliards français, cette « bénédiction » ! N'eussent-ils pas été mieux employés à construire des châteaux, qu'à constituer un trésor de guerre, ou à servir de *fonds reptiliens* à la presse européenne, sous l'habile direction de Bismarck ?

Et cependant les créanciers se font plus pressants chaque jour. Le Roi a peur qu'ils saisissent ses châteaux. Aussi sa première idée est de faire noyer l'huissier de Hohenschwangau et toute « la racaille judiciaire ». Son second mouvement[2] fut de

---

[1] Rapport de M. Bonn à la Chambre.
[2] Il demandait en même temps de l'argent. S'il n'en obtenait pas, disait-il, il se tuerait ou abandonnerait « ce misérable pays ».

demander, le 26 janvier 1886, au ministre de l'intérieur, de faire déclarer par la Chambre tous ses biens insaisissables. On n'en fit rien, comme on pense. Alors Louis II désespéré, ne sachant plus comment se procurer l'argent nécessaire à la satisfaction de ses goûts de luxe, imagina de s'adresser à ses frères les monarques d'Europe. On dit même qu'il songea à se recommander au sultan ainsi qu'au schah de Perse. Le rapport officiel n'a pas osé démentir tout à fait l'information publiée par la presse allemande en 1886, et suivant laquelle le Roi se serait tourné vers la famille d'Orléans pour lui emprunter une somme assez forte. Le comte de Paris y aurait consenti, à la condition que la Bavière resterait neutre au cas d'une guerre franco-allemande. Là-dessus, Louis II aurait rompu toutes négociations [1].

Un gros scandale menaçait d'éclater. En avril la Chambre avait refusé des crédits pour payer les dettes de la liste civile [2]. Le 5 mai 1886 les ministres rédigèrent une adresse à Sa Majesté où ils

---

[1] Le pasteur et député Lampert, dans sa brochure anonyme, p. 16, parle d'une proposition semblable faite par le gouvernement de la République au Roi. La lettre, interceptée, ne serait pas arrivée à son adresse. Voilà qui paraît encore bien peu croyable !

[2] Louis II avait une dette de 21 millions de marcs que son frère dut endosser, comme héritier et successeur. Le 16 octobre devait venir le procès contre la liste civile. Entre autres réclamations originales, on relève celle du poète Schneegans qui réclamait les gages de ses travaux pour les représentations privées, et celle d'un banquier de Berlin, nommé Zieser, qui réclamait la somme qu'on lui avait promise pour négocier un emprunt de 13 millions. Tout finit par s'arranger à l'amiable.

la suppliaient d'arrêter ses dépenses. « Il ne convient pas à *cette canaille* de se mêler de ce qui ne la regarde pas! » répliqua Louis II. Raison d'État, intérêts du Gouvernement, autant de fadaises. Et, puisque les ministres « ont peur des lois et des chambres », le Roi va choisir un cabinet de son goût et qui agira selon ses idées. Président : le coiffeur Hope ; membres : le secrétaire Ziegler, l'intendant Hesselschwerdt... N'était-ce pas son acte d'abdication que Louis II venait de signer là?

Il ne pouvait plus régner et, en réalité, il ne régnait plus déjà. Il fallait prononcer son incapacité, celle de son frère, et remettre la régence au prince Luitpold[1]. La question était complexe. L'oncle des deux pauvres fous s'en tira avec souplesse. Ce vieillard, — tel que l'a peint Franz Stuck, avec ses petits yeux bridés et luisants, les narines mobiles de son nez, sa bouche dont les lèvres fines ont un pli ironique, — semble avoir prévu dès 1864 les événements qui devaient arriver. Au soin qu'il prit toujours de ne pas se faire oublier, de se mettre en évidence, s'inscrivant, par exemple, avant son neveu même, sur toutes les listes en cas de malheurs, on croirait qu'il ménagea toujours sa place éventuelle de régent ou de roi.

[1] Né en 1821, il est le troisième fils de Louis I.

Et, de fait, malgré la profonde fidélité des populations bavaroises, la transmission des pouvoirs, pour irrégulière qu'elle parût à certains, s'effectua néanmoins sans trop de difficultés.

Le premier soin du ministère fut de faire déclarer le Roi en état de folie complète et incapable d'exercer plus longtemps la souveraineté. Une commission de trois médecins aliénistes rédigea le rapport que voici :

« Nous déclarons unanimement : 1° que l'esprit de Sa Majesté est arrivé à un état de trouble très avancé, et qu'Elle souffre de cette forme de maladie mentale, bien connue par expérience des médecins aliénistes, et qu'on nomme *Paranoia*. 2° Considérant le genre de cette maladie, son développement lent et continu, et sa longue durée, qui comprend déjà un assez grand nombre d'années, nous devons la déclarer *incurable*, et l'on peut même prévoir que, de plus en plus, Sa Majesté va perdre ses forces morales. 3° La maladie ayant complètement détruit, chez Sa Majesté, l'exercice du libre arbitre, il faut La regarder comme incapable de conserver le pouvoir, et non pas pendant une année seulement, mais durant tout le reste de sa vie.

Fait à Munich, le 8 juin 1886.

D^{rs} von GUDDEN, HAGEN, GRASHEY, HABRICH. »

Il s'agissait maintenant de notifier la chose au Roi. On l'internerait dans quelqu'une de ses résidences. Linderhof fut choisi d'abord. Une proclamation ferait connaître le changement de pouvoir aux Bavarois. Aux Chambres resterait de ratifier toutes ces dispositions.

On forma une sorte d'ambassade pour ce que la presse appela, par la suite, assez ironiquement, « la dernière audience de Sa Majesté ». En firent partie : le baron de Crailsheim, secrétaire d'État aux Affaires étrangères ; le comte Holnstein, grand écuyer de la cour[1] ; le comte Toerring, conseiller d'État ; le lieutenant-colonel baron de Washington, qui avait été un des rares camarades d'enfance de Louis II. Outre quelques autres personnages officiels, on comptait encore le Dr de Gudden, avec quelques aides. C'est à ses soins que le Roi désormais serait confié. Or il ne se dissimulait pas la difficulté de sa tâche. Animé par une sorte de pressentiment : « Oui, oui, je reviendrai vivant ou mort ! » avait-il dit en plaisantant à sa femme à l'heure du départ[2]. Quatre jours après, avait lieu la catastrophe.

---

[1] Choix peu heureux, car le comte était tombé en 1883 dans la disgrâce royale, et s'était vengé en donnant, sur la vie intime de Louis II, des détails qui, en partie, déterminèrent la déposition du Roi.

[2] Cf. D^r von Gudden, par KNOEPFLIN, qui atteste que c'était un aliéniste très instruit et très consciencieux, et de beaucoup de courage aussi. Très doux, très humain, plus d'une fois sa vie

Le 9 juin, tandis que le baron de Malsen allait prévenir la reine-mère, alors à Elbingalp, des événements qui se préparaient, la commission partait de Munich, comptant surprendre le Roi à Neuschwanstein.

Or depuis quelque temps Louis II sentait que quelque intrigue se tramait sourdement contre lui. Par qui était-il informé? On ne sait trop. Le comte Dürckheim-Montmartin, major dans l'armée bavaroise, et son dernier favori, lui fut d'une grande aide et dut l'avertir de bien des choses. Voici comment, peu de temps avant sa mort, Bismarck s'exprimait dans une entrevue avec M. Menninger :

« Dans ce funeste mois de juin 1886, alors qu'une catastrophe paraissait imminente, le comte Durckheim, l'aide de camp du Roi, m'informa par un télégramme déposé à Reutte, dans le Tyrol, de la gravité de la situation, implorant mon intervention en faveur du Roi. Je répondis télégraphiquement au comte Durckheim : Sa Majesté doit se rendre aussitôt à Munich, se montrer à son peuple et défendre personnellement sa cause devant le Parlement bavarois. »

« Je me disais, en effet : Ou bien le Roi est parfaitement sain d'esprit, dans ce cas, il suivra mon

fut mise en danger par des malades à qui il avait voulu éviter des mesures de précaution qu'il estimait barbares.

conseil ; ou bien il est réellement fou, et alors il ne réussira pas à vaincre sa répugnance à paraître en public. »

La seconde proposition du dilemme n'était que trop juste. Louis II ne possédait plus la force morale ni la volonté nécessaire pour un tel effort. En partie seulement il mit à profit le conseil du chancelier. Il se montra davantage aux habitants des environs de Neuschwanstein, s'entretenant même affablement avec eux. On le vit priant au calvaire de Hohenschwangau. Le Dr F. C. Gerster raconte que, envoyé le 13 juin pour rendre compte de l'état mental du souverain, il s'entretint avec celui-ci durant *quatre heures*, abordant les sujets les plus variés, et sans qu'aucun signe de démence se pût remarquer dans l'attitude ou la conversation du Roi. Comme tant d'aliénés, le Roi, parfois, trouvait la force de dissimuler son état. Il y goûtait même un certain plaisir. Bientôt le Dr Gudden s'y laissera prendre.

Après avoir soupé et couché à Hohenschwangau, la commission, en grande tenue, se rendit au petit jour à Neuschwanstein, distant d'environ un kilomètre. Ce matin-là, on devait afficher, dans toute la Bavière, la proclamation du prince Luitpold, et la *Gazette universelle* publierait le texte des dispositions prises par le ministère. Tout serait donc fini en une journée.

Mais la présence des représentants du Gouvernement à Hohenschwangau avait été signalée déjà à Louis II. Selon M. de Hauſingen, une certaine baronne (?) serait venue au château pendant la nuit apporter la nouvelle[1]. De plus le comte Holnstein avait, exhibant ses pouvoirs, ordonné aux domestiques du château d'atteler une voiture pour conduire Louis II à Linderhof. Ils répondirent obstinément qu'ils n'avaient d'ordres à recevoir que du Roi. Pendant cette discussion, le cocher Osterholzer courut à Neuschwanstein avertir de ce qui se passait.

Le Roi alors appela par télégramme le comte Dürckheim-Montmartin, fit venir les pompiers de Schwangau, le village voisin, et poster sous la grande porte, avec ordre de ne laisser entrer personne, les gendarmes préposés à sa garde.

Ces préparatifs de guerre faits, — on suppose avec quel romanesque plaisir, — Louis attendit l'arrivée de la commission.

Un instant après, — il était quatre heures du matin, — par un sombre temps d'humide brouillard, les envoyés du prince régent apparaissaient,

---

[1] P. v. Hauſingen, *op. cit.*, p. 12. C'est sans doute cette dame « de la meilleure société de Munich » et un peu folle, que le Dr Müller vit criant : « Laissez-moi entrer ! Je veux sauver mon Roi ! Je veux le protéger ! » Au reste, pour tout ce chapitre, la source principale est le récit — un peu partial parfois — de ce Dr Müller, un des assistants de Gudden : *Die letzten Tage Ludwigs II*. A Berlin, librairie médicale Fischer, 1888.

tout chamarrés d'or et constellés de décorations. En apercevant les hommes massés à l'entrée, ils ressentirent une vague inquiétude qui se précisa lorsque, croisant la baïonnette, les gendarmes leur enjoignirent l'ordre de se retirer au plus vite. En vain leur lut-on la déclaration du Gouvernement. Ces braves gens ne répondirent que par la même tranquille défense : « Nous ne connaissons que la consigne donnée par notre Roi. Nous obéissons. Personne ne doit entrer dans le château. »

Après avoir inutilement essayé de parlementer, les commissaires se retirèrent fort déconfits. Ils reprenaient le chemin de Hohenschwangau quand ils furent entourés soudain par des gendarmes qui mirent, au nom du Roi, MM. de Crailsheim, Holnstein et Tœrring en état d'arrestation. On les ramena au château. Quelques minutes après, les autres membres de la mission y étaient à leur tour conduits. Ils durent passer au milieu d'une foule de paysans accourus, dans leur profond loyalisme, pour défendre leur Roi. Ces poings montagnards furent bien tentés de lyncher ces beaux messieurs en habits dorés! Car c'est là le secret de toutes les guerres vendéennes : à côté de la joie de soutenir le souverain légitime, on se donne le plaisir de combattre l'autorité établie. Par bonheur pour les conseillers d'État et les médecins aliénistes, ils furent protégés par les gendarmes.

On enferma les envoyés du prince régent dans des cellules, mais non dans les oubliettes, comme l'avait commandé le Roi. Ennuyés, un peu inquiets, se sentant vaguement ridicules, ils attendaient l'issue de cette aventure. Cependant Louis II, dans un fol accès de rage, donnait l'ordre horrifique d'écorcher les prisonniers et de les laisser mourir de faim ! Après deux heures de captivité, le Dr Gudden vint annoncer que tout était arrangé, le Roi calmé, les gendarmes mis à la raison, grâce à l'intervention du bailli. On les conduisit en silence à travers des corridors détournés; puis, une fois hors du burg, les commissaires se rendirent à Füssen. Le soir, à neuf heures et demie, ils étaient de retour à Munich et racontaient au prince régent et aux ministres le piteux échec de leur ambassade.

Sans être grave, la situation pouvait devenir embarrassante : pendant le répit ainsi gagné, Louis II allait agir et susciter peut-être quelques ennuis au régent. En effet, le Roi auprès duquel était arrivé le commandant Dürckheim-Montmartin se prépara à défendre son trône. A l'Empereur Guillaume, il adressa une protestation [1]. Il envoya porter au-delà de la frontière une dépêche à l'Em-

---

[1] C'est à ce moment que certains placent la dépêche qu'il envoya à Bismarck et dont on a vu plus haut la réponse.

pereur d'Autriche : celle-là, du moins, ne serait pas interceptée. Une contre-proclamation fut rédigée en réponse à celle de Luitpold. Dürckheim entreprit davantage ; en télégraphiant, comme il le fit, au major commandant le bataillon de chasseurs de Kempten de venir à Neuschwanstein défendre le Roi, il entamait la guerre civile. Mais, sur l'ordre du Gouvernement, la poste dut lui transmettre toutes les communications émanant de Neuschwanstein. Or, privé de troupes régulières, que restait-il à faire à Louis II ? Quelques douzaines de gendarmes et des paysans constitués en corps de sapeurs-pompiers, c'était une armée ridicule. Le Roi les renvoya chez eux et, résigné, attendit. Il repoussa même l'offre que lui fit Dürckheim [1], de passer la frontière autrichienne à trois quarts d'heure du château. Après cette crise de fiévreuse activité, un abattement total avait envahi Louis II. Il ne lui restait plus la force de penser, de vouloir ni d'exécuter. Il s'abandonnait à son destin.

À Munich, on résolut cependant de ne pas perdre un temps précieux et d'interner Louis II au plus vite. On renonça à lui faire notifier sa

---

[1] Arrêté peu après à la gare de Munich par un officier d'état-major, le comte Dürckheim-Montmartin passa en jugement et fut acquitté comme n'ayant pas agi de son propre mouvement, mais sur les ordres du Roi. Il sert aujourd'hui comme major au 12e régiment d'infanterie.

déposition par une ambassade de hauts dignitaires. Des médecins seulement l'allèrent quérir, comme un fou ordinaire, pour le conduire au château de Berg que l'on avait, à la réflexion, préféré à Linderhof. Il est d'abord beaucoup plus près de la capitale. Et puis l'horizon plus large et moins tourmenté, la simplicité de ce pavillon qui n'a rien du luxe de Versailles pouvaient exercer sur le Roi une apaisante influence.

Mais on ne pense jamais à tout. A Berg, il y a un lac. Et ce lac pouvait être pour le royal prisonnier le salut dans la fuite ou dans la mort.

Le 11 juin, le Dr Gudden, accompagné du Dr Müller et de quelques aides, partait pour Neuschwanstein. Cette fois, ils étaient protégés par une escorte de gendarmes. Ils purent entrer sans peine dans le château : aucun ordre n'était donné pour empêcher de pénétrer. Louis II ne se doutait même pas que les médecins étaient là à l'attendre. La pensée qu'on allait le priver de son indépendance, de son pouvoir, de son luxe était insupportable à son orgueil. S'il fallait renoncer à ces fantaisies, sans lesquelles la vie pour lui n'était pas possible, autant valait tout de suite mourir. Il était presque décidé au suicide. Presque. Car sa volonté malade l'empêchait de prendre ces résolutions suprêmes. Il avait besoin de quelqu'un pour l'aider, endosser en partie la responsabilité de son acte. Quand on le veut avec force, est-il si difficile de se tuer? Quel besoin de demander, comme fit le Roi, du poison à son valet de chambre, lequel déclara, naturellement, n'en avoir pas trouvé. Alors Louis II lui ordonna d'apporter la clef de la porte donnant accès à la plus haute tour du château. C'est de là qu'il voulait se précipiter. Après une demi-heure d'investigations feintes, Meier revint dire : « Introuvable ». Cherchez toujours, répliqua le Roi.

C'est à ce moment que les médecins arrivaient au château. Tout le monde maintenant leur obéissait. Le valet de chambre de Louis II mit Gudden au courant de ce qui se passait. L'aliéniste, habilement, utilisa la circonstance pour s'emparer sans violence, sans portes forcées, de la personne du malade.

— Allez prévenir le Roi que la clef est enfin trouvée, dit-il à Meier, et nous, nous l'attendons dans le corridor qui conduit à la porte de la tour.

Ainsi fut fait. Les médecins s'embusquèrent dans un coin obscur. Et, non sans quelque inquiétude, ils attendirent.

Soudain, on entendit un pas ferme, et un homme de stature imposante[1] parut. Il parlait par phrases brèves et impératives à son domestique, profon-

---

[1] Louis II avait près de 1m,90.

dément incliné devant lui. C'était Louis II. Agé alors de quarante et un ans, il était devenu très corpulent. Les traits fins, l'ovale délicat de son visage d'adolescent s'étaient fondus en une molle bouffissure. L'éclat singulier du regard donnait seul un peu de vie à cette face blême encadrée de barbe et de cheveux très noirs...

Sitôt que le Roi se fut approché de l'endroit où se tenaient les médecins, les aides l'entourèrent, lui coupant la retraite. Sur son mouvement instinctif de surprise on lui saisit même les bras pour empêcher toute résistance. Gudden prononça alors ces quelques paroles :

« Sire, j'ai reçu aujourd'hui la tâche la plus triste de ma vie. Quatre médecins aliénistes vous ont observé, et sur leur rapport le prince Luitpold a pris la régence. J'ai l'ordre d'accompagner cette nuit même Votre Majesté au château de Berg. Si Votre Majesté l'ordonne, la voiture sera prête à partir à quatre heures. »

Cette brutalité — quel commissaire de police, à Paris, ne s'y prend plus doucement en semblable circonstance? — l'hypocrisie de ces formules menteuses et contradictoires arrachèrent d'abord au Roi un cri douloureux. Puis, atterré, il s'écria : « Que me voulez-vous? Que signifie tout cela? » Il se laissa reconduire dans sa chambre, la marche mal assurée, muet, rempli d'égarement.

Gudden lui présenta alors le Dr Müller et tous les aides qui allaient devenir ses compagnons et ses gardiens. Le Roi parut faire effort pour se dominer et répondre aimablement à tous ces gens. De ce moment, il commença à dissimuler. Il dit à Gudden qu'il se rappelait fort bien lui avoir accordé audience en 1874 et lui demanda divers renseignements sur son frère, le prince Otto, qu'il avait soigné longtemps. Puis, à brûle-pourpoint, il lui dit :

— Comment pouvez-vous me déclarer malade d'esprit, puisque vous ne m'avez pas observé ?

— Sire, répondit grossièrement l'aliéniste, ce n'est pas nécessaire. Le rapport était tout à fait suffisant et convaincant [1].

— Et combien de temps durera la cure ? interrogea-t-il avec un tremblement d'espoir dans la voix.

— Sire, il est écrit dans la Constitution : Si le Roi est empêché pendant plus d'un an, pour quel motif que ce soit, d'exercer le Gouvernement, la Régence entrera en vigueur. Une année serait donc le terme le plus court.

---

[1] On a peine à croire à tant de brutalité Néanmoins, les paroles et tous les détails de cette scène sont empruntés au récit du principal témoin, le Dr Müller. On pourrait douter de sa véracité, s'il s'était peint comme doux, intelligent, pitoyable. Il a eu la sincérité de représenter les choses comme elles furent, dans tout leur odieux, dignes d'être décrites par l'auteur virulent des *Morticoles*.

— Oui, mais cela ira bien plus vite encore. Il en sera de moi comme du Sultan. Ce n'est pas bien difficile de faire disparaître un homme.

— Sire, mon honneur me défend de répondre à de telles paroles, répliqua Gudden. Et là-dessus, Louis brisa la conversation et demanda à rester seul. Quand on lui dit que cela était impossible, qu'il serait désormais toujours surveillé, il entra, comme on le conçoit sans peine, dans une colère violente. Il est à supposer, d'ailleurs, que ceci encore lui fut dit aussi maladroitement que le reste.

A quatre heures on fut prêt à partir pour Berg. Le Roi était seul dans sa voiture, mais surveillé par un aide monté à cheval et qui se tenait à la portière. Durant tout le voyage, Louis se montra d'un calme parfait. On l'eût cru complètement soumis. Aux montagnards rassemblés devant Neuschwanstein, et tout prêts peut-être à porter secours une fois encore à leur prince[1], il ne tint aucun discours, comme on avait lieu de le craindre. Il salua seulement avec un triste sourire. En approchant du lac de Starnberg il répondit en se découvrant aux ovations des touristes et des

---

[1] C'est d'ailleurs parmi ces paysans que le souvenir de Louis II s'est le mieux conservé. Il y a quelques années M. de C...., un des membres de l'ambassade du 9 juin, voulut louer un pavillon d'été à Schwangau. Il eut le désagrément de se voir repoussé par tous les propriétaires et dut renoncer à cette villégiature.

paysans. Descendu au dernier relais, il but longuement de l'eau fraîche. Et c'est aujourd'hui une relique, montrée avec orgueil aux passants par l'aubergiste, que ce verre où le Roi rafraîchit ses lèvres ardentes.

... Arrivé au château de Berg, le Roi monta au second où il habitait d'ordinaire. On n'avait rien modifié dans l'ameublement. Seulement le Dr Grashey avait été chargé de faire quelques ouvertures par où le Roi pût être à tout instant surveillé. Là encore on s'y prit fort mal puisque Louis II s'en aperçut tout aussitôt et se plaignit de sentir à tout instant des regards fixés sur lui. On l'apaisa par la promesse qu'il serait paré à cet inconvénient.

Au repas de midi, le Roi causa amicalement avec les médecins et le baron de Washington, qui avait été désigné par le ministère comme gouverneur du château. Se sentant fatigué, il se coucha à trois heures jusqu'à une heure avancée de la nuit. Très calme à son réveil, il fut vivement contrarié qu'on eût remplacé son valet de chambre et son coiffeur ordinaires par des gardiens inconnus. Pour lui qui détestait si fort les figures nouvelles, quel supplice ce devait être que de subir toutes ces faces étrangères ! Et, pourtant, il dompte encore sa révolte, subit, accepte tout. Nous pouvons le croire : dès cette heure il a son projet arrêté dans sa tête. Il va le mettre à exécution avec l'habileté des prisonniers et le don de dissimulation des fous.

Il fit, à onze heures, une promenade dans le parc accompagné de Gudden. Un gardien les suivait à distance : le docteur lui fit signe de s'écarter un peu, sa présence trop immédiate importunant le Roi. Si bien que cet homme, à travers les allées, perdit plusieurs fois leurs traces. Certainement Louis II avait réussi à convaincre parfaitement le médecin qu'il était résigné à son sort, et à lui faire croire que sa démence n'était qu'une douce manie. Gudden déclara au baron Washington que le Roi était « comme un enfant ». Et il avertit le Dr Müller de son intention de sortir seul avec son malade le soir. Müller essaya de l'en détourner, lui montra les dangers, les risques qu'il courait. Vainement. Gudden répondait de tout. Dans l'après-midi il télégraphiait à Munich : « Tout va ici pour le mieux. »

Or jamais aliéniste ne vit ses prévisions et son diagnostic aussi pleinement trompés. Sa seule excuse est qu'il lui en coûta la vie.

Le Dr Müller rapporte que causant dans l'après-midi de ce dimanche 13 juin avec Louis II, celui-ci exprima une fois encore les mêmes craintes dont il parlait déjà la veille à Neuschwanstein. Il a peur d'être empoisonné, ou bien enfermé pour toujours dans une prison par ordre du prince régent et de Lutz. Lui-même n'a-t-il pas ordonné contre ses ennemis la mort et les pires supplices ? Il ne se croit pas en sûreté. Son cerveau malade prend pour réalités toutes ces imaginations. Il veut pour éviter ce péril échapper à ses adversaires, s'enfuir de ce lieu, regagner sa liberté. Que ferait-il ensuite ? Il n'en savait sans doute rien lui-même. La puissance de raisonnement lui faisait à cette date tellement défaut qu'il n'y réfléchit sans doute pas. Il n'a qu'une idée : fuir. C'est presque un mouvement instinctif.

Vers six heures, le Roi envoya chercher Gudden pour « la promenade promise ». A six heures et demie, ils partaient. Le temps était couvert, et de petites brouées tombaient par moment. Au bout de cinquante pas le Roi envoya le gardien Mauder, qui était près de là, lui chercher un parapluie. Le docteur fit alors un signe à cet homme et lui dit très bas : « Que personne ne nous suive, c'est inutile. » Mauder obéit et dit au gardien Schneller, dont c'était le tour, qu'il ne devait pas se déranger. Quelques secondes après Louis II et Gudden disparaissaient parmi les sombres sapins du parc.

La promenade devait durer une heure. A sept heures et demie, le Dr Müller se rendit dans un petit pavillon, dit *du Cavalier*, et situé à quelques pas du château, pour attendre leur retour. La pluie tombait assez fort et la nuit était venue plus tôt que d'ordinaire en cette saison.

Après quelques minutes d'attente, Müller, qui savait combien Gudden était ponctuel commença à s'impatienter. Bientôt ce fut de l'inquiétude. Il envoya deux gendarmes à leur rencontre. Ne voyant toujours personne il alla prévenir le baron Washington, et à huit heures et demie tout le personnel du château fouillait le vaste parc. On télégraphia à Munich : « Le Roi et le Dr Gudden disparus. » Mais déjà tous étaient convaincus de leur mort.

A dix heures et demie, un domestique trouva sur le bord du lac, à un endroit où la berge descend en pente très douce, le chapeau et l'agrafe de diamant de Louis II. Un peu plus loin, le parapluie de Gudden et son chapeau. Enfin tout au bord de l'eau, le manteau et la redingote du Roi.

Au plus vite on alla chercher une barque. Müller et quelques domestiques s'y jetèrent, scrutant le lac sombre avec des lanternes. Enfin on heurta le corps du Roi. Le gardien du château se mit à l'eau pour le hisser dans le canot. *Le flot ne lui montait que jusqu'à la poitrine.*

Un peu en deçà, à droite, flottait le corps du Dr Gudden. A cet endroit l'eau n'atteint guère que la ceinture.

On les ramena au rivage et, à force de soins, on

espéra les rappeler à la vie. A minuit on dut y renoncer, et la nouvelle fut télégraphiée à Munich.

Essayons maintenant de reconstituer la scène telle qu'elle a pu se passer.

Il est six heures cinquante[1]. Le Roi se promène tranquillement avec le docteur, parlant de mille choses, quand, apercevant un endroit qu'il connaît bien et où la rive a une inclinaison favorable, il jette son parapluie et son chapeau et s'élance vers le lac. Surpris, Gudden le laisse d'abord prendre quelque avance. Puis se débarrassant à son tour les mains, il le poursuit et au moment où son malade atteint le lac, il saisit par derrière de la main droite — comme le prouva l'ongle du médium retourné — le col de son vêtement. Mais Louis II, d'un geste très simple et très naturel, se dépouille et laisse son manteau entre les mains du docteur. Nouvelle avance gagnée. Plus alerte, Gudden le rattrape pourtant après quelques pas et s'efforce de l'entraîner vers la rive. Alors s'engage une lutte terrible. Le visage du médecin, tuméfié de coups, quelques écorchures aussi sur le corps de Louis II, purent en témoigner. Mais celui-ci robuste, et plus grand que le docteur, pauvre petit homme de cabinet, le terrassa facilement.

---

[1] La montre du Roi était arrêtée sur six heures cinquante-quatre, celle de Gudden sur huit heures. Mais il est avéré qu'il la remontait fort rarement et d'ailleurs, elle a fort bien pu être protégée contre l'eau pendant une heure.

Si Louis II avait eu l'intention de se noyer, comme le veut le récit officiel, il se fût dirigé tout droit vers le lac. Or à partir de l'endroit où la lutte avait laissé de profonds vestiges sur le sable et la vase, on nota que les pas de Louis II allaient *vers la gauche en commençant à décrire un cercle*. A la place où s'arrêtaient ces pas — et non loin de là flottait son corps — un homme de sa taille ne peut se noyer qu'en plongeant volontairement la tête dans l'eau. Quelle apparence qu'il eût choisi un supplice qui exigerait une telle force de volonté !

D'ailleurs l'autopsie a révélé que Louis II n'est pas mort par asphyxie, mais d'une attaque d'apoplexie. Le cerveau et les méninges étaient abondamment injectés de sang. Après une aussi terrible lutte, quoi de plus naturel? Pour résister à de telles émotions il faut des caractères mieux trempés que celui de ce nerveux et de cet impressif.

Notre opinion [1] est que Louis II voulait, après s'être délivré de la surveillance de Gudden, s'échapper du parc, clos tout entier et gardé à toutes ses entrées, en tournant la palissade par le lac. Il comptait marcher et nager en partie, — car il était

[1] Si ce ne fut pas celle qu'admit le ministère, du moins un des membres de la commission nommée après la catastrophe fut-il de cet avis, de même qu'un grand nombre de personnes. La légende du suicide, néanmoins, s'affermit toujours davantage. Notons seulement que, pour se noyer, il était bien maladroit de sa part de choisir l'endroit le moins profond du lac, alors qu'en d'autres parties il eût perdu pied à quelques mètres du rivage.

très fort nageur, — et gagner aisément la terre libre ! Il faut regretter que la mort ait interrompu brusquement cette aventure. Quelle histoire, romanesque jusqu'à la fin, eût été celle de Louis II, si ayant réussi à s'échapper, les montagnards loyalistes s'étaient soulevés pour le défendre ! Mais il mourait, après tout, assez bien encore — *qualis artifex* — ajoutant à l'étrangeté de son existence le mystère et l'horreur de cette lutte et de cette agonie sur le lac de Starnberg. Croyons qu'il eût trouvé ce dénouement d'un assez bel effet dramatique[1].

Télégraphiée à Munich, la nouvelle de la mort de Louis II fut annoncée aux habitants le lendemain, lundi de la Pentecôte. Une vive sympathie se réveilla alors pour le pauvre prince. Une certaine effervescence courut même dans la ville, et le régent, par précaution, fit arrêter quelques-uns de

---

[1] M. Edmond Fazy, dans son *Louis II et Wagner*, appuie une version de cette mort bien incroyable et peu fondée. D'après lui des conspirateurs *catholiques*, sous la conduite d'un *Grand d'Autriche* (?) auraient voulu délivrer le Roi pour établir une monarchie bavaroise selon leurs idées, et chasser leur « bête noire », Lutz Or ne savait-on pas assez que Louis l'avait jusqu'à la fin, pour toutes questions *politiques*, soutenu envers et contre tous ? Le prêtre, que M. Fazy met dans cette aventure, pouvait-il l'ignorer ? Sans compter les invraisemblances matérielles de ce récit, d'après lequel ces singuliers sauveteurs du Roi, venus à une heure fixée — comment s'était-on entendu avec le prisonnier ? — en canot à travers le lac, auraient donné le signal en jouant *l'air de réveil de Tannhæuser*, puis auraient assisté, les bras croisés, sans lui porter le moindre secours, à la lutte entre Louis et le Dr Gudden ! Enfin, en le voyant tomber d'épuisement, ils seraient repartis à force de rames. Etranges conspirateurs, en vérité !

ceux qui criaient trop fort qu'il avait commis une *Lumperei* (une canaillerie), comme je l'ai entendu dire encore à Munich. Mais enfin sur les explications de Lutz, — qui, notons-le en passant, n'eut pas un mot de reconnaissance pour le Roi à qui il devait son élévation, — la Chambre approuva l'établissement de la régence.

L'autopsie qui fut faite peu après prouva amplement que Louis II était fou : irrégularités et excroissances osseuses anormales de la boîte crânienne, asymétrie des deux hémisphères du cerveau, cela doit suffire pour qu'aucun doute ne subsiste plus. C'est bien un fou que l'on a écarté du trône. C'est bien un malade de corps et d'esprit qui mourut le 13 juin dans les eaux du Starnbergsee.

Peu après eurent lieu ses funérailles selon le cérémonial ancien. Son cœur fut porté dans la basilique d'Altoetting et mis dans une urne d'or à côté de ceux de ses prédécesseurs.

On raconte qu'à la nouvelle de sa mort des fleurs et des couronnes furent envoyées de toutes les parties de l'Europe, d'Amérique même, et surtout par des femmes. C'était déjà la légende du roi de Bavière, le conte bleu du prince idéal, *amant des clairs de lune*, Roi du Rêve et de la Beauté, qui commençait à s'établir. Toutes les wagnériennes adoraient et embellissaient le souvenir de celui qui avait protégé, soutenu, révélé presque le grand Maître. Attirés par l'étrangeté et le mystère de cette vie de souverain, qui est un long anachronisme, les curieux et les lettrés, sans y regarder de trop près, se sont plu, eux aussi à parer Louis II de vertus extraordinaires, — tout comme les paysans du Tyrol, en le voyant passer, la nuit, rapide, dans ses traîneaux dorés, imaginaient mille invraisemblables contes. Et c'est ainsi que cette pauvre âme essentiellement romanesque, idéaliste par caprices, démente enfin, reçut l'auréole du beau nom d'artiste.

Nous avons essayé de montrer que s'il passe avec cette renommée à la postérité, ce ne sera pas, sans doute, fort légitime. Mais Louis II n'en reste pas moins une des figures les plus marquantes et les plus originales de son temps, surtout lorsqu'on le considère comme un des derniers représentants du romantisme allemand. En effet cet esprit rêveur, dédaigneux de l'utile et méprisant les réalités, cette exaltation poétique et mystique, que l'on retrouve dans toute leur pureté chez le roi de Bavière, avaient été tout puissants en Allemagne au commencement du xix° siècle. Et, tandis qu'en France, sur la foi de Mme de Staël, nos humanitaires avaient la naïveté de s'attendrir sur cette Germanie idyllique et un peu niaise, les gens sensés d'Outre-Rhin se ressaisissaient et désassimilaient impitoyablement le poison romantique —

qui, en somme, n'avait guère été qu'un remède héroïque et aussi dangereux que le mal, contre les idées révolutionnaires importées par nos armées. Le prince dont nous venons de raconter la vie nous a montré la dernière incarnation d'une certaine âme allemande qu'on a eu tort de prendre pour la seule et la vraie.

Sans terminer par une de ces comparaisons aux termes exactement balancés qu'affectionnaient les vieux auteurs, il est juste de rappeler qu'un siècle plus tôt, le grand Frédéric avait failli se laisser corrompre par la secte philosophique, comme Louis laissa les dissolvants mystiques gâter ses précieuses qualités natives. Mais tandis que le roi de Prusse, jaloux d'égaler sa monarchie aux plus fortes de l'Europe, rendit à leur patrie naturelle les théoriciens de l'abstraction, le roi de Bavière chercha toujours davantage à se consoler de l'amoindrissement de sa souveraineté par des songes et des fantaisies maladifs et romanesques.

Les faiblesses de Frédéric II devant l'idéologie, la prise de possession de Louis II par le romantisme représentent deux états d'esprit qui ont longtemps menacé l'Allemagne. Outre le caractère original de sa personnalité, c'est là ce qui vaut au prince dont nous venons de tracer la biographie une place éminente dans l'histoire des idées de son pays et de son siècle.

APPENDICE

I

Nous donnons ici quelques lettres de Louis II à Wagner qui n'ont pas trouvé place dans le corps du volume. Rappelons que ces lettres ont été publiées dans la revue viennoise *die Wage* (numéros 1 à 6 de l'année 1899).

Amoureuse et consolante, celle-ci est vraiment belle :

« Ami chéri !

Oh ! Je sens bien que vos souffrances ont des causes profondes. Vous me dites, cher ami, que vous avez regardé au fond du cœur humain, que vous y avez vu la méchanceté et la corruption. Oh ! je vous crois, et je comprends bien que vous vous laissiez aller à des mouvements de colère contre l'espèce humaine. Mais n'oublions pas (n'est-ce pas, mon bien aimé ?) qu'il y a encore beaucoup d'êtres nobles et bons pour lesquels on éprouve du plaisir à travailler et à vivre. Et, pourtant, vous dites que vous n'êtes pas fait pour ce monde terrestre !

Ne désespérez pas, votre fidèle ami vous en conjure. Reprenez courage : « L'amour fait tout supporter et finit par mener à la victoire! » — L'amour sait retrouver dans l'âme la plus corrompue le germe du bien; lui seul sait vaincre!

Vivez, chéri de mon âme! — Savoir oublier est une œuvre charitable : ce sont vos propres paroles que je vous crie là. — Recouvrons avec indulgence les fautes des autres ; c'est pour tous qu'est mort et qu'a souffert le Sauveur!

Jusque dans la mort votre fidèle ami,

Ludwig. »

Le 15 mai 1865.

Après une lecture de *Parsifal*, le voici tout ruisselant de mysticisme :

« Mon unique! mon divin ami!
Enfin je trouve un instant de liberté pour remercier, du plus profond de mon âme, l'aimé de m'avoir envoyé le plan du *Parsifal*. Je brûle d'enthousiasme. Plus ardent chaque jour se fait mon amour pour celui qui est le seul que j'aime sur cette terre; celui qui est ma plus grande joie, ma consolation, mon espérance, mon tout! O Parsifal! quand seras-tu né? J'adore ce sublime amour : s'abîmer, se fondre dans les torturantes douleurs du prochain! Avec quelle force ce sujet m'a saisi! Oui, cet art-là est saint. C'est la religion la plus pure et la plus sublime. Comme je désire d'être auprès de vous : là seulement je puis être heureux. Ici je passe des journées pleines de trouble. Dimanche, je m'enfuirai de nouveau vers les montagnes et le repos sacré de la

Nature. Là, je pourrai enfin respirer après les fatigues de jours agités, d'importunes visites ; là haut, dans une délicieuse solitude, sur les cimes, je trouverai le repos nécessaire...

Aimé, nous resterons toujours fidèles à nous-mêmes. L'idéal qui nous enthousiasme, le monde finira par s'y convertir un jour. Oh ! comme je vous aime, mon saint ami adoré !

Je me permets d'adresser à mon ami une question, — une seule, — au sujet de *Parsifal*.

Pourquoi notre héros n'est-il converti que par le baiser de Cundry ? Pourquoi ce baiser seul lui révèle-t-il sa mission divine ? Pourquoi est-ce à partir de cet instant seulement qu'il peut pénétrer dans l'âme d'Amfortas, saisir son indicible souffrance, *compatir* en un mot ?

Oh ! si nous pouvions toujours être ensemble ! A Munich, il faudra que nous nous voyions au moins une fois la semaine : je ne puis rester plus longtemps sans mon Unique... Salut et bénédiction à lui,

  Son fidèle
         Ludwig. »

 (Sans date.)

« Mon ami bien aimé,

Je ne puis, aujourd'hui encore, résister à l'envie de vous écrire pour vous dire que mon esprit s'occupe toujours de vous, que je ne puis être heureux qu'en songeant continuellement à vous... De retour de promenade, je rentre à l'instant dans ma demeure solitaire.

L'air de Siegfried (?) soufflait de toutes parts autour de moi ; le soleil se couchait et une bordure d'éclatante pourpre brillait au sommet des montagnes. L'image de mon Unique flottait à mes côtés... Dans le murmure du torrent, je distinguais les mélodies des œuvres de mon saint ami. Je pensais toujours à *Parsifal*... Je brûle de le voir : *Tristan*, déjà, est né ; les *Nibelungen* verront bientôt le jour : il faut que *Parsifal* le voie aussi : il le faut, dût-il m'en coûter la vie !

« Grand est le charme de qui désire ; plus grand encore de qui renonce ! » Quelle haute, émouvante, vérité dans ces mots ! — O Parsifal ! Sauveur ! La nuit sacrée règne dans la vallée, les étoiles palpitent, étincelantes ; mais le jour ne fait que se cacher : l'enthousiasme m'enflamme de nouveau. « A toi soit consacrée cette tête, à toi ce cœur !... »

Ludwig. »

Kreuzenalp, le 13 septembre 1865.

« Mon seul ami, mon ardemment aimé !

Cet après-midi, à trois heures et demie, je suis revenu d'une magnifique excursion en Suisse. Comme ce pays m'a charmé ! J'ai trouvé là votre chère lettre : mes plus vifs remerciements pour elle. Elle m'a rempli d'un enthousiasme nouveau : je vois que l'aimé marche avec courage et confiance vers l'accomplissement de nos grands et éternels desseins.

Je veux abattre victorieusement tous les obstacles comme un héros... je veux disperser tous les orages : l'amour a de la force pour tout. Vous êtes l'étoile qui brille dans ma vie, et vous voir me redonne toujours une ardeur nouvelle. Je brûle d'être auprès de vous, ô mon saint! mon adoré! Je me réjouirais infiniment de voir mon ami ici dans huit jours : nous avons tant de choses à nous dire! Puissé-je renvoyer dans les ténébreuses profondeurs d'où elle a surgi la malédiction dont vous me parlez. Comme je vous chéris, mon Unique, mon bien suprême! Soleil de ma vie!

Nous parlerons aussi de la question Frœbel. Une chose m'a fait réfléchir : on m'a assuré que Frœbel ne voulait venir à Munich que pour agir en faveur de l'Union nationale (*Nationalverein*). Ce serait naturellement pour moi, roi de Bavière, très dangereux, et j'attenterais à mes devoirs de Père de la Patrie. Mais, tout cela s'éclaircira. — Écrivez-moi bientôt. — Jamais on ne nous séparera ; je braverai la fausse lumière du jour, rien n'aura prise sur moi... Je veux bannir à jamais les Euménides dans le Tartare avec mes paroles foudroyantes et remettre le pouvoir à Apollon et à Athènè seuls. Oui! nous viendrons à bout de tout! Mon enthousiasme et mon amour pour vous sont sans limites. Une fois encore, je vous jure fidélité jusqu'à la mort.

Celui qui brûle pour vous :
LUDWIG. »

Hohenschwangau, 2 novembre 1865.

« Mon bien aimé !

Votre dernière lettre me montre quel profond amour, mon Unique! vous attache à moi. Merci de toute mon âme pour cette nouvelle preuve d'affection...

L'article que vous m'envoyez est véritablement honteux ! Oh ! monde mauvais et corrompu ! Peut-être cela vous étonnera-t-il ; mais cet article ne *vient pas du Cabinet* malgré toutes les apparences. Ne tenons pas compte des bavardages de la presse : ils sont de leur nature même impuissants. N'attachez pas trop d'importance aux misérables allégations du *Courrier du Peuple*, n'est-ce pas, mon cher ami ? nous nous connaissons, nous nous comprenons, nous nous aimons : la puissance des Ténèbres se brise sur Notre forte cuirasse... Eh bien ! cherchez mes pensées dans le monde bienheureux de Siegfried, dans l'existence délicieuse parmi les forêts ! Loin de la perfide lumière du jour, elle n'a plus sur nous de pouvoir !

Tout ce qui est possible sera fait ! Eh bien ! mon cher, mon unique ami, ne vous irritez pas ; soyez persuadé que je pensais tout ce que j'ai écrit.

Jusque dans la mort, jusque dans l'autre monde, éternellement, éternellement

Votre très fidèle ami,

Ludwig. »

Hohenschwangau, le 27 novembre 1865.

Die Wage, dans le même numéro, donne un fragment d'une lettre de Richard Wagner au Roi. Comme nous l'avons dit, cette correspondance a été échangée par le Gouvernement bavarois en 1886. Mais restait-il beaucoup de lettres de Wagner ? Madame de Kobell raconte (*Deutsche Revue*, janvier 1899), selon le récit de son mari, bien placé pour le voir, que Louis II, avait coutume de déchirer, *à très peu d'exceptions près*, toutes les lettres qu'il recevait et aussitôt il sonnait un domestique pour faire brûler sous ses yeux ces petits morceaux de papier. Mais on peut facilement supposer qu'il conserva les billets de son ami.

Maintenant, comment cette correspondance vint-elle en la possession de *die Wage?* Il s'est élevé à ce sujet une curieuse réclamation. La *Frankfurter Zeitung* du 1ᵉʳ mars 1899 publiait la communication suivante de M. von Gross, fondé de pouvoirs des héritiers de Richard Wagner.

« Il y a quelque temps, un périodique viennois a donné des lettres du roi Louis II à Wagner. Cette publication indiscrète est due certainement à une soustraction frauduleuse (*Veruntreuung*, abus de confiance). Mais la famille Wagner ne possédant aucun droit sur ces lettres, il était impossible de faire intervenir la justice. Je m'adressai donc au *Curatorium* de Munich, en lui demandant d'entamer le procès. Mais il n'en fut rien fait, pour des raisons sans doute très puissantes, et qui me sont inconnues.

En conséquence, je suis autorisé par la famille Wagner à faire en son nom la déclaration que voici :

Les lettres du Roi sont, et ont toujours été si bien gardées, que toute idée d'une indiscrétion de notre part est exclue. Elle ne peut donc avoir été commise qu'au temps où ces lettres furent écrites, sur le chemin du secrétariat royal à la poste ou chez le messager.

Bayreuth, 27 février 1899.

A. von Gross. »

Mais la revue viennoise a publié aussi des fragments du journal intime de Wagner! La source de la publication n'est pas douteuse : C'est quelque ami du musicien — ou ses descendants — qui avait pu prendre copie de ces documents, grâce à la bienveillance de Wagner, et qui les publie aujourd'hui, comme nous l'avions supposé plus haut. Au surplus, la controverse nous est indifférente. Il nous importe seulement de constater qu'on reconnaît l'authenticité de ces lettres.

Voici donc ce que Wagner écrivait au Roi en réponse à son billet daté du 6 décembre (voir *supra* page 78).

7 décembre 1865.

« Mon Roi !

Je m'afflige de Vous voir souffrir, alors que la simple application de Votre puissance royale suffirait pour Vous donner le repos. Je respecte les raisons inconnues qui Vous en empêchent. Pour la belle, sérieuse lettre où Vous me laissez entendre Votre volonté sur ce point, je Vous remercie profondément. Vous ne pouviez me donner preuve plus grande d'amour qu'en rejetant mon conseil de si affectueuse façon. Les royaux bienfaits dont Vous m'avez comblé et que j'ai reçus comme l'expression du plus pur et du plus noble amour, me permettent, désormais, d'obéir dans l'oubli à ma mission, et de travailler continûment à ces œuvres dont la création Vous intéresse plus même que la représentation future. Mais voici qu'une fois encore ces bienfaits, si riches en résultats, menacent, par la trahison de Vos employés et de Vos serviteurs, d'être présentés au public dans un sens tel qu'ils me deviennent à moi insupportables, et qu'à Vous on en fait reproche. Dans des feuilles immondes, — avec qui l'homme ayant le moindre souci de son honneur doit éviter d'entrer en rapport, — on prétend que, outre le gracieux don royal de 40.000 florins, — que du reste je considérais absolument comme pension viagère — j'aurais su « exploiter » une somme de 190.000 florins au cours de l'an dernier. Or c'est là justement le chiffre que votre premier secrétaire de cabinet avait, au mois de septembre, fixé pour les dépenses de la liste civile concernant les choses musicales... Que justement ce chiffre figure aujourd'hui dans la presse, mon Roi ne trouve-t-il pas cela au moins étrange?... »

Wagner demande ensuite au Roi la permission de poursuivre les journaux diffamateurs, ou tout au moins de faire rectifier ces fausses nouvelles. Dans le dernier fragment de cette lettre, ce curieux passage :

« Mon Roi bien cher ! J'en viens maintenant au sujet qui émeut le plus profondément mon âme. Vous exigez de moi les déclarations précises sur une calomnie que j'aurais dirigé contre Votre auguste personne... »

Ici s'arrête la lettre, par discrétion peut-être de celui qui l'a communiquée. Le Roi répondit le lendemain

« Mon précieux ami, profondément chéri,
Pas de paroles qui puissent exprimer la douleur qui me ronge le cœur. Il faut faire tout le possible pour

réfuter les misérables bruits que colportent les journaux. Les choses pouvaient-elles en venir là ! A notre idéal, — est-il besoin de vous l'affirmer ? — nous resterons fidèles. Écrivez-nous souvent et beaucoup, je vous en prie. Nous nous connaissons : nous voulons ne jamais nous relâcher de cette amitié qui nous lie. *J'ai dû agir comme j'ai fait dans l'intérêt de votre repos.*

Ne me méconnaissez pas, même un seul instant : ce serait pour moi une torture infernale. Tous mes vœux à l'ami chéri ! Puissent ses œuvres réussir ! Salut cordial du fond de l'âme de votre

fidèle Ludwig. »

Le 8 décembre 1865, Munich.

C'est le dernier des documents publiés par *die Waye*.

II

Voici la lettre que Louis II adressa au roi de Prusse le 2 décembre 1870 :

« L'entrée de l'Allemagne du Sud dans la Confédération va étendre sur tous les États allemands les droits de présidence qu'a Votre Majesté. J'ai déjà approuvé l'idée de leur réunion en une seule main dans la conviction que ce changement répondrait aux intérêts de la patrie commune et de tous les princes alliés ; ayant en même temps confiance que les droits qui, d'après la Constitution, sont l'apanage de la présidence fédérale, demeureront, après la restauration d'un Empire allemand et de la dignité impériale, les droits qu'exercera Votre Majesté au nom de la patrie entière en vertu de l'union des princes.

En conséquence, Je Me suis tourné vers les Souverains allemands pour leur proposer, en Ma compagnie, d'inviter Votre Majesté à joindre le titre d'Empereur allemand à l'exercice des droits de la Présidence fédérale.

Dès que Votre Majesté et les souverains alliés auront fait connaître leur décision, je chargerai Mon Gouvernement d'étudier et d'établir les conventions conformes à ces vues... »

Pour la circulaire aux Souverains et aux villes libres, voici, comme exemple, ce que Louis II écrivait au roi Jean de Saxe :

« Sérénissime Altesse,
Cher frère et cousin,

Les peuples allemands, unis depuis des siècles par la langue et les mœurs, les sciences et les arts, conduits à la victoire par l'héroïque Roi de Prusse fêtent aujourd'hui une fraternité d'armes qui est l'éclatant témoignage de la puissance de l'Allemagne unie. Désireux de travailler de toutes mes forces à aider cette unité, je n'ai pas hésité à entrer en négociations avec la chancellerie de la Confédération du Nord. Celles-ci viennent de se terminer récemment à Versailles.

En conséquence je me suis adressé aux souverains

allemands, et en particulier à Votre Majesté Royale, pour proposer, en Ma compagnie, à Sa Majesté le roi de Prusse, de joindre le titre d'Empereur allemand à l'exercice des droits de la Présidence fédérale.

Je suis fier à la pensée que ma situation en Allemagne et l'histoire de Mon pays, m'appellent, à ce qu'il me semble, à faire le premier pas pour le couronnement de l'œuvre de l'unité allemande. Et je me livre à l'espoir que Votre Majesté Royale accueillera avec sympathie mon intervention... »

Ainsi qu'on a pu voir, Louis II revendique hautement dans cette lettre ses droits et sa puissance. Il regrette de n'être pas le premier dans Rome, sans laisser, pour cela, échapper le second rang. Il montre même en certaine phrase (*es ist Mir ein erhebender Gedanke*) un orgueil assez déplacé et sans grande dignité. Cela prouve bien que Louis II ne s'est résigné à cette démarche que sur la menace de voir un grand-duc ou landgrave quelconque le devancer. Et vraiment, il a eu raison; il y eût perdu de son prestige, et les maîtres d'école ne pourraient le louer de son héroïque sacrifice.

TABLE DES MATIÈRES

Avant-propos.	1
Chapitre premier. — La jeunesse et l'éducation.	1
Chapitre II. — Les premières années du règne. — Wagner.	27
Chapitre III. — Les guerres de 1866 et de 1870. — La Bavière absorbée.	97
Chapitre IV. — Les fantaisies du Roi. — Les châteaux merveilleux.	149
Chapitre V. — Louis II fut-il artiste?	222
Chapitre VI. — La démence.	243
Chapitre VII. — Le 13 juin 1886.	271
Appendice I.	299
Appendice II.	308

TOURS, IMPRIMERIE DESLIS FRÈRES

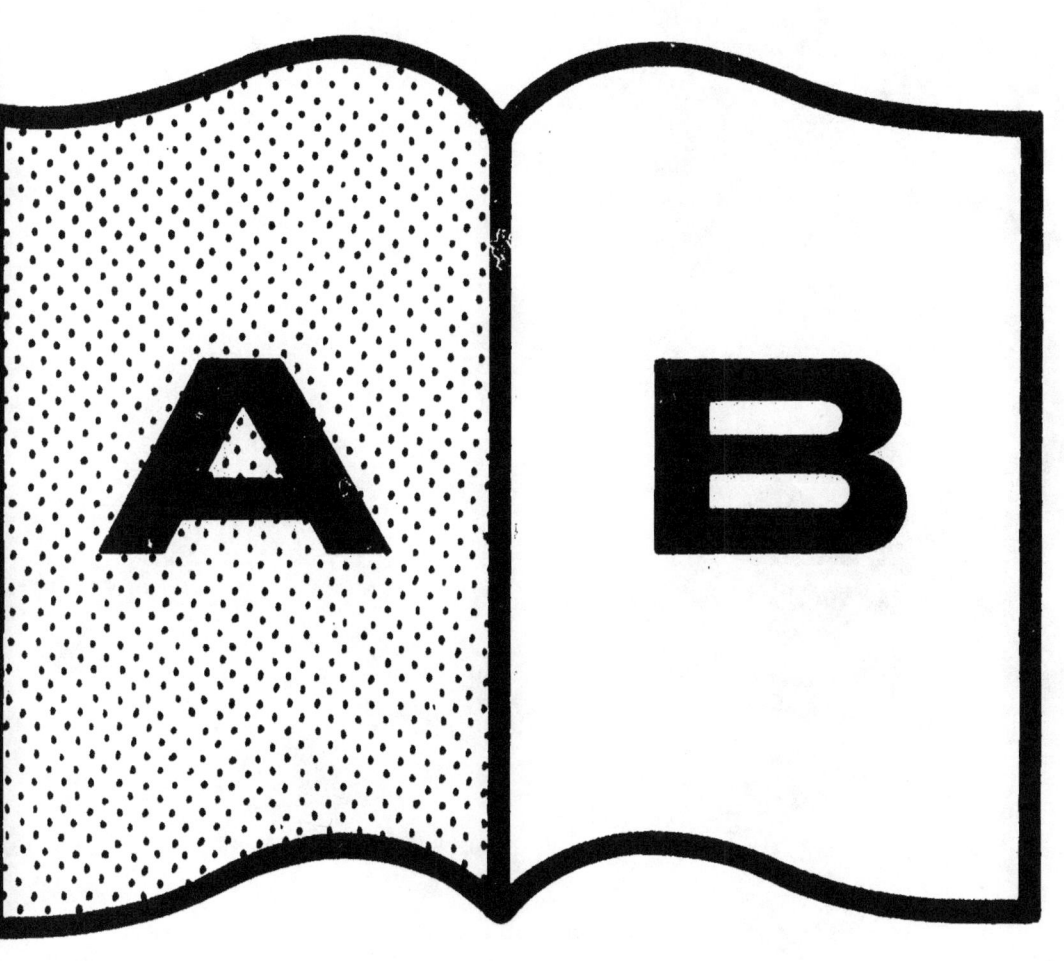

Contraste insuffisant

NF Z 43-120-14

www.ingramcontent.com/pod-product-compliance
Lightning Source LLC
Chambersburg PA
CBHW060655170426
43199CB00012B/1803